大学生记者教程

A COURSE FOR
COLLEGE STUDENT JOURNALISTS

张志成 编著

WUHAN UNIVERSITY PRESS
武汉大学出版社

图书在版编目(CIP)数据

大学生记者教程/张志成编著.—武汉：武汉大学出版社，2019.4
ISBN 978-7-307-20681-6

Ⅰ.大… Ⅱ.张… Ⅲ.新闻工作—教材 Ⅳ.G21

中国版本图书馆 CIP 数据核字(2019)第 022399 号

责任编辑:李 玚　　责任校对:李孟潇　　整体设计：马 佳

出版发行：**武汉大学出版社**　(430072 武昌 珞珈山)
(电子邮箱：cbs22@ whu.edu.cn 网址：www.wdp. com.cn)
印刷:湖北睿智印务有限公司
开本:787×1092 1/16　印张:16.5　字数:388 千字　插页:1
版次:2019 年 4 月第 1 版　2019 年 4 月第 1 次印刷
ISBN 978-7-307-20681-6　定价:39.00 元

前　　言

大学生记者是高校发展进程的见证者和记录者，是校园文化建设的重要力量。大学生通讯社对大学生记者综合素质的培养和提高的作用明显。但是目前，各高校对大学生记者的辅导却是薄弱的环节，缺乏相应的教材，没有规范的辅导教程。

对大学生记者的辅导、培养主要利用课余时间，现学现用，以老带新，岗位实践。大学生加入大学生通讯社后，难以接受系统的理论学习，对大学生通讯社和大学生记者的认识也比较模糊，致使大学生记者对新闻专业知识的学习比较肤浅，忙于应付，难以独立承担工作任务。因此，编写一部大学生记者的辅导书显得十分迫切。

笔者长期从事高校新闻宣传工作，负责大学生通讯社的建设与指导，取得了一些成绩。笔者把新闻宣传和大学生记者的点滴工作经验汇集成书，为大学生通讯社开展培训和大学生记者自学新闻传播知识提供了指导，为广大新闻传播爱好者提供参考。

经过艰苦地努力编写与打磨，本书终于与读者见面。本书具有如下特点：

一、符合大学生的实际情况。本书的思想内容采撷自大学生通讯社和大学生记者的日常工作，分析了高校校园媒体的发展现状，不同媒体的传播特点和规律，点明了校园媒体融合发展的趋势；对大学生通讯社和大学生记者的性质、任务和工作特点进行讲解；在讲述新闻采写的理论知识基础上，注重传授相关的技巧和方法，结合大学生记者的岗位特点进行训练。可以说，本书是对大学生记者新闻传播实践经验的总结，并努力推而广之。

二、注重实用性。大学生记者除少数是新闻传播专业学生外，大多数来自其他专业。主要利用课余时间进行学习，短短的大学学习时间不可能像新闻传播专业学生一样全面、深入地学习新闻传播理论知识。大学生通讯社就是新闻传播知识的“速成班”，对大学生记者的培养要讲求实效与应用。本书理论知识以工作岗位够用为主，重视动手能力的培养，要求课后训练，“学中做、做到学”，保证学习效果。

笔头的功夫是磨出来的。除了辅导学生新闻采写、摄影外，本书还特地设置了“报刊投稿艺术”章节，把笔者从事新闻报道和论文写作投稿的经验和盘托出。作为青年学生，只满足于在校内媒体发表一点文章是远远不够的，要走出社会，在社会中立身成长，必须学会向社会主流刊物投稿，在投稿中提高采写技能，学会写作，学会投稿，学会传播技术，提高社会交际能力，在实践中掌握本领。

三、陈述自身的工作经验。笔者发表了大量的新闻作品，有一定的新闻宣传工作经验。在本书的编写过程中，采用了笔者亲身经历的采写案例和作品，漫谈自己在新闻一线的工作体会，分享所取得的成绩。当然，陈列自身经验有通俗易懂、易于接受的一面，但难免流于浅薄，理论揭示深度不够。笔者只是想借助经验引导，取得的效果也许会好些，希望对初学者有所帮助，能起到抛砖引玉的作用。在此，敬请广大读者原谅。

四、重视综合技能的培养。高校校园主流媒体门类多，大学生记者时常面临轮岗的选择。本书在分析校园不同媒体的基础上，对新闻线索的发现、采访的知识要领逐一讲解，对常用新闻体裁写作知识分别进行阐述，鉴赏精品，畅谈体会，同时对广播、电视等新闻稿的写作均作了介绍，课后辅以实训，循序渐进，力求收获最佳的学习效果。

由于笔者才疏学浅，加之传播专业面广，写作过程仓促，对一些章节的写作还有待完善。在此，恳请广大学生和读者不吝指教，提出批评意见，使笔者得到一次学习的机会，不断汲取新的知识。

笔　者

2018 年 10 月

目　　录

第一章　高校媒体概述

第一节　高校媒体概况

我们所处的时代瞬息万变，媒体在信息传播中起着桥梁和纽带的作用，使我们的世界宛若一个“地球村”。我们足不出户就能了解大千世界的多彩多姿。

媒体是传播新闻信息的工具。校园媒体是学校内部进行信息交流的重要物质载体。高校媒体则是高等学校校内进行校园信息传播、舆论引导和学生实践的重要载体。

高校媒体也是整个国家传播媒介的重要组成部分。我国高校媒体承担起高校宣传和培育人才的双重任务。高校新闻宣传事业是我国新闻宣传事业的重要组成部分，我国有关省高校成立了高校新闻学会，同时也是所在省新闻学会分会，每年参加省里的新闻学术和工作经验交流。每年高校新闻作品在全省乃至全国屡屡夺得大奖。

一、高校媒体的主要种类

我国2000余所高校都拥有自己的媒体，据中国高校传媒联盟2010年的调查报告显示:“90%的高校有两家以上校级校园媒体，79.6%的高校有3~4家校级校园媒体，52.5%的高校有3~5家校级校园媒体。”高校校园媒体主要有报纸、广播、网络、理论学报、校园微博、手机、宣传栏等，规模较大的院校还建电视台，他们在校园文化建设中发挥着不同的作用。本书是大学生记者辅导教材，研究的主要对象是新闻传播媒体——报纸、广播、网络、电视的新闻宣传的特点和规律，对理论学报和宣传栏、微博等媒体不作具体讲述。

二、高校校园媒体的特点

高校校园媒体具有一般媒体的共同属性——传播信息、教育、文化传承、娱乐等功能，但是作为高等学校这一特定的地域媒体，必然具有其不同于其他媒体的特性。

（一）校园从属性

高校媒体由高等学校独立主办，工作人员由学校组织和管理，在学校的领导下开展宣传报道工作，新闻报道主要以报道校内的工作为主。

（二）传播局限性

高校媒体信息采集的内容主要是校内发生的重大事件，为学校工作大局服务，传播范围面向校园，受众主要是广大教职员工和学生，校报除少量与兄弟院校交流外，不得公开发行，不得承揽广告业务。

（三）工作服务性

大学是培养人才的殿堂，学校各项工作任务围绕教学教研展开，校园媒体以服务教学教研为第一要务，围绕学校工作大局开展宣传报道，服务全校广大师生和员工，是教学有关部门的助手和参谋，是实施素质教育的第二课堂。

三、高校校园媒体的主要任务

高校校园媒体的上述特性决定了高校校园媒体要承担独自的工作任务。

一是传播校园信息，凝心聚力。校园媒体的基本任务是及时传播校内外的重要信息，传达上至中央方针、政策，下至学校重要决策部署，使全校教职员工和学生按照校党委和校行政的统一安排，心往一处想，劲往一处使，做好学校各项工作，开创学校发展的新局面。

高校媒体是弘扬校园文明新风、宣传学校典型经验和工作成就的重要载体，是抵制错误和落后思想侵蚀的“防火墙”，对于团结广大教职员工和学生、建设和谐校园，具有无可代替的作用。

二是实施素质教育，培养专业人才。校园媒体进行知识传授与辅导。许多高校通过校媒体建立了慕课平台，精品课程、公开课、通识课程全部上传，供学生学习。校报开设专刊，刊登学生习作，跟踪学生的社会实践活动，宣传学生中涌现出来的典型人物和取得的成果，为学生学习实践鼓劲加油。广播站在老师的指导下由学生广播员每日定时播放学生采写的稿子，锻炼学生的工作能力。校有线电视也成为学生加强学习、参与管理的阵地。校媒体招聘学生记者和通讯员，成立大学生通讯社（或称记者团），吸纳大批学生记者参与媒体建设和日常工作。在指导老师的带领下，他们学习新闻采写编和传播学知识，活跃在校园宣传一线，提高了动手能力，扩大了知识视野，在新闻传播实践中成长。高校媒体培养了大批学生记者和通讯员，为其走上工作岗位，顺利成长成材打下了基础。

与此同时，校媒体合力开展心理健康教育，对学生进行心理疏导。高校媒体融合后，能在学校统一规划之下发挥各自的优势，关注大学生的心理健康。校网开设学生交流平台，建立官方微博，教师、学生在微博群中交流、互动，获取资讯，表达诉求，辅导老师通过微博群对学生进行心理疏导，学校跟踪动态，做好服务。校报及时刊登心理健康方面的知识，帮助学生进行心理调适、心理疏导。校媒体是实施素质教育和心理健康教育的有力助手。

三是正确引导舆论，抵制错误思想。校园媒体也是引导学生们成长的重要阵地，是学生学习上的好帮手，高校媒体按照上级和学校的统一部署，弘扬社会主义核心价值观，宣传“中国梦”和学校“两个文明”建设的成果，对学生进行思想政治教育，抵制错误和落后的思想侵蚀，帮助学生树立正确的人生观、世界观和价值观，充分调动学生参加和谐校园建设的积极性和主动性。每逢大是大非的重要关头，校媒体在学校的统一部署下，按照各自的分工，开动机器，传达上级指示精神，加强宣传报道，针对阶段性的舆论热点、难点，组织学生展开讨论，帮助学生解疑释惑，澄清事实真相，消除错误的思想认识，使全校教职员工和学生的思想与党和政府保持一致，使自己的行动投入学校的决策部署上去，促进和谐校园建设。

第二节 高校校报

我国高校校报的历史可追溯到百余年以前。1895年北洋大学（天津大学的前身）创办的《北洋公学》是我国高校最早的校报。此后，南洋公学（今上海交通大学）、清华大学、武汉大学等相继创办了校报，高校校报在传播“民主、科学、爱国、自由”的精神、宣传马克思主义方面发挥了重大作用，为我国高校校报发展奠定了基础。

中华人民共和国成立后，党和政府十分重视高校的宣传工作。我国高校办报风气浓厚，每所学校都办有机关报，有的院系、团委乃至学生社团都办有自己的报纸，吸纳了大批学生团结在周围，与学校共成长。改革开放以来，我国高等教育事业获得飞速发展，同时有力地助推高校校报的发展。

党和政府十分重视高校校报的建设。1998年3月，国家新闻出版署决定设立高校校报刊号系列，从而确立了我国高校校报的法律地位。当前，一些新办院校举办的校报只有内部资料准印证，但在校园文化建设、舆论引导中具有同样的地位。

2005年，教育部印发了《教育部关于进一步加强和改进高等学校校报工作的若干意见》，确立了高校校报是高校党委和行政的机关报，是高校校园内占主导地位的媒体，是高校加强思想政治教育和开展新闻宣传工作的重要阵地，校报在高等教育事业发展和人才培养方面具有重要作用。要求进一步明确校报工作的目标和任务，不断提高校报工作的水平和质量。

一、高校校报的特点

高校校报是广大师生员工自己的报纸，既要遵循报纸新闻传播的一般规律，同时因地制宜地开展宣传活动，为贯彻党的教育方针，落实校党委和校行政的工作部署，繁荣校园文化作出重要贡献。

高校校报具有以下特点：

（一）权威性

高校校报是机关报，由专业人员负责、指导学生开展采编活动，具有精干的师生队伍，新闻信息来自权威部门，经过精挑细选，出版经过层层审查。信息真实、可靠，舆论导向正确，为广大师生员工和校外人员信赖。

（二）群众性

高校校报能吸纳和团结大批教职员工和学生参与办报，建立了稳定的教职工记者和通讯员队伍，充分体现了“全党办报，群众办报”的方针，植根于群众之中，得到群众的支持。

（三）知识性

高校校报以服务本校的教学、科研为已任，展示学校取得的最新成果，弘扬校园文明新风，报道涌现的典型人物和典型事迹，反映校园最新动态，校报知识性强。

（四）可读性

高校校报可读性强。高校校报努力贴近校园生活、贴近教工和学生、贴近学校实际，在写作形式上追求通俗易懂，文字表达深入浅出，化深奥的理论为平易、自然的事实道理，使之易于为广大群众接受。

（五）史料性

校报便于师生员工携带、保存，“今天的新闻，明天的历史”，若干年后校报是了解学校发展进程的重要文献资料。

二、高校校报的主要任务

校报在高校校园媒体中具主导地位，在学校宣传工作的主要任务是：

（一）密切配合学校的中心工作

机关报的地位促使校报紧紧围绕校党委和行政的工作大局，开展宣传报道，让广大教职员工和学生知晓学校的决策部署，释疑解惑，形成合力，立足本职岗位，为完成学校工作目标任务而奋斗。

（二）紧跟学校的教学科研步伐

高校的教学和教研是学校一切工作的出发点，校报必须服务于教学和科研工作，挖掘教学和教研一线中涌现出来的新人新事新风尚，为教学科研鼓劲加油。

（三）实施素质教育培育人才

校报也是学生实习实践的重要平台，大学生记者和通讯员参与校报的新闻采写活动，接受专业人士的业务培训，提高综合素质，增强了动手能力。大学生毕业后能尽快适应工作岗位，担当重任，大显身手。

（四）建设和谐校园

校报坚持正确的舆论导向，及时发布真实可靠的信息，澄清事实真相，帮助广大师生员工释除心中的疑惑，认真问题的实质，高扬主旋律，弘扬校园文明新风。

（五）展示学校形象的窗口

校报积极与广大校友联系，与兄弟校报交流，向学生家长赠送校报，积极宣传学校的办学成果和工作经验，成为展示学校“两个文明”建设的重要窗口。

三、高校校报的工作规律

校报深居“象牙塔”，有别于社会报纸，具有自身的工作规律。

（一）专业人员和群众相结合的工作机制

高校校报除聘有专职工作人员，还建有大学生通讯社（记者团）和通讯员队伍。清华大学校报《新清华》编辑部现有专职工作人员 5 人，并拥有一个 20 余人的学生记者团参与办报。

（二）不苛求时效性，以稳重精细见长

校报出版时效最快的是周报，最长的是月报。与社会报纸相比，校报的新闻时效性不强。因此，校报不以快取胜，而是以认真策划、精心采编、稳重见长，不追求奇、俗，而是在求深、求真、求善、求美上下工夫。

（三）实行自办自管，自我发展

根据规定，校报不得从事广告发布和公开征订等经营活动，除少量校际交流外，只能在校内发行。校报工作人员由学校自行组织，经费由学校划拨，报纸编辑方针和发展定位由学校拟订。

(四) 能够及时根据工作需要灵活出版

校报出版除固定的版面和栏目外，可及时调整版面内容，办好专刊专版。《新清华》为配合学校及各院系、各部门的一些重要工作、重要活动，可出版专刊进行报道，配合各院系、各部门对优秀人物、优秀教学和科研成果、优秀事迹等进行深度报道。

认真地了解校报的工作规律，为正确地开展校报工作铺平道路。

四、高校校报的工作优势

当前新兴媒体异军突起，高校校报劣势凸显。如，受采编、发行等环节时间限制，出版周期长，报道不及时，信息量不多，非专业人员较多等。高校校报要在竞争中取胜，必须发挥自身的工作优势，变被动为主动。

(一) 发挥深度报道的优势

报纸在手便于人们细细品味，不像电子媒介稍纵即逝，报道表面化。报纸应从报道深度上下工夫，把新闻宣传做细做实，深入挖掘事实真相，提示事物的内在规律。

(二) 采编成本较低

报纸与广播电视新闻采访相比，使用的设备较少，很多情况下仅用纸笔就能完成采访任务，采编的成本比较低廉，大量教工和学生记者活跃在校园的各个角落，获取信息及时。

(三) 加强与网络等新兴媒体的融合

媒体融合是时代发展要求，高校将传统媒体与新兴媒体融合，用信息化改造传统媒体，发挥传统媒体的优势提升新兴媒体的公信力。四年前，武汉大学率先将《武汉大学报》和武汉大学新闻网融合，充分发挥校报的权威性和校网传播的及时性，做到新闻策划的一体化，报道任务具体化，分工明确，实现采编系统的报网一体化，及时上传校报电子版。运行几年来，该校新闻网的访问量、单篇新闻的点击率大幅度提升，校报稿件在湖北省新闻学会以上单位的获奖数量达50余篇，校报荣获“湖北省高校校报先进单位”荣誉称号。

第三节　高校校园网络

党的十八大以来，党和政府十分重视网络宣传思想工作。2017年，教育部《关于加强和改进新形势下高校宣传思想工作的意见》强调充分发挥网络平台创新高校思想政治工作，掌握网络舆论的主动权。

网络是继报纸、广播、电视之后的“第四媒体”。高校校园网络是高校开展远程传播，对外树立形象，展示自我的重要媒介。校网络的新闻板块是宣传党的教育方针，落实学校各项工作任务，传播校园信息，加强对外交流，树立学校形象的重要窗口，也是大学生记者学习锻炼，增长知识和能力的重要平台。

一、高校网络的特点

高校校园网络具有网络媒体的共性，如交互性、移动性、多维性等属性。但是高校网络从属于高校，是师生员工学习、工作、交流的工具，因此又有不同于普通网络的自身特征。

（一）广泛参与性

高校网络空间遍及校园各个角落，BBS论坛、学校微博、学生社区等网络形式能吸引广大学生参与，学生们爱上网、爱表达自己的意见和情感，校园网络是开展大学生思想政治工作的重要手段和形式。

（二）全天候服务

校园网络不受时空限制，能全天候地为学生服务，方便学生学习和交流。学校通过校园网络对学生的教育、引导变得更加便捷，实现了常态化。

（三）内容独特性

高校网络是高校开展工作的新平台，其内容不同于社会网络，主要反映学校工作和大学生活，宣传学校“两个文明”建设中涌现出的新人新事新气象和典型业绩以及先进经验。

（四）管理规范性

高校网络经过多年的发展，学生记者的管理、稿件的审阅、技术支持等制度明确细致，形成了规范的管理制度。高校网络传播高雅文化，未曾出现过低级的内容，未曾出现过违反网络管理的不法行为。

二、高校网络的任务

（一）发表学生作品，传播校园信息

校园网络信息储存海量，能充分调动学生参与办网的积极性。学生们采写典型人物、典型业迹、校园文明新风和建设和谐校园的决策部署，能满足全校学生发表习作的需求。校园网络是学生成长的重要平台。

（二）发挥远程优势，帮助学生学习

高校校园网络纷纷建立了慕课平台，精品课程、公开课、通识课程等全部上传，供学生课余学习之用。校园网络成为学生成长的大课堂。

（三）传授用网知识，促进学生成长

网络是把“双刃剑”，网络上不健康的东西陈渣泛起，成为一大公害。但是高校校园网以纯洁、健康、充满活力，“出淤泥而不染”，为全社会所称道。校网以清新的风格吸引学生参与其中，运用计算机知识，掌握上网的技能，养成文明用网、诚信上网、健康上网的好习惯，自觉抵制网络上不文明行为，

（四）引导校园舆论，营造和谐氛围

校园网坚持正确的舆论导向，抵制来自社会上不正确、不健康的思想观念，维护了校园安定团结的良好局面。

三、高校网络的工作规律

高校网络新闻同样离不开专职工作人员的指导地位，大学生记者在老师的指导下开展工作。大学生记者完全可以利用课余时间完成工作，“谁有空、谁上岗”，做到学生学业和发展特长两不误。

高校校报、广播电视等媒体借助校园网络实现融合发展，学生记者通过校园网络获得了发展多方面才能的机会。

四、高校网络的工作优势

高校网络在学生的学习和生活中成为不可或缺的一部分，以其独特的优势支撑起校园学习生活的一片新天地。

（一）娱乐性强，能吸引青年学生加入

校园网多媒体包括文字、图片、声音、动画、视频等，还包含网络社区、查询服务等功能，集娱乐、学习、服务等于一体，为学生提供学习和生活服务。同学们可以在网上交流切磋，进入校网学习交流。

（二）能满足广大学生参与实践的要求

校园网有学校和院（系）、部门分网，有多个栏目板块，信息存贮量大，能吸纳大量学生参与办网，共同学习，掌握文明用网、健康上网的知识。

（三）可以实现远程操作

浏览校网信息、网上发布新闻，可远隔千山万水，不分时间段，同样可以有效地开展工作。这样为学生创造一个开放的学习实践天地。

（四）可以培养学生的多方面能力

校园网络要求学生懂得计算机技术、写作能力、摄影摄像技术，甚至网页制作技术等多方面的技术，这就要求学生记者在工作中不断学习这方面的技术知识，提高自己的本领。

第四节　高校校园广播

广播是高校校园新闻宣传的重要媒介，也是学生实习实践的重要平台。我国高校广播台始于20世纪50年代初期。高校校园广播是以无线电话或导线为传播手段，以高校师生、员工为传播对象，以有声节目为传播形式，以校园内信息为主的传播媒介。我国高校广播事业随着高校的发展而发展，培养了大批人才。

一、高校广播的特点

高校校园广播具有社会广播的属性，但又不同于社会广播，具有自身的特点。

（一）跨越时空界限

校园广播安装后通过线路和喇叭广播，能突破校园空间和时间的隔离，能将信息及时、有效地传到校园的各个角落。

高校广播正在播报校园新闻

（二）传播成本低廉

校报采写编、印刷、发行，套套环节不可少。电视采编、播出成本较高。与校报和电视相比，广播的传播成本最低廉。

（三）接收信息简便

校园广播安装在教学楼、宿舍、操场，师生、员工不需要接收设备就能听到校园广播。

（四）较强的亲和力

校园节目贴近学校实际，关注校园生活，抒发师生员工所想所感。广播员普通话标准，语音柔和，具有独特的风格和魅力，能吸引人关注。

二、高校广播的任务

在高校校园媒体中，广播与其他媒体共同承担校园新闻报道任务，但是广播又根据自身的特点承担分工。

（一）及时播报校园新闻

广播以其便捷性快速报道校园内发生的新闻事实，自办的节目丰富了新闻传播的手段。

（二）营造和谐校园环境

广播以其欢快、高雅的乐调，富有情感的播报，为校园增添了诱人的魅力，使整个校园充满青春活力，使人萌生奋发向上的力量。广播是营造和谐校园的独特力量。

（三）满足多方面需求

广播能丰富学生的业余生活，开办特色节目，满足校内广大受众的个性化需求，为广大师生、员工提供多方面的精神食粮。

三、高校广播的工作规律

高校广播在长期的工作实践中形成了自己的工作特点和规律，并按照自身的优势，一如既往地为广大教职员工和学生服务。

（一）以声音为载体进行艺术传播

广播以声音为传播手段，播报常伴有音乐，以艺术性的声音语言传播新闻信息，声音悦耳，增加了收听新闻的乐趣。

（二）信息传播追求“短、平、快”

广播定位宣传大政方针，为师生获取生活资讯、重要通知、娱乐服务的平台。播报信息简明扼要，及时迅速，能在较短的时间内引起受众的注意。

（三）开放式办台

广播电台招聘学生记者或广播员，每日定时播放学生采写的稿子，锻炼学生的工作能力，开放式办台既培养了学生的能力，又增强了广播电台的影响力。

四、高校广播的工作优势

高校广播站在老师的指导下由学生记者或广播员组成，形成了一套工作制度，具有优良的传统。

（一）广播覆盖无盲区

高校建成广播网，在高大的建筑物上安装喇叭，在道路两侧和绿地上都安装了草坪音箱。学生宿舍、教学楼、操场，乃至学校的每个角落都能听到校园广播的声音。校园收听广播信息无障碍。

（二）传播迅速及时

广播不受时空限制，能在最短的时间内进行信息传播，能充分发挥强大的宣传造势功能。

（三）同步转播国内外重要新闻或节目

广播除发布校园信息，还可同步转播中央到地方广播电台的新闻联播和其他节目，增加了校园广播的信息多元性和吸引力。

第五节　高校电视台

一般而言，只有较大规模的高校才办有电视台，不是每所高校都有电视媒体。随着网络媒体的兴起，许多高校校网设有视频新闻栏目，较大的高校设置网络电视，实现电视与网络的融合，实现了学校宣传工作的新跨越。

一、高校电视的特点

（一）宣传目标的确定性

高校电视立足高校，报道取材来自学校教学教研第一线和学校文明创建过程中涌现出

武汉大学电视台正在播报校园新闻

来的先进事迹和典型业迹，宣传学校的最新工作成果和先进人物，受众群众是广大师生员工。

（二）新闻报道的自创性

高校电视在专业工作人员的指导下，吸引大量学生记者开展采写编播活动，学生记者经过一定培训后上岗开展工作。新闻报道由校电视台自行采编播，报道作品都是来自校园生活的原创作品。

（三）报道形象的亲切性

电视报道来自“象牙塔”深处，人物就在身边，事迹真实可信，广大师生员工耳濡目染，报道内容具有亲切感，具有感人的力量。

（四）新闻视听形音结合

电视新闻通过映像和声音传播，受众通过自己的视觉和听觉器官进行感知，能充分感受到视听与形音相结合带来的传播效果。

二、高校电视的任务

高校电视台服务于学校培育人才的重任，具有不同于社会电视台的工作特色。

（一）影像视听并茂，记录校园活动

大学生记者采访时通过摄像机拍摄画面、录音，进行剪辑，记录学校重要事项和文明新风。电视报道通过映像和声音播放，受众通过眼睛和耳朵接收信息，了解学校的发展进程。电视打破报纸需要较高文化水平才能阅读的局限，以影像和声音通俗性获得独有的宣传效果。

（二）电视记录专题，便利宣传学校

除了每期的新闻报道，电视台还采制专题片宣传学校的工作成果、办学特色和典型经验，凝聚广大教职员工的心。这些专题片在学校招生宣传等重大活动中发挥着重要作用，

（三）开展电化教育，提升教学水平

高校电视台配合教学部门摄录公开课，制作教学录像，使名师资源得以共享，提升了电化教育水平。

（四）丰富师生生活，繁荣校园文化

电视以其独立的视听影像报道学校好人好事，除了新闻外还开设专题、访谈、文艺等栏目，与文字相比更能调动听觉和视觉器官，更加活泼动人，具有诱人的力量，在校园文化建设中具有独立的魅力。

三、高校电视的工作规律

（一）采访突出校园现场

现场采访是校电视台大学生记者必须遵守的定律，大学生记者亲临现场摄录，实情实景采访报道，保证了新闻的真实性，增强了新闻报道的感染力。

（二）以校为本，博采众长

高校电视以服务学校、服务教学、服务师生为己任，按照学校工作部署开展报道工作。在报道学校工作的同时，转播中央、省市台新闻和有关节目，学习借鉴上级电视台的办台经验，加强与校外电视等媒体的交流与合作，从而提高办台水平。

（三）学生记者实践成长的平台

高校电视台除了专业工作人员外，还招聘了大量学生记者参与工作，开展新闻报道，主持电视节目，学到了电视传播的知识和技术。高校电视台是进行素质教育、培养复合型人才的重要课堂。

四、高校电视的工作优势

高校电视传播范围较窄，有特定的服务对象和工作群体，也造就了自身的优势。

（一）覆盖范围小，能准确定位

高校电视以本校师生员工为宣传对象，能准确地进行宣传定位，根据师生员工的兴趣和学校的中心工作安排节目，开展报道。

（二）具有浓郁的高校特色，报道学术前沿，弘扬高雅文化

高校电视处于“象牙塔”中，以弘扬优秀校园文化为己任。如果要了解高校的办学特色和学术成果，那么观看高校电视是一个重要手段。

（三）没有经济负担，没有创收压力

高校电视由学校举办，不像社会电视台一样要抓广告创收，以维持本台的生计，而是办台支出全部由学校财务承担，高校电视台能全身心地投入到工作中来。

（四）具有人才优势，广大学生参与

高校电视台除专业工作人员外，还招聘学生记者从事电视采编工作，学生们文化知识

较高，接受新事物较快，经过培训后上岗，能很快承担工作任务。

第六节　校园新媒体

我们处于全媒体时代，各种新兴媒体层出不穷。在校园信息传播中，手机、QQ、微信、微博等新媒体的出现，使校园信息交流更加便捷、活跃、频繁，然而各种有害信息趁虚而入，让人防不胜防。可以说，这些新媒体的出现为高校思想政治工作、新闻宣传工作提供了新的工作手段和新阵地，同时也出现了新问题，面临新的挑战。

能正确地运用新媒体则能为广大师生造福，使广大师生利用它接收信息，开展交流，进行学习，提高效率。学校利用它开展师生思想政治工作，维护校园的和谐稳定，为培育社会主义建设可靠接班人提供强大的动力。

一种新事物的出现如果我们不去研究，不去利用，不去创新，就会被落后、腐朽的思想意识占领，被别有用心的人利用，造成严重的社会危害。怎样管好、利用好新媒体是高校当前思想政治工作和校园信息管控的一项新课题。

一、手机媒体

手机成为人们日常生活须臾不可分离的工具，凭借其传递信息快捷，不受时空限制，成为人们耳熟能详的“第五媒体”。

手机信息的传递使手机具有了报纸的功能，随之出现了手机报。各大报刊社编辑了自己的手机报推向市场。手机彩信的出现，使手机具有广播的功能，手机视频的应用和手机电视的出现，使人们拿着手机犹如拥有一台电视。

智能手机的出现集四大媒体的特性于一身，携带方便，接收及时，成为大学生使用的不二选择。

从 1G 到 4G，5G 手机即将面市，手机更加灵巧，信息传递更加及时、多元化。手机技术不断更新升级，手机功能更加健全，不断拓展，能满足人们的多样化需求。未来手机在信息传播中将扮演更加显要的角色。

校园手机传播信息有四大特点：

（一）生活便利化

学生使用手机可以查看课程安排，了解校园活动，可以与同学交流，也可进行网上购物，安排出行，极大地方便了学生。

（二）信息使用呈现年轻化

校园手机信息主要的消费群体是青年大学生，思想活跃，喜欢广泛接收各种信息。

（三）信息传播呈现多元化

校外各种信息冲破围墙的阻隔，通过手机传递进学校，学生接收。信息内容不乏一些不健康的东西，甚至是违法的信息，鱼目混珠，严重干扰了学校的正常教育秩序。

（四）信息消费无节制

青年学生易受各种手机信息的诱惑。一些学生上课无心，下课走神，走路不抬头，成了“低头族”，有的学生过度玩手机导致课业成绩下降。

二、QQ、微信、微博

QQ、微信、微博等通信工具借助互联网技术，成为校园信息传播的重要工具。这些新媒体的特点是既可以利用电脑网络，还可以利用手机进行信息传播。

（一）QQ

QQ 是深圳腾讯公司研发的网络即时通信工具，该软件可下载到电脑、手机上进行在线聊天、视频通话、传递文件，进行网上娱乐活动，甚至进行电脑远程控制操作。学校师生们还建立 QQ 群，吸纳有关人员加入其中，及时通知学校有关的活动，文件内容共享，为校园信息传播提供了一条通道。

（二）微信

微信也是深圳腾讯公司研发的又一款智能手机即时通信工具。微信下载到手机里，可以进行在线通话、文件传递，并且设有个人资金账户进行资金结算。

学校纷纷建立了学校微信平台，及时发布学校各项工作动态和重要活动信息。师生们可在微信平台上进行交流互动。微信的出现使手机传播信息的功能更加便捷。

（三）微博

微博，即微型博客，是博客的一种，是用户在相关的网络上注册相应的账号，发布比较简短的信息，并分享关系用户信息的工具。在微博上，用户可以随时发布自己所见、所闻和所感，表现自己的思想动态，与其他用户沟通交流，可以实现信息分享。

第七节　其他传统校园媒体

校园媒体还有宣传栏、宣传橱窗、黑板报等。宣传栏、宣传橱窗、黑板报有着悠久的历史，在信息传播手段比较单一的年代，在宣传党的教育方针、交流师生思想、活跃校园文化、锻炼学生能力等方面，发挥了重要的作用。

在信息传播全媒体时代，宣传橱窗、宣传栏等传统媒体依然是重要的校园媒体，是学生进行自我教育、学习交流的重要载体，具有不可代替的作用。

宣传橱窗、宣传栏、黑板报中的内容时效性不强，易吸纳广大学生参与，具有广泛的群众基础。广大学生利用课余时间，办好宣传栏、宣传橱窗、黑板报，大到中央的决策部署、学校的工作动态，小到近期的学习安排、个人的心得体会、好人好事，还可登载理论学习成果，等等。

学生们在办宣传橱窗、宣传栏、黑板报时学以致用，互相勉励，提高了动手能力。

一、宣传栏与宣传橱窗

宣传栏是制成长方形有框的面板，下有立柱支撑，面板上书写或张贴宣传内容，常设置在大道两边或公共场所进行自我宣传的工具。有的宣传栏则直接安装在公共场所的墙壁上，就不用支撑了。

宣传橱窗则是制成玻璃橱柜一样的宣传栏，内容书写或张贴其内，外可上锁，有的在橱窗内安装了灯光，夜晚也可供观看。

宣传栏和宣传橱窗

设置宣传栏和宣传橱窗是学校开展思想政治工作，贯彻党的教育方针，反映学校工作动态，歌颂工作成就，进行新闻宣传的有力手段。

二、黑板报

黑板报是学校师生进行自我学习和教育的良好平台。黑板报是以黑板为载体，像办报纸一样，精心策划宣传主题，用粉笔或颜料在其上书写宣传内容。配置插图。

办黑板报要精心设计，对整个版面进行合理安排，分别刊登合适的内容；对报头设计，选择合适的字体和字号，力求醒目大方；不同部分的内容也要配置合适的标题字体与字号，对内容文字进行编排；对办报人员的板书要求较高，要会写美术字，会画插图和花边等。

黑板报的内容灵活多变，刊载时间可长可短，不同的主题，自成一章。

三、宣传栏、宣传橱窗和黑板报的主要特征

办宣传栏、宣传橱窗和黑板报是锻炼学生能力的重要手段。在网络信息传播极其迅速、传播内容极其广泛的信息时代，宣传栏、宣传橱窗和黑板报仍然具有不可代替的作用。其主要特征是：

(一) 紧跟学校工作安排

办宣传栏、宣传橱窗和黑板报需根据学校以及各班级工作的需要，宣传党和政府的路线、方针、政策以及学校的中心工作，甚至各班级的集体活动，同学的学习心得体会。

(二) 内容丰富多彩

这些传统媒体的宣传内容选材广泛，上至党和国家的方针政策和重要指示精神，下至

一年一度的招生宣传、学生社团活动、学习积极分子的事迹，等等，都是这些传统媒体选择的材料。还可随时根据工作的需要，进行内容更新。

（三）学生自己动手实践

学生参与这些传统媒体的工作，动手实践，互教互学，增长了知识才干。这些传统媒体是开展素质教育的良好形式，深受广大师生的喜爱。

（四）具有广泛的群众基础

校园传统媒体能吸纳广大学生参与，有专门的学生队伍进行，学生会、团支部以及其他社团组织都是传统媒体的有生力量。

（五）保存信息时间较长

在各种信息瞬息万变的时代，信息繁杂，令人眼花缭乱。宣传栏和黑板报等校媒体保存信息的时间较长，能巩固记忆效果，根据工作需要进行更新。

大学生记者是学校宣传的骨干力量，可充分利用宣传栏、宣传橱窗和黑板报等传统媒体的平台，参加实践，提升自身素质。

宣传橱窗、宣传栏、黑板报具有内容鲜活、紧贴校园实际、保持恒久、群众参与等优点，在校园媒体中具有独立的作用。办好宣传橱窗、宣传栏、黑板报等媒体是高校开展学生思想政治工作、进行新闻宣传的重要工具，是实施素质教育的重要平台。

第八节　高校媒体融合发展

我国高等教育事业飞速发展，有力地助推高校媒体升级提速，向全媒体时代转变。高校网络媒体的崛起，一举打破了校报一尊独大的局面。高校媒体紧跟媒体融合发展步伐，进行媒体工作形式的创新。

一、高校媒体面临的新问题

高校媒体多元化，为高校宣传工作增添了新的力量和扩展了新天地。毋庸置疑，高校新媒体的出现，使传统媒体与新兴媒体同台激烈竞争，媒体报道方式和渠道增多，工作更加繁重，使高校宣传工作和媒体管理面临新的问题。

（一）新兴媒体异军突起，传统媒体受到挤压

青年学生对新生事物接受能力较强、兴趣较高，由于网络传播的及时性、交互性以及娱乐性强，在校园媒体的选择上学生更趋向于网络等新兴媒体。他们往往通过自己的电脑或校外网吧了解信息，进行交流。校报传播速度较慢，宣传栏、广播受空间限制，青年学生对他们比较淡漠。如此一来传统媒体有被边缘化的危险。

（二）媒体资源散乱，整合难到位

高校媒体趋向多元化，新兴媒体与传统媒体同台竞技，由于不同媒体的性质、特点和工作方式不同，处于条块分割、人力分散的状态，“一人一把号，各吹各的调”，难以形成合力，未能形成自己的特色栏目和精品报道。

（三）校园报道同质化突出

高校媒体对同一件事的报道存在同一个标题、同样的角度、同样的写法，严重影响了

高校校园媒体的传播效果，使读者阅读兴趣下降，媒体资源被浪费。

（四）管理水平和业务素质提高不快，经验不足

高校媒体得到快速发展，而与之对应的管理能力和媒体工作人员业务素质未能适应新媒体的新要求，对校园舆论的引导、对突发事件的应对缺乏经验，迫切需要根据新媒体的发展形势提高管理水平和媒体工作人员的素质。

高校媒体快速发展的新形势和新任务迫使高校不断改进宣传的工作方式和方法，适应新媒体时代的需要，增强舆论引领和培育人才的作用。

二、高校媒体融合的意义

高校媒体的多元化，而宣传思想工作的一元性，迫切要求高校转变宣传工作思路，改变媒体管理方式，加强媒体融合，增强育人功能。

高校媒体融合是大势所趋，是高校应对新的宣传形势和校内外舆情的需要，是全媒体环境下紧跟媒体融合步伐的新要求。媒体融合使他们取长补短，按照既定的工作目标，把行动统一起来，报、网、台互动，增强传播效果，维护团结和稳定的大局。

媒体融合能使高校做好本校媒体发展的统一规划，媒体资源统一利用，统一执行宣传报道任务，避免恶性竞争。同时可以促使本校改进媒体工作方法，提高舆论引导的本领，使传统媒体和新兴媒体按照各自的分工，遵循报道规律，有的放矢地开展报道，形成合力，提高报道效益。

媒体融合还可以使高校对媒体专业人员进行整合，使有限的人力资源得到充分利用，降低人力资源成本，提高人力效益。

媒体融合将有力促进高校媒体提升信息化水平，使校报、广播、电视搭上网络的快车，实现远程传播；校网则借助校报、广播和电视增加了自身报道的深度和广度，扩大了受众群体，增强了社会影响力，从而使校园媒体广泛地互动、协作，从“象牙塔”走向广阔的舞台。

三、高校媒体融合主要路径

面对新的宣传形势和任务，许多高校对媒体融合进行了有益的尝试，提升媒体信息化水平，为报、台、网搭起了一座互通“立交桥”，改工作分散化为集中式管理，探索出一条高校媒体融合之路。

（一）创新媒体融合工作思路

高校将传统媒体与新兴媒体融合，用信息化改造传统媒体，发挥传统媒体的优势提升新兴媒体的公信力。武汉大学率先将《武汉大学报》和武汉大学新闻网融合，充分发挥校报的权威性和校网传播的及时性，做到新闻策划的一体化，报道任务具体化，分工明确，实现采编系统的报网一体化，及时上传校报电子版。运行几年来，该校新闻网的访问量、单篇新闻的点击率大幅度提升，校报稿件在湖北省新闻学会以上单位的获奖数量达20篇以上，校报荣获“湖北省高校校报先进单位”荣誉称号。

（二）队伍整合，形成工作合力

高校媒体异军突起，导致多头管理，力量分散，新闻传播重复、效率低下。媒体融合

后促使高校将新老媒体分散的队伍整合成集中统一的队伍，新闻报道统一策划，记者和编辑统一调配和分工合作，实现新闻信息一次采集、多种写法或制作、多元传播，避免了重复劳动，力求新闻传播效益最大化。

（三）有力地推动新闻工作改革

高校媒体融合也促使高校根据不同媒体的性质和传播方式，进行新闻报道改革，根据新老媒体的性质和特点将它们重新进行定位。利用校网及时发布真实信息，进行“短、平、快”报道；将校报定位为以深度报道、解释性报道为主；将广播定位为师生生活资讯、重要通知、娱乐服务的平台，建成网络电台；将校园有线电视定位为视听新闻的平台，在校网建有网络电视；校园宣传橱窗等其他媒体作为宣传的辅助工具，是校内固定不动的宣传营盘。校园媒体进行组合报道，校报电子版及时上网发布；学生在校网和微博发布疑惑问题，校报及时进行辅导、解释。不同的分工使媒体之间定位准确，又相互协作，进行深度互动。

四、高校媒体融合增强了育人功能

高校媒体融合使校园媒体统一按照学校既定的宣传方针，有的放矢地开展报道，充分发挥学校教书育人、管理育人、服务育人、环境育人的功能，为学生营造一个全天候、全方位的育人环境，育人功能得到进一步发挥，具体表现在：

（一）构建立体式的校园宣传网，营造学生成长的氛围

高校媒体按照上级和学校的统一部署，弘扬社会主义核心价值观，宣传“新时代中国特色社会主义”和学校“两个文明”建设的成果，对学生进行思想政治教育，抵制错误和落后的思想侵蚀，帮助学生树立正确的人生观、世界观和价值观，充分调动学生参加和谐校园建设的积极性和主动性。

（二）进行知识传授与辅导

媒体融合后，校报、校网、广播能发挥各自的优势，向学生传授知识。校报开设专刊、专栏刊登学生习作，跟踪学生社会实践活动，宣传学生中涌现出来的典型人物和取得的成果，为学生学习鼓劲加油。广播站在老师的指导下由学生广播员每日定时播放学生采写的稿子，锻炼学生的工作能力。校有线电视也成为学生加强学习、参与管理的阵地。媒体融合加强了媒体间的分工合作，成为学生学业辅导的有力助手。

（三）校园舆论引导能力得到加强

媒体融合形成一张无形的网，在学校的统一部署下，针对阶段性的舆论热点、难点，组织学生展开讨论，帮助学生解疑释惑，澄清事实真相，宣传力量明显增强，校园更加稳定和谐。

（四）媒体合力开展心理健康教育，对学生进行心理疏导

高校媒体融合后，能在学校的统一规划之下发挥各自的优势，关注大学生的心理健康。校网开设学生交流平台，建立官方微博，教师、学生在微博群中交流、互动，获取资讯，表达诉求，辅导老师通过微博群对学生进行心理疏导，学校跟踪动态，做好服务。校报及时刊登心理健康方面的知识，帮助学生进行心理调适，心理疏导。

（五）媒体平台培养了一批批优秀大学毕业生

高校媒体融合后，校教职工队伍得到精简、优化，高校媒体大力加强大学生通讯社队伍建设，从学生中招聘一批批学生记者、通讯员，定期举办学生记者、通讯员培训班，讲授新闻采写编和传播学知识，把他们充实到采写编一线，在指导老师的带领下，他们学习采写技巧，定期轮岗，接触不同的媒体，使他们初步掌握了新闻传播的知识、技巧和方法，在学校得到实战锻炼，培养成“全媒体记者”，扩大了学生的知识视野，提高了学生的动手能力，为他们走向社会打下了坚实的基础。

第二章　大学生通讯社和大学生记者

高校媒体为广大学生成长提供了广阔的舞台。我国高校媒体有悠久的爱国传统。“开国总理”周恩来年少志高，其“为中华崛起而读书”激励了无数仁人志士。在南开大学求学期间，他就是当之无愧的“大学生通讯社社长”，除认真学习外，还积极筹办学校的新闻事业，投入反帝反封建的爱国热潮。

1919 年，在日本留学的周恩来得知南开大学即将创立，喜不自禁，毅然决定回国学习，随后参加了五四运动。6 月，他受天津学联的邀请，筹办并主编《天津学生联合会报》。为筹集办报组织同学举行话剧义演，7 月份《天津学生联合会报》正式创刊。该报高举反帝反封建的旗帜，不断揭露帝国主义和封建统治的罪行，号召全国人民团结起来，推翻黑暗统治，建立新社会。该报在全国许多省市发行，日发行量高达 2 万余份，被誉为“全国的学生会报冠”。

在繁重的学习和反帝爱国运动中，他仍挤出宝贵的时间，建立“南开出校学生通讯处”，自任“办事人”，拟定了《南开出校学生通讯处细则》刊登在《校风》第 133 期，宣布通讯处正式成立，积极为南开校友服务，寄送学校出版的《校风》报和《思潮》报，加强与校友的联系，号召校友为母校发展出谋划策。

9 月，周恩来正式入学南开大学。他率领天津几百名积极进步的同学，乘火车赶到北京总统府示威，强烈要求释放马骏等被捕的同学，当局不得不答应了进步学生的要求。周恩来和同学们取得了初步胜利。在返津的火车上，他和学生代表们不满足于既有的成绩，积极总结斗争的经验教训，主张在天津学生联合会和女界爱国同志会两团体中选拔骨干同学，组成更严密的团体，达成了一致的意见。回到南开大学后，他们紧锣密鼓地筹建觉悟社。

不久，在天津学生联合会办公室举行觉悟社成立大会，周恩来被一致推举为会议主持人。全体社员经讨论通过了由周恩来执笔写成的《“觉悟”的宣言》，明确提出反帝反封建，“灌输世界新思潮”的任务，“本‘革心’、‘革新’的精神，求大家的‘自觉’、‘自决’”。大家一致认为，社内要发扬民主，纪律严明，重大问题经过集体讨论，多次邀请李大钊等著名学者来社讲演，宣传革命思想。11 月份，周恩来又主持特别会议，决定把觉悟社建成“引导社会的先锋”和“作战的大本营”。随后，周恩来在进步同学的协助下主编和出版了社刊《觉悟》。觉悟社成立后，很快吸引大批进步学生团结在周围，发展成为天津学生界反帝爱国学生运动的大本营。

周恩来在大学学习期间，除了领导“觉悟社”外，仍坚持主编《天津学生联合会报》，宣传革命思想，继续参与领导天津学生的反帝反封建爱国运动。他在革命运动和办报实践中，领导能力不断得到提高，成为五四爱国运动天津学生主要领导者之一。可以说，大学生记者的经历，为周恩来走上革命道路、成长为革命领袖奠定了基础。

大学生记者培训了一代代英才。央视著名节目主持人撒贝宁出身艺术之家，自幼受到良好的艺术教育。1994 年被保送至北京大学法律专业，他在抓好专业学习的同时，积极参与学校的各种文艺活动。学校广播电台招聘记者，他凭着标准的普通话和出色的艺术特长技压群芳，入校不久便通过层层选拔为北京大学广播电台副台长兼播音员。他富有磁性的语音播报，得到全校师生的一致赞许，主持艺术在磨炼中不断进步。

后来，他被导演相中扮演电视剧《阳光路》中的男主角。该剧在全国大学生第五届“理想杯”电视展播活动中获二等奖。由此，一步一个脚印，他走上北大戏剧社社长、北大合唱团男高音领唱等岗位，与中央电视台“心连心”艺术团著名主持人一起主持了在北京大学的演出，为日后专业发展奠定了基础。

毕业前夕，中央电视台为筹备《今日说法》栏目，到北京大学选拔主持人。学校向电视台推荐了他。经过严格的面试考核，他被央视录用，终于实现了从大学生记者向一名法制栏目主持人的跨越。

从组织结构上看，高校媒体校报、广播、电视、网络隶属于学校新闻中心，新闻中心挂靠在学校党委宣传部，还有的高校如清华大学、复旦大学党委宣传部部长兼任新闻中心主任、新闻发言人。不同高校的管理方式不同。大学生通讯社则是学校新闻中心领导下的学生社团。

第一节　大学生通讯社

一、概述

高校媒体蓬勃发展，离不开一支强有力的学生记者队伍的支持。大学生通讯社应运而生，在有的大学称之为“记者团”，无论怎样称谓，总之都是学生参与学校媒体工作的学生社团，工作性质和目标任务迥然相同。因此，本书以大学生通讯社的名称对高校内大学生通讯组织机构、性质和任务以及工作方式进行阐述。

大学生通讯社（以下简称“大通社”）是在高校新闻宣传机构领导之下，由在校大学生自愿组织成立的，在高校媒体中从事新闻采访报道工作，提供新闻产品，参与社会实践，发展个性特长，提高综合素质的学生社团。

大通社的宗旨：以校媒体为平台，吸纳一批热爱新闻事业的学生从事新闻报道活动，发展兴趣爱好，拓展自身素质，为校媒体服务，为社会培养优秀人才。

大通社招聘学生记者，通过几年锻炼，学生记者逐步成长，掌握了新闻采写编知识，学会了交际技巧，为走上社会热身。学生记者毕业后，有的直接被新闻单位聘用，有的成长为单位骨干。

二、组织机构

大通社实行任期制，毕业生自行退出，每年从入学新生中招聘大学生记者，进行换届选举，选出新社长、副社长、秘书长及各部门负责人。

大通社实行社长负责制。社长负责大通社采写活动的组织实施；负责大通社活动计划的制订和实施过程中的监督，每年向大通社成员做一次工作报告；社长有责任发现和培养大通社中的人才，加以任用；负责协调大通社各部门，以及与学校其他社团的关系；通常由社长代表大通社对外进行联络。

副社长、办公室主任配合社长的工作，参与大通社的全面管理，并分管某项具体工作。不同的高校，大学生通讯社的组织机构有不同的组织形式。本文只列出一般的组织架构，以供参考。

不同的高校大通社的组织形式有所差别，但大同小异，笔者根据多所高校学生通讯社的情况，绘制大学生通讯社的组织结构图。当然，大通社可根据工作实际设置自己的组织机构。

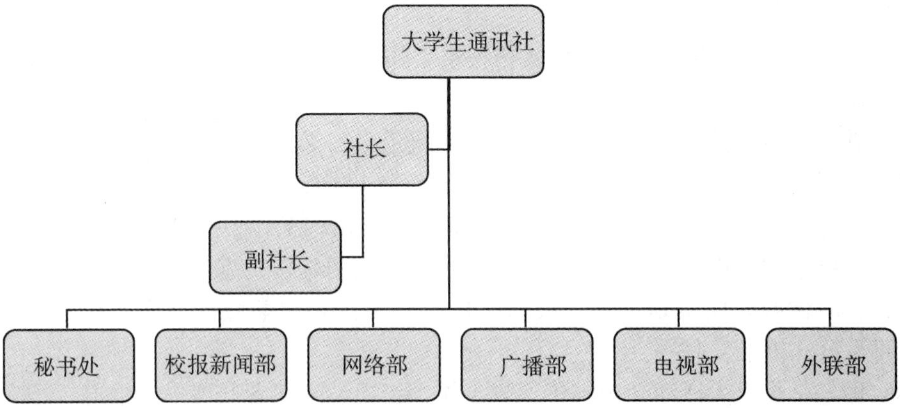

大学生通讯社组织机构设置

大学生通讯社制定自己的章程，规定了大通社的性质和任务，大学生记者的选拔和培训机制，大学生记者的职责与权利。与此同时，通讯社还应制定各部门责任制和岗位职责。

各部门职责简介：

大通社秘书处是本社综合职能部门，负责大通社会议组织与管理，定期开展学生记者的招聘工作，做好活动资料、成员材料等档案材料的归档，负责对各位成员工作的考核与评比，保管好本社经费，做好校报的发行工作，代表社长协调有关部门的工作，完成社长交办的其他工作。

校报新闻部负责校报的新闻采写工作，在校报老师的指导下进行编辑，做好新闻采写策划，拟订先进典型的采访计划，定期开展学生记者业务培训和学习交流。

网络部负责本校新闻网的新闻采写编工作，上传学校各部门来稿和学生记者采写的稿件，做好网络舆情的监测与分析工作，完成社长交办的其他工作。

广播部负责学校广播台的新闻采写编工作，每天按时播音，播放学校新闻和本台自办的节目，转播中央和地方台重要新闻和文艺节目。

电视部承担学校电视台新闻的采写编工作，面向全校师生员工宣传党的教育方针，报道学校办学理念、政策举措、学研成果、新人新貌等和谐校园建设成果；按照学校要求转播上级台的节目；组织好本部学生记者的报名招聘工作。

外联部的主要职责是做好与兄弟院校大通社的联系、交流与合作；宣传大通社的工作，加强与社会有关方面的联系，争取社会各方面的广泛支持；负责大型活动的对外联系，加强与有关媒体的联谊，做好学校的对外宣传报道工作。

值得注意的是，有些高校将校园电视台、广播台单独设置，或者说从大通社中分离出来，如天津大学 1998 年成立了学生电视台，是全国首家完全由在校大学生组建的电视台，由校党委宣传部给予行政指导，校电教中心给予技术指导。天津大学学生电视台制作的节目多次通过天津电视台的审评，成为天津电视台科教频道的后备制作基地，定期向天津电视台输送电视节目。

三、主要任务

大通社按照章程开展活动，承担宣传报道工作任务，是大学生参加社会实践的第二课堂。其主要工作任务是：

（1）在专职老师的指导下承担校媒体通讯报道采写编工作，保证校媒体的正常运转。

（2）加强自身建设，拟订发展规划，合理设置机构，加强大通社班子建设和配合各职能部门负责人，做好一年一度的大通社记者招聘、培训工作，提高自身素质。

（3）积极组织社内记者学习新闻传播知识，开展切磋、交流。

（4）认真做好新闻策划工作，根据学校中心工作和国家教育政策，拟订报道选题，布置新闻采写（摄录）任务。

（5）做好学校重大活动会议宣传保障工作，组织学生记者开展采访报道。

（6）做好本社成员的考核、评比与表彰工作。

（7）做好与社会媒体的通联工作，开展对外报道工作。

（8）加强与兄弟院校大通社的合作、交流与联谊。

四、活动方式

大学生在校学习本专业的知识是当务之急。大通社是第二课堂，大学生加入大通社开展新闻报道活动，扩展了自己的知识面，增强了社会交际能力，提高了自身素质。大通社应有自己的活动方式。

大通社是服务学校媒体的学生社团，在学校党委宣传部（新闻中心）的领导下，应充分发挥学生社团的向心力和凝聚力，独立自主地开展工作，发挥大学生的主观能动性和自觉性。大通社应充分利用学生记者的课余时间，组织学生开展新闻报道活动，发展学生的特长，做到学习与爱好“两不误”。并以专业教师为指导，组织学生学习新闻义务，坚持深入新闻现场锻炼，互学互助，共同提高，在实践中成长。大通社实行任期制，毕业学生自行退出，新学年招聘新生加入，选举新的领导机构。此外，大通社还可利用节假日组织记者开展支教、社会调查等社会实践活动，提高学生记者的社会交际能力。

五、大学生通讯社的建设

大通社以校媒体为平台，是大学生学习新闻传播知识与技能、进行素质拓展的重要舞台。大通社建设关系到校媒体的正确发展方向，关系到大通社的成长和发展，关系到每位学生记者的未来。

大通社建设是校党委宣传部和校媒体工作的着力点，也是广大学生共同努力的方向。不同的高校对大通社建设结合本校工作实际有不同的方式和方法，形成本校大通社建设的思路。

笔者根据对有关高校的调研，对各高校大通社建设进行归纳。

（一）注重规章制度建设

大通社建立后，如何保证其高效有序运行是大通社领导人和指导教师共同思考的问题。一个庞大的组织必须有严明的纪律和活动规则，否则将是一盘散沙，工作毫无起色。大通社是培养大学生素质能力的课堂，大学生记者参与采访报道活动是加强锻炼、增长知识、塑造灵魂的工作。教育学生严守纪律、依规办事是大学生社团应有之义。

为保证大通社正常开展工作，各高校十分重视大通社的规章制度建设。制定了大通社章程、各部门工作职责、社长和各部门负责人岗位责任制，使大通社的各项工作有章可依。东北电力大学制定的《大学生通讯社章程》规定了大学生通讯社的性质、任务，大学生记者选拔、培养、权利和工作任务，大通社的考核；等等。《武汉大学校报》、广播站、电视台都制定了详尽的工作守则，从制度上保证了大学生通讯社工作的正常开展。

制度规范人的行为，帮助大学生记者培养职业素养，养成良好的行为习惯，增进团队的凝聚力和战斗力。

（二）加强记者的选拔和培养

大通社的学生来自全校各个学院（系）不同的专业，非新闻传媒专业的学生较多，理工农医文艺多学科汇聚，对新闻专业知识知之甚少。对大通社的记者进行培训是一项长期的工作，培训的内容主要是大通社规章制度、新闻采写知识、新闻政策与法规、高校新媒体运营与管理，等等。

大学生记者的培训不同于在校生的专业学习。大通社是社团组织，大学生记者的工作是学生素质拓展，因此对大学生记者的培训主要利用课余时间进行。培训方式是专业教师指导，学生互助互学，岗位实践。大学生记者利用课余时间进行新闻传播的专业学习，不可能像新闻传播专业学生一样分年度、学期进行全面系统、深入细致地学习，而是根据工作岗位需要，现学现用，以老带新，拾遗补缺。大学生记者培训需要什么就学习什么，在工作岗位上锻炼成长。

山东农业大学大通社每年承担该校大型活动的采访任务。如，CBA-CUBA 青年篮球对抗赛、CUBA 大学生篮球联赛、CUVA 大学生排球联赛、入学迎新报到、校园招聘会等；对师生关切的热点、难点问题进行深入采访，跟踪报道，营造了和谐校园的氛围。大学生记者们在校报、校新闻网以及搜狐网、新浪网等网站发表了大量的新闻稿件，培养了大批学生干部。

（三）广泛开展社会实践

社会实践是大学生记者的必修项目。大通社利用寒暑假组织校外社会实践活动，有的深入老苏区寻访革命烈士，有的开展社会调查，有的加入“三下乡”团队，有的深入边远地区支教。社会实践活动拓展了大学生记者的视野，使大学生新闻采访报道触角伸向更广阔的空间。河南师范大学大通社每年组织学生记者前往《河南日报》《教育时报》《中国政协报》河南记者站、《郑州日报》《青年导报》等校外媒体顶岗实习。学生记者发表大量新闻稿件。

（四）在校际交流中

各高校大学生通讯社有共同的目标任务，记者们有共同的兴趣爱好，是兄弟高校大学生通讯社开展交流的共同基础。大通社校际交流增进了解，加强了合作，扩大自身的影响力。中国高校传媒联盟现有理事高校500余所，会员媒体近5000家。先后组织了上海世博会、广州亚运会、北京田径世锦赛等全国大型活动大学生记者采访活动。2010年，淮阴师范学院大通社参加上海世博会注册大学生记者选拔活动，1名学生记者顺利成为世博会注册大学生记者。同年，在广州亚运会大学生注册记者选拔，4名学生记者当选。中国高校媒体联盟成为全国高校大通社共享、合作、创新、发展的家园。

大学生记者在交流中互相学习对方办报、办台、办网和新媒体运营的经验，提高了自身的工作能力；共同讨论校媒体融合发展面临的困难和问题，创新校媒体工作思路和方法。

第二节　大学生记者的性质和任务

大学生记者是指大通社通过公开招聘，在专业教师指导下，经过培训后在校媒体从事新闻报道工作的学生。大学生记者是高校新闻工作人员，高校新闻事业是国家新闻事业的一部分。由此可见，大学生记者也是国家新闻事业的重要力量，是建设社会主义和谐校园的生力军。

大学生记者组成了大学生通讯社，大通社是大学生记者的理想家园。大学生记者要遵守通讯社的制度和纪律，接受工作安排，保质保量完成工作任务。有了大学生记者，大通社应运而生。

大通社为大学生记者成长抢建平台，提供各种资源，建立各项规章制度，以保证大学生记者正常地开展工作。

一、大学生记者的性质

大学生记者是高校学生利用课余时间和所学之长在校媒体从事新闻报道工作的学生骨干。大学生记者不同于专业新闻工作者，但又承担着专业的新闻报道工作。

大学生记者体现学生的爱好和追求以及未来的发展方向。每年学校都要组织大学生记者招聘，大通社举行换届选举，选举产生新的社长和副社长，组成新的领导机构。大学生记者从事新闻报道工作，学会了新的知识，自身得到了锻炼。

大学生记者是学生走向成熟的舞台，是走向社会和工作岗位的赛前热身。大学生记者是校园媒体的工作人员，在学校完成学业的基础上，按照自己的兴趣参加锻炼，使自己所学的知识得到应用，特长得到发挥，能力得到提高，为就业奠定了坚实的基础。一批批学生记者毕业后被新闻单位录用为记者，有的成为单位的“笔杆子”或业务能手。

大通社是铁打的营盘，大学生记者是流动的兵。大通社每年纳新，同时每年都有学生毕业，大学生记者告别了校园，走上了工作岗位。大学生记者不是工作单位的职员，而是学习期间参加实践的顶岗实习活动，是记者的摇篮，是职场骄子的起跑线。

二、大学生记者的任务

大学生记者在校媒体独当一面地工作，为校媒体专职老师排忧解难，出谋划策，分担了许多工作任务，成为了学校和教职员工的“耳目”和“喉舌”，有力地保障了校媒体工作的正常运转，坚持正确的舆论导向，促进了和谐校园的建设。

大学生记者承担的任务主要有：

（1）按照所在部门和岗位职责，积极学习新闻采写或摄（录）制业务，提高新闻工作水平。

（2）积极参加学校组织的新闻采写或摄录等活动，及时完成、上交工作任务。

（3）深入了解教职员工和同学所关心的热点、难点问题，挖掘具有新闻价值的线索，共同讨论和确定选题，有组织地完成一些深度报道。

（4）善于发现典型业绩、先进经验和校园文明新风，并及时进行采访。

（5）认真听取有关人士对校媒体的工作意见和建议，并按照学校要求进行整改。

（6）参加全校重大新闻选题和策划工作，保证采访活动深入进行。

（7）做好舆论引导工作，及时发现校内不良思想倾向，做好释疑解惑和矛盾化解工作，并及时上报有关情况。

（8）按时参加例会，保质保量地完成每月采写任务。

（9）开展校外媒体的报道工作，参加有组织的大学生记者社会采访实践活动。

（10）认真完成大通社下达的其他工作任务。

第三节　大学生记者的选拔和培养

大学生记者的选拔和培养是促进其快速成长，充实校媒体力量的重要一环。大学生记者的选拔采用招聘形式进行，培养工作则是常规性的工作内容。

一、大学生记者的招聘

大通社每年都要面向全校学生，特别是入学新生，开展学生记者招聘活动。记者招聘是一项良好的制度，新陈代谢，形成团结、竞争、向上的良好氛围。

大学生记者的选拔一般安排在每学年的上学期进行，新生入学和毕业生离校，大学生记者实行新老更替。

大通社招聘学生记者，招聘过程通常包括以下流程：

（1）拟订招聘计划，确定招聘记者的标准条件。

(2) 向全校发布招聘启事。

(3) 现场进行招聘，一般选择在学生社团招聘之日，在社团招聘会现场接受学生报名，学生填写应聘表格。为方便学生，也可让学生到大通社办公室报名。

(4) 进行笔试、面试选拔，然后根据综合成绩确定录用人选。

(5) 学生记者见习期一般为一个学期，根据发稿数量、质量和参加活动情况及其他表现进行考核，合格者转为正式学生记者，颁发学生记者证。

二、大学生记者的培养

大学生记者招聘工作完成后，对他们进行培养则是一个漫长、艰辛的过程。许多新记者在校学习的是非新闻专业，要想提高他们的新闻专业素质必须加大培训的力度。

(一) 召开新记者入职专题会议

安排新老记者见面，向新记者介绍大通社情况，使之掌握大学生记者的组织机构和性质任务，组织他们参观校报、广播台、电视台和网站。

(二) 定期组织政治学习和新闻业务培训

比较系统地学习党的新闻政策和法规制度，同时按照不同媒体的工作性质和任务分专业进行培训，学习新闻采写（摄录）、编（播）等新闻业务，为学生记者独立地开展工作、有力地服务校媒体、引导校园舆论，打下坚实的基础。

(三) 开展新闻采写（摄录）、编（播）活动

安排新记者开展工作，以老带新，现场指导，共同学习，使新记者初步掌握新闻业务技能，能独立地开展工作。

(四) 定期召开校媒体工作讲评会

每月组织大学生记者召开校媒体工作讲评会，开展评报、评台、评稿等活动，切磋技能，寻找工作中存在的问题和不足，不断提高新闻业务能力。

(五) 开展校际业务交流

组织大学生记者到兄弟院校大通社（记者团）和校媒体观摩，交流工作经验，发现差距，拾遗补漏，以利于改进工作。

(六) 选派大学生记者到当地报业集团顶岗实习

学习业界主流媒体办报、办台的经验，学习业界新闻工作者的优异的专业知识和技能，以全面提高大学生记者的新闻业务能力，提高大通社的工作水平。

(七) 开展社会实践活动

组织大学生记者开展支教、访贫问苦、社会调查等活动，提高大学生记者的政治、业务和社会交际等综合素质。

(八) 进行轮岗培训

应大学生记者的要求，必要时在校媒体之间进行轮岗，让记者们充分了解、掌握不同媒体的知识、工作技能和方法，使之成为全媒体记者。

(九) 举办名师专题讲座

定期邀请名师给大学生记者举办新闻知识专题讲座，举办新闻采写（摄录）专题讲座、座谈会、经验交流会等，拓展记者的知识视野，进一步提高大学生记者的新闻工作

能力。

大通社实行严格的记者招聘制度和比较完善的培养机制，使之成为严密、高效的组织机构，成为促进校媒体发展和校园文化建设的一支有生力量。

第四节　大学生记者应具有的素质和能力

大学生记者是国家新闻事业不可或缺的重要力量，也是专业记者的后备军和用人单位未来的骨干力量。大学生记者素质和能力的高低直接关系到校媒体工作的成败。

大学生记者必须具备相应的素质和能力，才能保质保量完成工作任务，发挥校媒体的舆论引导作用，在校园文化建设中发挥应有的作用。

第一，大学生记者应政治坚定，热爱党，热爱人民，热爱社会主义，坚持正确的舆论导向，贯彻党的教育方针，能自觉执行校党委和校行政的决议和指示。第二，热爱新闻工作，通过学习和锻炼具有一定的新闻专业知识，新闻采写能力和社会活动能力较强，学习成绩优良。第三，具有吃苦耐劳的精神，能深入到教学教研一线，发现典型，深挖其本质意义，组织采访活动。第四，能独立承担新闻采写（摄录）或编（播）任务，新闻作品被采用率较高，新闻导向正确。第五，能完成大通社布置的其他工作任务，能按时参加新闻选题、策划等各项活动。

当然，大学生记者的素质和能力是经过长期的培养和锻炼养成的。一方面，学校宣传部门和大通社在选拔记者时严格把关，保证质量，把真正热爱新闻工作、热心服务于校媒体的同学选拔到大学生记者队伍中来，另一方面积极创造条件，开展教育培训，给学生记者一个学习提高的机会，助推学生记者成长。与此同时，大学生记者自觉学习新闻传播知识，积极参加学校组织的采访活动，实践出真知，知识和能力将与日俱增。

第五节　怎样当好大学生记者

高校新闻宣传工作是党和国家宣传工作的重要组成部分。大学生记者也是党和国家的新闻工作者。大学生在高校从事新闻宣传工作是非常光荣的工作，在完成学业的基础上，又参加新闻传播实践，增长了才干，为完成学业走向社会、踏上岗位打下了扎实的能力基础。

党和国家领导人历来十分重视党的新闻舆论工作，对新闻工作者殷殷嘱托。毛泽东在革命的紧要关头亲自撰写新闻稿。1946 年，全面“内战”爆发后，在转战陕北的历史进程中，他亲自向新华社撰写新闻稿、社论，被记者们亲切地称为“新华社首席记者”。他还强调，“搞新闻工作，要政治家办报”，重视新闻工作队伍建设。

1996 年，时任中共中央总书记江泽民视察人民日报社时指出，新闻工作者要打好“五个功底”，即要打好理论路线根底，要打好政策法律纪律根底，要打好群众观点根底，要打好知识根底，要打好新闻业务根底。努力培养一支政治强、业务精、纪律严、作风正的新闻队伍。

在 2002 年 1 月的全国宣传部长会议上，时任中共中央总书记胡锦涛强调，新闻媒体是党和人民的喉舌，一定要坚持新闻工作的党性原则，坚持团结稳定鼓劲、正面宣传为主的方针，牢牢把握正确的舆论导向，努力营造昂扬向上、团结奋进、开拓创新的良好氛围；同时要尊重舆论宣传的规律，讲究舆论宣传的艺术，不断提高舆论引导的水平和效果，与人民群众日常工作和生活的实践性统一起来，使宣传教育工作做到形式多样，生动活泼，为群众所乐于接受，能够回答群众中存在的思想认识问题。

2016 年 11 月，习近平在会见中国记协第九届理事会全体代表和中国新闻奖、长江韬奋奖获奖者代表时对广大新闻记者提出 4 点希望：

一是要坚持正确政治方向，同党中央保持高度一致，坚持马克思主义新闻观，坚守党和人民立场，坚持中国特色社会主义，做政治坚定的新闻工作者。

二是要坚持正确舆论导向，深入宣传党的理论和路线方针政策，深入宣传全国各族人民为实现“两个一百年”奋斗目标、实现中华民族伟大复兴中国梦进行的奋斗和取得的成就，弘扬主旋律，释放正能量，做引领时代的新闻工作者。

三是要坚持正确新闻志向，提高业务水平，勇于改进创新，不断自我提高、自我完善，做业务精湛的新闻工作者。

四是要坚持正确工作取向，以人民为中心，心系人民、讴歌人民，发扬职业精神，恪守职业道德，勤奋工作、甘于奉献，做作风优良的新闻工作者。一句话，就是要做党和人民信赖的新闻工作者。

大学生记者作为党和国家新闻事业的重要一份子，要正确地履行党和人民赋予的神圣使命，站好每一班岗。党和国家领导人殷切寄语新闻工作者，也对大学生记者寄予了深切的厚望，要求大学生记者坚持正确的正确方向，坚持新闻的党性原则，扎扎实实做好新闻传播工作，管理好校园媒体，积极参加实践，增长才干，报效社会。大学生记者要牢记党和国家领导人的嘱托，不辱使命。这是大学生记者的思想政治要求，是大学生记者的生命线。

同时，我们大学生记者不同于专业新闻工作者，从事高校新闻传播工作，有自身的工作特色和工作要求。

大学生记者在校期间面临着学好专业知识和当好记者的双重任务，压力非常大。怎样当好大学生记者？是每一位大学生记者必须面对的问题。

（一）树立正确的理想信念

担任大学生记者工作，是一项光荣而繁重的工作。记者们在正常学习之余，参加大通社的工作，不图出名，不为谋利，只为在校园新闻传播中发展特长、锻炼能力。因此，大学生记者要树立正确的理想信念，当记者是为了传播校园文明新风、典型工作经验和教学考研成果，繁荣校园文化，增强广大师生爱校荣校的荣誉感和责任感。校媒体的工作是党的新闻事业的重要组成部分，大学生记者是新闻工作大家庭的一员，要按照新闻工作者的标准严格要求自己，“政治强、业务精、作风正、纪律严”，具有高度的政治敏锐性和强烈的责任感，传播先进的校园文化，自觉抵制庸俗、落后、反动的思想侵蚀，成为理想信念坚定，工作能力出色的优秀学生记者。

（二）具有刻苦钻研的精神

大学生记者来自学校各个院系，具有不同的专业背景，对校园媒体的知识、新闻传播事业知之甚少，除了新闻学院的学生外，大多数学生记者要学习本专业以外的新闻传播知识。因此，大学生记者要有刻苦钻研的精神，学习新闻传播知识，学习校园媒体的管理，顺应媒体融合发展的趋势，适应新媒体蓬勃发展的势头，不断学习，不断适应新环境，追逐新时代媒体发展变化的规律，学习新闻采访、写作、拍摄、编播等方面的知识。而这些知识的取得，需要大学生记者牺牲大量的课余时间，利用节假日进行新闻传播知识的学习，进行自身素质的拓展与提升。长江大学电视台的学生记者在老师的指导下依照各栏目分别组成一个个摄制小组，课余时间刻苦学习采访、摄录和编辑技术，逐渐如同专业电视工作人员一样，从节目策划到采访摄像，再到后期编辑都能独立完成任务，摄制了一批电视栏目精品，在工作中不断提高了专业能力。

（三）具有顽强拼搏的作风

新闻事实稍纵即逝，不能有丝毫的懈怠。人常说："好新闻是跑出来的。"从事新闻传播工作，要有跑破脚板皮的功夫。大学生记者既要正常上课，完成课业，一下课还要按照大通社的安排赶到新闻现场完成采访活动，旋即投入紧张的材料整理、写作或编播，赶在校报、校台指定时间前交作品，一刻也不得耽搁，十分忙碌。大学生记者要做好本职工作，必须有顽强拼搏的精神，"召之即来，来之能战，战之能胜"，能独立承担采写编任务，能保质保量完成大通社下达的其他各项任务。

（四）要有团队合作的精神

大通社是一个分工严密的大家庭，有不同的工作部门和工作岗位，只有团结起来，大家才能心往一处想，劲往一处使，按照分工共同推进工作。同时，从事新闻报道工作，要有博采众长、兼收并蓄的态度，发挥大家的聪明才智，学习新闻报道和媒体运营知识，取长补短，弥补知识和技能上的不足；共同探讨工作问题，发现问题及时进行整改；共同进行选题策划，对所学的知识与技能融会贯通。河南师范大学大通社积极主动适应新媒体发展和校园舆论的新形势，在有关部门的支持下获得彩信、短信群发平台，2010 年创办了河南师大手机报。学生记者按照各自的分工，做好手机报的新闻采写、编辑、发送，保证手机报优质、高效运转。由于大通社表现出色，主动要求学习新知识，同年校报排版也由校印务中心移交给大通社，校报排版由学生记者负责。所有这些都离不开团队合作的精神，合作使个人站在集体的肩膀上，站得高，看得远，使个人的智慧和能力发挥出十倍于己的力量。

（五）做到所学与记者工作两不误

大学生记者是来自不同专业的群体。在校专业学习是学生份内的事情，担任大学生记者则是素质拓展。当然不排除一些非新闻传播专业的大学生记者毕业后从事新闻传播工作，但是在校专业仍然是自身发展的重要根基。离开了所学的专业，学生将失去学业基础，甚至不能正常毕业，将延误自己的事业。因此，大学生记者要做到所学专业与记者工作并驾齐驱，学习成绩优秀，记者工作出色，两不误，共成长。

大通社培养一批批大学生记者，成为校媒体的中坚力量，成为传播校园文化建设的积极分子。大通社为大学生记者提供成长的舞台，为大学生开辟了成长的道路。大学生记者毕业后走向社会，成为单位员工中的佼佼者。大学生记者成长的主要路径有：

一是成长为学校工作人员。大学生记者长期在学校采访、报道，熟悉学校的办学理念和工作特点，有一定的社会交往能力，会处理较繁琐的事务，往往成为学校选拔留校生的重要来源。大学生记者中的优秀分子有的经校有关部门选拔留校成为校宣传、校媒体或其他部门工作人员。他们轻车熟路，工作能尽快进入角色，取得应有的成效，成长为学校的业务能手。

二是成长为新闻媒体的专业人才。大学生记者经过在校的锻炼，掌握了一定的新闻传播知识和媒体运营管理经验。有的还在校内外大赛中屡屡获奖，常常成为校外媒体选拔、录用的后备力量。天津大学大学生电视台成立于 1998 年，是全国首家由大学生组建的电视台。大学生记者制作的节目多次通过天津电视台的审评、播出。该校大学生电视台成为天津电视台科教频道的后备制作基地，定期向该台输送电视节目，为非媒体传播专业的学生提供了学习电视新闻传播知识和锻炼能力的平台。一批批非传媒专业的学生，由于在该台的出色表现，毕业后成功进入了中央电视台和有关省市电视台工作。

三是成长为有关单位的业务骨干。大学生记者除了学好本专业知识外，还积极参加校新闻传播工作，长期加强自身的锻炼，专业知识比较全面，有一定的工作经验。用人单位进校招聘毕业生时，大学生记者的经历往往被招聘单位看好。大学生记者毕业后被有关单位聘用，工作易上手，协调能力强，具有吃苦耐劳的精神，能承担复杂工作任务，在单位工作渐渐脱颖而出，逐步成长为单位的中坚力量。

大通社是一块肥沃的土地，学生记者则是一株幼苗。在这片深情的土地上，阳光普照，雨露滋润，一棵棵娇嫩的幼苗茁壮成长为参天大树。

第三章　校媒体新闻报道策划

新闻报道策划随着我国新闻传播事业的发展，在20世纪90年代兴起，我国众多媒体对新闻报道策划进行有益的尝试，在争论中艰难前行。新闻单位在新闻报道策划中获得了显著的效益，新闻精品层出不穷，新闻报道策划获得了社会各方的理解和支持。事实证明，新闻报道离不开策划，在新闻学界形成了共识，在新闻业界也得到推广应用。新闻报道策划的精品受到广大受众的喜爱。

新闻报道策划是以新闻事实为基础，遵循新闻传播的规律，按照既定的报道目标对新闻采访报道过程进行预先设计和安排，合理地配置采访报道队伍，采取适宜的报道技巧和方法，以实现最佳的新闻传播效果。

校园媒体在开展新闻传播活动中同样离不开新闻报道策划，不同的媒体承担不同的工作任务，同一新闻事实通过不同的媒体进行新闻报道策划，可以产生新闻报道的合力。

校园媒体在开展新闻宣传活动中做好新闻报道策划，是大学生记者必须学习的一项基本业务。

第一节　校媒体各自的优劣势分析

校报、广播、网络和电视共同构成高校重要宣传力量，加之新媒体构成立体宣传方阵。新兴媒体网络的兴起，以其海量信息、交互性和即时性受到广大青年学生的青睐，学生们喜爱从网络、微信中了解信息，网络甚至成为青年学生生活不可或缺的一部分。

网络似乎大有取代传统媒体的趋势，事实果真如此吗？高校校报源远流长，具有悠久的爱国传统，五四运动以来高扬“民主、科学”大旗，激励无数学子投入反帝反封建的斗争，争取民族独立、自由，为建设中华人民共和国作出了卓越的贡献。在建设中国特色社会主义的新征程中，校报同样承担起着宣传党的教育方针和“中国梦”、建设和谐校园文化的重任，引导舆论，鼓劲加油，培育了一批优秀学生走向各行各业，成为社会中坚力量。

校园广播适合有声语言远距离传播，校园电视声、图、文并茂，在高校宣传中担当同样的重任。

可以说，校园媒体各有自身的优势，谁也代替不了谁，他们扬长避短，平分秋色，构成高校校园立体宣传网络，使宣传力量达到无缝对接。

我们来分析一下校园各大媒体的优势：

一、校报

校报的优点：

（1）报道稳重。校报从采写、编辑到出版，经过重重环节，“把关人”使报纸舆论导向明确，语言文字优美，不像一些晚报、都市报为了吸引眼球，不惜制造轰动效应。校报着力报道校园新人新事新气象和工作业绩，追求的是稳重大方，以事诱人，以理服人，以情动人。

（2）权威性强。校报是校党委和校行政机关报，是学校的“喉舌”，记者编辑队伍素质高，消息来源可靠，新闻采写能力强，稿子质量高，舆论导向正确，代表学校高层的声音，具有很强的权威性。

（3）阅读养目。校报讲究编辑排版艺术，标题层次交替、醒目了然，字体、字号千变万化，配图如画，整个版面就是一幅精美的艺术品，一报在手给人以爽心悦目的感觉。

（4）便于收藏。校报不像电子媒介稍纵即逝，报纸整理后，可以一期期地收藏，作为资料日后查阅。

校报的缺点：

（1）出版周期长。综合性大学校报基本上每周一期，规模较小的院校一月一期，新闻传播的速度太慢。

（2）人工投递。校报基本上由大学生记者承担发行任务，改造成本较高。

（3）版面容量有限。校报除出版周期长之外，每期报纸固定几个版，受版面制约出版的容量十分有限。

二、广播

广播的优点：

（1）传播迅捷。广播的出现打破了报纸一统江山的局面，以电波的形式把信息传播到远方。

（2）覆盖面广。广播的电波向四周扩散，突破了时空的限制，覆盖而广。

广播的缺点是：播报受时间限制，电波无影无形，听众听后难以查证。

三、网络

网络的优点：

（1）海量信息。我们打开电脑，各种各样的信息如潮水般扑面而来，目不暇接。

（2）交互性。网络打破了传统的信息单向传播的模式，信息可双向传播，乃至多向传播，人人都是传播者，传播与反馈处于同等地位，双向传播自如。

（3）即时性。网络信息传播可以不受时空的限制，于全天候进行，信息通达。

（4）融合性。网络能发挥传统媒体的文字、声音、图片、画面等多方面的传播优点，能听、能看、能写、能说，融合了传统媒体的种种优点。

网络的缺点是：受设备、网络的限制，一些贫困生无自备电脑，就难以自由地使用网络，获取信息。

四、电视

电视的优点：

（1）视听结合，图文并茂。电视屏幕画面与声音相结合，有声有色，如临现场，感染力强。

（2）真实可靠，权威性强。画面来自记者现场采访报道，客观上有利于观众分辨电视的报道来源和信息的真实性。因此说，电视新闻权威性较强。

电视的缺点是：采访摄录编播成本较高，学生宿舍未安装电视，规模较小的院校没有自办电视台；高校电视新闻传播周期较长，新闻播报基本上是每周一期。

第二节　高校媒体新闻报道策划

高校媒体新闻报道策划是指高校各大媒体按照各自的分工，事先对新闻报道前的准备、采访、编辑等一系列环节进行设想安排，使新闻报道取得最佳效果。

我们了解了各大媒体的优势和劣势，为正确开展高校媒体新闻报道策划提供了可靠性的思路。

一、高校媒体新闻报道策划的必要性

做好高校媒体新闻报道策划，其目的是发挥各大媒体的最大效益，形成宣传合力。开展校内媒体新闻报道策划也是为了克服校园媒体同质化的不良弊端，形成各自的报道特色。高校媒体新闻报道同质化严重，主要表现在：

（1）新闻源相同。校园媒体在获得新闻线索或在采访过程中，同一新闻事实由同一单位或人员提供，新闻源相同，新闻采访人员未能深入挖掘新闻事实的实质，或独辟蹊径地进行报道，造成同一新闻事实被不同媒体无差异化报道，浪费了新闻资源。

（2）内容和手法雷同。同一新闻在校报采用后，拿到广播播报，同时在校新闻网播出，新闻作品存在报道内容相同、报道手法相似，由此造成新闻资源的浪费和读者时间的浪费，使读者对新闻信息产生厌倦感。

（3）新闻选题趋同。校园学生记者由于分工不明，或者媒体兼职过多，经常用同一视角去进行报道选题，开展采访，同一选题的报道，甚至本不重要的新闻被各大媒体竞相报道。

（4）议程设置雷同。议程设置是引导舆论的重要抓手，由于校媒体分工不明，在设置议程时出现雷同的现象，使各大校媒体未能发挥自身优势，新闻报道缺乏引导力。

为充分发挥校媒体的宣传效用，避免新闻报道同质化，同时最大限度地调动不同媒体的报道积极性，形成宣传合力，因此高校新闻宣传部门应组织做好校园媒体的新闻报道策划工作，使之做到既分工报道，又团结协作。

做好高校媒体新闻报道策划需从以下几个方面着手：

首先，组建各自的队伍。校媒体要分别组建自己的队伍，公开招聘大学生记者，校报、广播、网络、电视等对自己的记者队伍加强培训，帮助他们掌握所服务媒体的工作技

能，强化工作实践，提高新闻策划水平。

其次，明确各自的职责。校媒体校报、广播、网络、电视各具特点和优势，又存在自己的劣势，应发挥自己的优势，以长补短。校报长于深度报道，慎思谨行；广播发声迅速，传播范围广；网络全天候传播；电视图文声并茂。大学生通讯社记者应明确职责分工，分清媒体记者归属，按照各自媒体的特色开展报道策划。

再次，组织报道策划。校媒体根据自身的特点和工作规律，组织好自己的队伍，明确各自的职业分工，开展新闻报道策划，开设自己的专栏、专刊、专版或专题，加强采访选题的针对性，分别进行报道，打造新闻精品。

最后，相互融合支持。校媒体虽然分工不同，但服务学校宣传工作大局的目标是一致的。新兴媒体的发展，使媒体必须融合发展。校媒体融合增强舆论引导力，校报可对广播、电视报道的内容进行深度发掘，广播电视及时报道消息，广播还可及时播报电视节目预告和报纸摘要，电视发挥声像传播逼真诱人的优势，将报纸、广播的先进经验和典型人物进行跟踪采访报道。

二、高校媒体新闻报道策划的原则

新闻报道策划兴起之时，屡受异议人士的诟病，他们认为：新闻根本就不能进行策划，策划新闻违背了新闻产生和发展的规律，会使新闻失实。但是新闻报道策划经过学界和业界的共同努力，以顽强的生命力得到广泛的认可。经过策划的新闻作品日益受到人们的青睐。

大学校园新闻报道策划不同于其他专业新闻，应有自身的规律，应遵循自身的策划原则：

（一）以事实为本

真实性是新闻的生命，校园新闻报道策划应遵循新闻事实发生、发展的规律，然后对采访、写作进行认真地思考、研判、部署，事实是什么就报道什么，不得夸大或缩小，不得添油加醋。

（二）客观报道

报道过程中要严格遵循新闻报道的规律，不得加入主观因素，或者进行杜撰，应使新闻事实保持本来的面目。

（三）创新方式

校园新闻报道策划的目的是创新报道的方式和方法，使新闻事实得到及时传播，实现既定的报道目标。大学生记者要加强实践锻炼，在实践中提高新闻策划水平，拓宽新闻线索的渠道，提高新闻采访的预见能力，正确地提炼主题，做好校内外媒体报道联动，如此等等，不一而足。

（四）效益为要

开展新闻报道策划的最终目标是为了取得最大的社会效益。2016 年 2 月 19 日，中共中央总书记习近平实地调研人民日报社、新华社、中央电视台 3 家中央新闻单位，并主持召开党的新闻舆论工作座谈会并发表重要讲话，要求新闻舆论工作要唱响主旋律，传播正能量；团结稳定鼓劲、以正面宣传为主；各个方面、各个环节都要坚持正确舆论导向。因此，新闻报道策划要自始至终注重社会效益，不能为了吸引“眼球”而哗众取宠，追求低俗，而应坚持弘扬主旋律，把实现“中国梦”宏伟目标作为新闻宣传的重任。

三、新闻报道策划应具备的知识和能力

如果说原始的新闻采访是初级形式，那么新闻报道策划则是站在新闻采访基础之上更高层次的博弈。

大学生记者从事新闻报道策划应该具备必要的知识和能力。

（一）理论基础

原中共中央总书记江泽民视察人民日报社时要求新闻工作者打好“五个根底”：打好理论路线功底、打好政策法律纪律根底、打好群众观点根底、打好知识根底、打好新闻业务根底。说到底，要求从事新闻工作的人要学习政治理论，还要学习新闻、法律等多方面的知识，提高自身素质。

（二）组织协调能力

大学生记者应是“大杂家”，除了掌握新闻知识与技能外，还应具有一定的社会工作能力，具有良好的人际关系，能协调各方关系，独立组织开展工作，

（三）预见能力

新闻报道策划是新闻采访之前进行的对事情的分析、判断，有一定预计新闻事实的发展的，然后有针对性地开展新闻采访活动。这种预见能力不是与生俱来的，是在长期的工作实践中长成的。

（四）挖掘能力

所谓挖掘能力，是指从事新闻报道活动要善于发现新闻线索和有评价新闻价值的能力，能从现象看清本质，能发现新闻背后的新闻，从小事中发掘宏大的主题。

（五）学习新知识的能力

作为记者应紧跟时代的步伐，不断获取新的知识，既包括新闻理论知识与技能，还同时广泛涉猎多方面的知识，不断充实自己。

第三节　重大活动的新闻报道策划

开展重大活动是学校教书育人，抓好中心工作的重要方面。重大活动涉及面广，社会影响大，也是开展宣传报道的重要抓手。

一、高校重大活动报道策划的思路

（一）心系学校大局

学校重大活动有学校自行举办的，也有上级部门或有关单位委托学校承办的，也有校外单位在学校举办的活动。不管这些活动由谁举办，总之发生地在学校。重大活动往往能引起各方关注，对重大活动的报道是提高学校知名度和社会影响力的绝好时机，作为大学生记者对报道的策划要心系学校，为学校工作大局服务，围绕学校是重大活动的主角或参与者进行报道。

（二）了解活动背景

新闻事件都有其深刻的背景，学校重大活动背景往往也是采访报道时应深入了解的内容，只有了解活动的背景，才能深入领会活动的意义，挖掘新闻背后的新闻。

（三）寻找社会关注点

学校重大活动往往蕴藏着广大社会关注的热点，这些热点不仅为学校媒体提供了丰富的素材，而且也为大学生记者开展对外媒报道提供了良机。笔者所在的上海工商外国语职业学院举办了“傅雷杯”大学生翻译奖，傅雷是一代翻译大家，笔者除安排学生采写报道外，还将稿子投到校外媒体，结果都被刊用，达到了宣传学校的目标。寻找社会关注点是校园新闻走出书斋、走向社会的捷径。

（四）联络广大媒体

校园重大活动除了在校内报道外，还应积极联系校外媒体记者来校采访，大学生记者跟随专业记者采访，学习采、写、编（制作）的方法和技巧，除了提高了新闻传播的效果，宣传了学校外，还锻炼了队伍，增长了才干。

二、高校重大活动报道主题的提炼

（一）全面客观，深入细致

对校园重大活动的报道，要做到多角度、全方位、多层次地展开。此时需要对大学生记者进行合理分工，分头跟踪采访重大活动的各个阶段和各个活动场面，进行分阶段、分场景、组合式地报道，使报道能全面反映重大活动的精神和盛况。

（二）紧跟进度，逐层推进

重大活动往往延续时间较长，活动内容多，参加人员涉及面广，要求校媒体记者要跟踪动态，择机报道。2015 年全国高校商业精英挑战赛营销模拟决策竞赛暨第三届海峡两岸大学生营销模拟决策大赛大陆地区决赛在上海工商外国语职业学院隆重举行，比赛进行了 3 天，除了学生参赛晋级外，还组织了参观活动和高层次的学术论坛。这么重大的比赛，这么多的活动要求大学生记者按照分工随时待命，根据日程，跟踪采访。

（三）报道准确，分析透彻

新闻报道策划要做到准确，不夸大、不缩小，让人信服；观点不偏不倚，点评中肯，分析入理，让人首肯。2015 年 5 月，清华大学党委开展“三严三实”专题教育活动，《新清华》记者采写了该校党委开展“三严三实”活动的情况，自上至下，全面铺开。系列报道有消息，有专题学习文章，有点有面，全面展现了该校“三严三实”活动情况，领导干部带头学习，登台宣传讲授，党员干部撰文，营造了浓郁的学习氛围，点明学习活动的现实意义。系列报道就是一张清华大学开展“三严三实”活动的全景图。

[案例]

清华大学纪念抗日战争胜利七十周年的报道策划

2015 年是中国人民抗日战争和世界反法西斯战争胜利 70 周年，全世界都在纪念这一伟大的节日。全国各大媒体都结合自身实际开展纪念这一历史盛事的报道。

清华大学《新清华》开展有声有色的宣传报道活动。新闻报道策划具有鲜明的“清华味”。从报道的规模来看，《新清华》历时50天，共出版14个纪念专版（仅8月28日就有11个版），18000余字，图片68幅，师生书画作品12幅，另在其他版面发表纪念活动消息7篇。《新清华》纪念抗战胜利70周年新闻报道策划呈现以下特色：

超前部署，选题求新。中国人民抗日战争胜利70周年是全国乃至全世界人民的盛事。全国上下开展纪念活动。清华大学具有悠久的爱国传统，清华师生前赴后继参加抗战。新清华编辑部认真地研究了中央关于纪念抗战胜利70周年的指示精神，结合清华大学的实际，研读清华抗战史料，精心进行纪念抗战的报道策划，选题上突出清华的抗战历史，抒写清华人与清华事，使之不同于其他媒体的纪念活动。选题思路新颖，使《新清华》的纪念活动具有独特的魅力。

上下联动，多方参与。清华大学高度重视纪念抗战胜利活动，党委宣传部亲自组织部署，协调有关部门共同参与纪念活动，有关部门和人士积极向校报撰稿，提供历史图片等资料，使纪念活动由校报编辑部工作变成全校共同谋划的盛事。

主题鲜明，突出特色。《新清华》纪念抗战活动具有浓郁的清华特色，突出了清华师生参加抗战的主题，回顾清华人参与抗战的历史，追忆烽烟求学的岁月，报道了全校师生种种纪念活动，师生或撰文、或绘画、或悼念，紧紧围绕抗战主题进行，浓墨重彩。

手法多变，文体多样。该报刊登的纪念文章，有历史回忆文章，有4个图片专版，有抗战人物专访，有教师书画作品，还有艺术生纪念抗战作品；有动态消息、有人物回忆、有述评；有多种体裁的文章、多种纪念形式，形成共同描绘纪念活动的多彩画面。

临机应变，视野开阔。《新清华》除推出纪念专版外，还跟踪学校师生组织的各种纪念活动，适时采写报道，内容有两岸三地学生共同纪念抗战、青年教师赴抗战纪念地区开展社会实践、师生书画展、长沙祭奠英烈等，报道时间长达50天，把纪念活动引向更广阔的天地。

《新清华》纪念抗战胜利70周年的报道是经过长期酝酿、精心策划的力作，参与人员众多，取材范围广泛，体裁多样，选题新颖，可读性强，在校内外引起强烈的反响。

三、校园重大活动报道策划的题材形式

校园重大活动是高校媒体紧密配合学校中心工作、开展报道策划的重要内容，也是大学生记者参与锻炼、掌握本领的绝好机会。

就高校而言，校园重大活动层出不穷，各有各的特色，但是高校是教书育人、科学研究的殿堂，校园活动有其共性。笔者择其共性，以各高校例行的几大重大活动为例，讲述报道策划的几种题材形式。

（一）迎新活动的报道策划

一年一度的新生开学是高校非常重视的一项工作，从校长至教职工和学生，都全力以赴地投入到迎接新生活动中来。高校媒体紧跟学校步伐，倾力进行全方位的报道，其报道策划呈现诸多亮点。

《新清华》2015年8月21日迎新策划可圈可点，采用两个半版进行全方面的报道。头版上半版是迎新报道。“清华欢迎你，2015新同学!”加粗大字居中，分外醒目。其下占四栏的大幅迎新主题图片，红彤彤的拱门下，人影憧憧，迎新同学手举牌子引导新生，为新生服务。长篇消息环绕图片描述了新生报到情况，新生热议并阅读校长赠书《平凡的世界》和校长寄语；校长邱勇等领导在迎新现场看望报到新生；介绍了学校的资助计划和迎新系统信息化建设，以及保送生、自主招生等招生录取情况。

第六版与第七版“核心报道”以连通版的形式，用七篇配图消息和简讯直播新生报到的盛况，对头版消息内容进行解读、深化。校领导亲切看望2015级报到新生，配图展示校长邱勇向新生赠送爱心纪念封，党委书记陈旭亲切看望新生；详尽地报道了新生收到校长荐书的阅读体会，贫困生资助方案给贫寒学子带来的惊喜，“大一行动计划”助力学生成长的举措。三篇简讯分别报道了新生党员提前开启清华生活，内蒙古双胞胎兄弟同时考取清华大学，“00后”的大学梦想。

清华迎新报道经过精心策划，文稿和图片优中选优，涉及全校迎新的各个方面，既有学校高层亲临现场的温馨和谆谆教诲，又有新生开学的喜悦和憧憬。版面图大量多，浓墨重彩，视角感强。

（二）新生军训的报道策划

新生入学后随之进行军训。对新生军训的报道也是校媒体争相进行策划推出的重点。《华中科技大学周报》2015年9月28日对新生军训的报道策划突破了传统的报道方式，采用大幅图片辅之以文字说明，以视觉色彩代替传统文字报道当家的方式，让人耳目一新，通过读图能轻松地了解到军训的盛况，消除了案牍之劳形。当日头版报脚《军姿我最帅》以大幅图片展现军训新生手端钢枪通过主席台接受检阅的风采。左侧简短的文字说明了军训总结大会的时间、地点，出席大会的军队和学校的主要领导。第三版“视点”《迷彩戎装亮校园》以虎虎生风的军体拳表演压题图片居首，其下有“训之势”两张图片描绘盾牌和队列训练的情景，“训之情”两张图片表现了官兵既严格要求又亲密无间的情感，“训之乐”两张图片展示官兵训练之余的乐趣，“训之奇”两张图片表现新生真枪射击的场面，“训之严”再现教官训练严格要求的一举一动，唯有“训之感”以简明扼要的文字表述多个专业新生参加军训的感受。一幅幅精彩的画面反映了军训生活的各个层面。新生军训的报道策划改变了严肃的面孔，读后妙趣横生。

（三）节日活动的报道策划

菁菁校园，活力无限，校园节日多姿多彩，青年学子沉浸在欢乐的海洋中。节日活动是广大学生积极参与的盛事，高校校园媒体关注的亮点。对校园节日活动报道的策划如何抓住人们的眼球，使之体现校园的文明气息，反映当代大学生的精神风貌?

2013年11月8日迎来了第14个记者节。《湖南大学报》设立“记者节专版”——《我们的名字叫记者》，举行记者节庆祝活动。整版以红色为基调，报眉“湖南大学报”套红，“记者节专版”大号仿宋字加粗，红里透黑，显得分外醒目；报眉下以绶穗盖头，内容套上红边；整版呈现洋洋喜气。

在内容策划上，“我们的名字叫记者”标题之下，加“编者按”阐明记者的使命，表达了记者节不仅是记者的节日，更是记者节操的情怀。湖南大学的许多大学生记者走上新闻工作岗位或实习锻炼。中央人民广播电台实习记者、凤凰卫视实习记者、某报社记者回忆在学校记者团学习成长的经历，以及对走上媒体工作或实习岗位的重大作用；还有学校广播台、电视台、校报记者感叹在学校既当学生，又当记者的忙碌而充实的生活。“听别人的人生，讲湖大的故事”，做到学业和工作两不误，他们与校媒体共成长、同进步。右侧一栏“记者心语”以竖线与左侧相隔，刊登《人民日报》、中央人民广播电台等记者感悟。专版文中插图，图下有文，图文并茂，有力地渲染了气氛，增强了读者的理解与记忆。

(四) 艺术会演的报道策划

大学因艺术而美丽，而富有激情。各大高校都要开展艺术会演活动，校媒体对其报道策划也各有特色。全国第五届大学生艺术展演由教育部和上海市政府联合举办，于2018年4月在上海举行。

复旦大学报《复旦》对该校迎接大学生艺术展演进行连续报道，从追忆历史中拉开帷幕，让现实艺术增添了的厚重感。

3月7日，该报两版“校园新闻”《复旦历史地标们将在新时代陆续再现“芳华”》分别叙述了相辉堂、陈望道旧居、简公堂等历史建筑修复一新。其中相辉堂经修复改建，北堂成为一座新时代的文化演艺中心。

3月21日，该报头版图片新闻《相辉堂迎来竣工后试演》报道全国大学生艺术展演复旦优秀节目汇报演出暨相辉堂开幕演出将于22日在相辉堂举行。历史建筑赋予新时代的色彩，打上新时代的印记。

3月29日，《相辉堂修缮一新迎首演》图片报道，3月22日晚全国大学生艺术展演复旦优秀节目汇报演出暨相辉堂开幕演出于相辉堂北堂举行；24日，相辉堂又迎来满天星业余交响乐团专场音乐会。

4月26日，该报头版报脚再次报道《三项一等奖！全国第五届大学生艺术展演复旦表现亮眼》复旦大学学生合唱团的原创合唱《青春无悔》《骤雨打新荷》，复旦大学学生舞蹈团的作品《望道》，复旦剧社原创小品《瓶中丝路》分获声乐组、舞蹈组、戏剧组一等奖的好成绩。标题之上以三项获奖的表演图片居上排列，仿佛把读者带到了艺术展演的现场。4版刊登《我看校园话剧〈陈望道〉》，抒发了读者观看该剧后的感受。

5月30日，该报整版刊发《复旦大学舞蹈团的〈望道〉这一年》，把艺术展演推上高潮。《望道》是以老校长陈望道命名的舞蹈作品，追忆老校长对真理的无限追求，翻译了《共产党宣言》。学生演员们经过392个日夜艰苦的排练，以舞蹈的肢体和跳跃诠释生活在早社会老一代知识分子的苦闷和拨开乌云见晴日的英雄气概。

艺术会演的报道长达2个多月，步步深入，使读者对复旦大学悠久的历史和校园特色文化有了比较全面的了解。

校园重大活动的报道策划应以受众为导向，不能闭门造车，策划前可进行受众调查，了解受众在想什么，需要什么，喜欢哪一方面的信息，然后有针对性地进行策划，使策划的内容符合受众的喜好和习惯，取得较好的传播效果。

第四节　教学科研的新闻报道策划

学校是教书育人的殿堂，大学是培育高素质专业人才的象牙塔。高校除开展日常教学活动之外，还要承担一定的科研任务。教学科研是高校的中心工作，也是高校办学实力的重要体现，是在激烈的竞争中取胜的法宝。可以说，没有一所高校不重视教学科研，因此对高校教学科研成果的报道也就是高校媒体和宣传工作人员的重要工作任务，责无旁贷。教学科研不同于其他新闻题材，其报道策划有其自身规律。

一、教学科研成果的新闻报道策划的思路

（一）深入教学科研一线，掌握专业知识

高校专业众多，掌握相关的专业知识是校媒体记者开展宣传报道的前提条件。“功夫在诗外”，校媒体记者要着眼长远，从细处着手，深入教学科研一线，学习和掌握必要的专业知识，了解工作性质和特点，为开展新闻报道策划进行知识储备，寻找契机。

（二）紧跟工作动态，打牢报道基础

大学生记者要利用自己分散在学校各个角落、扎根课堂、与师为友、消息灵通的优势，紧盯教学科研的动态或阶段性成果，获取和分析新闻线索的价值，为日后开展采访报道收集材料，作好准备。

（三）对比专业发展现状，确定选题思路

教学科研工作是专业性很强的工作。大学生记者对获得的材料进行分析、比较，从而了解本校的教学教研成果在同行业中处于的位置，确定报道选题。复旦大学校报《复旦》选取在上海，乃至全国有影响的教学科研成果，做深做细。

（四）进行新闻采访，寻找报道时机

《湖南大学报》组织记者采访教学科研新闻，设置“科教锋线”专版刊登，使科教新闻不因版面不足而落选。

（五）精心编排内容，进行报道组合

《武汉大学报》开设“创新品牌”“一线传真”等栏目报道学校取得的教学科研成果，将系列教学科研成果归集汇总，不断推陈出新。

二、教学科研成果的新闻报道主题的提炼

（一）立足材料，分析意义，寻找典型

教学科研新闻来自学校工作一线，提炼主题要对现有的材料进行分析、分类、汇总，分析其具有的现实意义，独具慧眼找出具有代表性的先进人物、先进业绩和工作经验。

（二）内评外比，反复分析，发现特色

一所学校的工作在全国、全省（市、自治区）或教育系统内处于何等位置或水平呢？这就需要将发现的先进人物、先进业绩和工作经验放在校内、系统内，乃至全国进行分析、评比，发现其中具有推广意义的典型业绩、典型经验，客观地分析其存在的问题与不足，通过比较发现学校教学科研工作的新颖、独到之处。

（三）总结经验，组织报道，推陈出新

发现教学科研工作的典型经验对现实工作的指导意义，然后确定报道主题，拟订提纲，反复修改，组织报道，把教学科研的典型经验和业绩广而告之，为学校今后工作的开展提供舆论支持。

[经典案例]

《复旦》教学科研的新闻报道策划

复旦大学校报《复旦》教学科研的新闻报道策划选取大主题，以大视角、大版面，力求做深做细。

1. 选题突出学校特色，瞄准教学科研前沿

《复旦》教学科研新闻报道紧紧抓住研究型大学所应担负的使命，找准教学科研工作中热点和难点问题，紧盯工作前沿，进行报道选题。《打破专业束缚后，复旦本科生乐于交叉学科探索》（1055期2版）以两个本科生参加科研夺得“挑战杯”特等奖的故事，报道该校推行通识教育取得的卓越成绩。

《我校致力课程教学创新，不断向全国推出量大面广的共享课程 “院士大课堂”〈人文与医学〉受赞誉 一批超级精品课程涌现》（1052期2版）报道该校高起点课程建设的经验，在全国高校起到了示范的作用。

2. 采访策划深入细致

《全国教学名师陈纪修退休前最后一节数分课》（1055期2版）记者获取采访线索后，没有直击数分课复杂的数学推理和讲授，而是通过学生的感受和辅导员老师的评述，从侧面入题，让读者感受数学名师教学严谨的态度，最后以陈纪修的话“我喜欢教师职业，更热爱在复旦做一名教授，做老师是我这一生最正确的选择，复旦是培养我的地方，更是成就我的地方”作结，并配上教学现场图片，一个教学名师的形象呈现在读者面前，栩栩如生。该文短小，而采访有备而来，点多面广。

3. 反复提炼，主题宏大

复旦大学是我国著名高等学府，教学科研始终站在全国的制高点。《复旦》报道紧跟学校的步伐，始终选取“高、大、上”的报道主题，集中反映了该校的办学科研实力。《瞄准上海“具有全球影响力的科创中心”建设目标 学校成立创新创业学院 打造创新创业的人才孵化库、种子库、智库》（1051期，2015年12月19日），《遗传与发育协创中心发现防止植物过早开花的分子新机制》等系列稿子反映了该校教学科研的新动向。

4. 标题制作厚重，中心突出明确

《复旦》精心策划制作标题，把教学科研成果高度浓缩到标题之中，让读者一目了然，又有强烈的吸引力，让读者情不自禁地读下去。如：

中华古籍研究院成立一周年 建立古籍保护研究室 开启“开化纸”研究

服务“中国梦”战略部署 结合时代条件继承传统文化

——《复旦》1051期2版

双标题的形式，整个标题53个字。厚题薄文、旗帜鲜明是《复旦》办报的一大

特色。

5. 报道与评论相得益彰

《复旦》重要新闻报道之后，发表评论员文章，对新闻的意义进行点评，进行深度分析。《打破专业束缚后，复旦本科生乐于交叉学科探索》右侧同时发表了评论员文章《我们该如何培养创新人才》，称赞复旦大学对拔尖创新人才“散养”模式，尊重学生的自主选择，肯定通识教育在培养创新人才中的重大作用。

《我校化学系陈芬儿院士当选中国工程院院士 研发多项自主知识产权药物和制药技术“科技创新要重实用，科学研究要讲责任”》（1052期头版），同时刊发了陈芬儿《科学技术要为国民经济建设和社会发展服务》言论稿，表明科技工作者要树立强烈的社会责任感，自觉挑起服务科技未来和国家振兴的重任。

第五节　校园文明新风的报道策划

建设社会主义和谐社会，大学当是社会新风的引路人，社会不良风气的过滤器。校园文明就在师生一言一行之中，校园文明新风是师生思想面貌的反映，是和谐社会建设的一个重要方面。

校园文明新风的新闻是指报道学校开展精神文明建设过程中涌现出来的以好人好事、道德风尚、师生思想风貌等为主要内容的新闻题材。

校园文明新风的报道以其趣味性、社会性、可读性等特征广受师生和社会人士的喜爱。对校园文明新风的报道是校媒体的重要内容。校园文明新风的新闻蕴藏在学校的每一个角落，无时无刻不发生在我们的身边。

大学生记者采写校园文明新风的新闻当保持全天候状态，随时准备采访，做好校园文明新风的报道策划。

一、校园文明新风报道的策划思路

（一）定点联系，分析线索

大学生记者根据自己的采访任务分工，加强与有关单位或师生员工的联系，逐渐建立自己的采访基地，使自己对工作动态和师生的状况了如指掌，随时做好采访报道的准备，拟订采访提纲。2010年，笔者以所在学院学生工作处为采访联系点。与学工处工作人员建立了密切的关系，有了“线人”，新闻线索源源不断地提供过来，发表了一系列新闻作品。《青年志愿者为灾区募集寒衣万余件》《武科大中南分校为寒门学子送温暖》等被《湖北日报》采用。《武科大中南分校推广读书见成效——“读百本好书”活动催生大学生作家群》《武昌理工学院测评万名学生行为表现》等一系列稿件在《中国教育报》发表。

（二）跟踪动态，发现亮点

事实在不断变动，只有那些引人入胜的事实才能成为新闻作品。这就需要记者有细心观察、耐心等待、捕捉亮点的毅力和技巧。2010年8月，学生张钦政拾到装有现金和银行卡的钱包上交给学校，学生工作处老师却为找不到失主而犯愁。拾金不昧，值得称赞！笔者分析情况后认为，如果仅仅报道拾金不昧一事，难以在校外媒体发表。笔者没有急于报道，而是在校园网上发布了招领信息，期待新的发现。

（三）寻找时机，深入采访

一条没有报道价值的事实随着时间的推移，在不断地变化，增加新的内容，思想意义在不断深化，新闻价值在不断上升。6 天后，失主张泉无意中从网上搜索到丢失钱包的去向，次日来学校领取。闻讯后，笔者眼睛一亮，进行策划，一篇新颖生动的拾金不昧新闻报道在心中油然而生，带上照相机马上赶到学生处，拍下了张泉领取钱包的经过。

把握采访报道的时机是校园新闻报道策划的重要手段。寒假来临，南京大学工程管理学院一手策划了“最美是吾乡”回家随手拍摄影大赛，号召教职员拍下回家过年的精彩镜头，教职工除参加比赛，还在微信群中分享春节的快乐，体味不同地方的年俗。该报道策划找准时机，目标明确，凝聚人心，有始有终，是反映校园文化生活的力作。

（四）明确主题，撰稿报道

根据采访的材料，寻找材料所具有的思想意义，分析其新闻价值，明确报道的主题和思路，撰写稿件，及时进行报道。次日，武汉晨报《丢了 6 天的钱包 在网上“搜”到了》配发了图片报道了此事。

二、校园文明新风报道主题的提炼

校园文明新风报道是校园的土特产，具有广泛的吸引力。如何对校园文明新风报道的主题提炼，是新闻报道策划的关键一步，关系到新闻报道的社会效果。

对校园文明新闻报道主题的提炼需要做到以下三点：

（一）抓住关注热点

热点问题是校园内外广泛关注的话题，也是大学生记者做好报道策划的重点。岁末冬至，社会弱势群体的温饱更受人们关注。贫困大学生自然受到广大社会的共同关注。2010 年 12 月，笔者采访大学生志愿者给青海玉树地震灾区募集寒衣写成《青年志愿者为灾区募集寒衣万余件》，被《湖北日报》采用。寒假前夕，笔者抓住时机深入学校有关部门采写了《上海工外职院给困难生送温暖》发表在《东方教育时报》。由于报道策划抓住社会点问题，报道起到了事半功倍的效果。

（二）解答疑点难点

疑点与难点问题是师生乃至社会迫切需要了解，也是校媒体和记者充分扮演自己角色，发挥媒体引导舆论的重要内容。2015 年冬，华中师范大学校网记者抓住校园生活中师生关注的问题进行报道，回答了疑点和难点问题。西三宿舍供水量不足，大学生记者及时组织采访，向广大学生回答了“供水系统正在维修，很快恢复供水”。

性教育是教育的薄弱环节，常成为媒体炒作的话题。华中师范大学新闻传播学院给新生举办了一堂性学课，大学生记者以《彭晓辉为新生上性学第一课：性教育是防艾前提》为题进行报道，帮助同学们树立正确的恋爱观，掌握性知识，预防艾滋病，自觉抵制不良风气的侵蚀。

（三）逆向思维出彩

开展校园文明新风的报道，不能固宥于思维模式，要广开思路，逆向思维。大学生是天之骄子，是父母宠爱的对象。寒假来临，笔者不忘学生参加社会实践的情况，寻找新的线索。在电话中了解到张妹在咖啡厅打工，笔者不满足于既有的信息，利用她休息的时间，与她网上聊天，进一步了解到她用工钱给父母、弟弟买生活用品、发压岁钱。笔者眼睛一亮，稿子《大学生做兼职给父母发压岁钱》刊登在《中国教育报》，一时好评如潮，网友评论"张妹给父母发压岁钱是大学生成长的好样本"。可以说，寒暑假是学校新闻的淡季。逆向思维冲破了新闻线索枯竭的境地，可以发现一方洞天。

[经典案例]

大学男生学刺绣的报道策划

2010年底，笔者所在学校成功举行素质教育展示节活动。笔者参加了各二级学院举行的展示活动，采写了一些稿子，但是仍没能满足笔者的胃口。

12月18日，笔者像往常一样参加生命科学院成功素质展示节活动。一进活动大厅，笔者一眼就瞥见4名男生围绕一张桌子现场刺十字绣，一下子吸引住笔者的目光。笔者当即拿出照相机选准角度不停地拍照，然后搬来一把椅子，居高临下拍下一张他们四人分工刺绣的场景。

拍完照片后，笔者拿出采访本询问4名同学的基本情况和学习十字绣的经过。他们一一回答了笔者的提问。采访完毕，已是下午4点钟了，下班在即。笔者立马赶回办公室，对采访笔记进行整理、分析，回忆采访现场和经过，确定了报道的主题，迅速写成这篇大学男生学刺绣的稿子，将拍摄的图片拷贝到电脑进行比对、挑选，新闻稿配图片一并投往《长江日报》和《楚天都市报》。次日，长江日报武汉新闻版头条发表了《拾起日被疏远的针线传统　大学男生刺绣赠女友》。此稿旋即被众多网络媒体转载。不久，《楚天都市报》也刊登了此篇新闻稿。

2011年元月，笔者采写的《拾起日被疏远的针线传统　大学男生刺绣赠女友》被《长江日报》授予2010年度"通讯员好新闻二等奖"。几年过去了，凤凰网、新浪网、网易等知名网站仍可搜索到此篇新闻稿。

第六节　校园专题报道的策划

校园专题报道是围绕学校发生的新闻事件、新闻人物、重要话题、某一现象等运用大版面和篇幅进行的全面系统、深入客观的报道，报道手法形式多样，报道内容丰富完整，以达到较强的宣传效果。

有人说消息是新闻的"轻骑兵"，那么校园专题报道是大学新闻的"轰炸机"，以大篇幅、大版面和强烈的视角冲击力，受到师生员工以及社会人士的刮目相看。随着社会的发展，人们不再局限于了解快餐式的短信息，而是希望深入了解社会热点和难点、新闻蕴含的知识性、新闻背后的新闻，以引起人们的深入思考，全面了解事实的真相。

专题报道符合受众对新闻报道的要求，以广博的报道面和专业性，满足了人们对新闻信息的要求。校园专题报道突出反映了高校的工作成果，展示了师生的思想风貌，引导了舆论，在校园新闻中独树一帜。

由于本章将校园重大活动报道的策划列入第一节，本节校园专题报道策划不包括校园重大活动的策划。

一、校园专题报道策划的思路

（一）紧跟工作动态，反映学校特色

专题报道是对学校工作成果、师生思想风貌的大展示。大学生记者参与专题报道策划要在编辑部的指导下，深入了解学校工作动态、取得的最新成果和发展规划，吃透上情，摸透下情，通过深入采访，分析所掌握材料的现实意义，把学校真正有特色的成果反映出来。2015 年 3 月，清华大学开展了声势浩大的“三严三实”活动。《新清华》围绕这一主题，有步骤、分阶段地采写了一系列的新闻报道，持续半年之久，在清华园激起层层波澜。

（二）掌握师生心理，满足求知需要

受众是新闻媒体的上帝，他们在想什么，需要什么，媒体应密切关注，给予满足。作为校媒体和记者，则应深入到师生员工之中，与他们打成一片，在亲切的交流和共同学习生活中，知微见著，体会他们的心理感受和欲望，从而把握采写报道的方向，以出色的专题报道满足广大师生员工的需求。每年 9 月，新生开学是大学校园绚丽多姿的盛事，广大师生员工纷纷参加迎新工作，校媒体不失时机开展迎新报道。南昌大学校网、广播、校报各展所长，报道了学生开学情况。校园网开设“开学啦”专栏跟踪报道新生入学，《独自去上学》《我与迎新横幅合个影》，文章配大幅图片让人流连忘返。《南昌大学报》头版刊发新生踏入校门的特写镜头，3 版专刊，《新生之大学初印象》《大学生应该做的十件事》，配发十多张新生入学报到和志愿者迎新活动图片，从不同侧面记录迎新的活动。与此同时，校广播播报新生入学的稿件，提醒新生注意事项，悦耳的声音营造迎新的氛围。南昌大学构建一张迎新专题报道的立体网络。校内外人士从这些报道中全面了解到该校新生入学的情况，对该校的办学特色有了最初的良好印象。

二、校园专题报道策划主题的提炼

做好校园专题报道不是事无巨细地铺陈赘述，而是立足材料去粗取精，除旧迎新，找到事实的亮点，然后提炼出鲜明的主题。

（一）充分掌握材料，寻找思想亮点

主题的确立要站在材料的基础之上。校媒体开展专题报道策划，从策划人到大学生记者要充分地收集有关材料，对材料进行分析、比较，找出受众关注的热点、疑点和难点问题，从关注点中找出材料所蕴含的思想意义。《华中科技大学周报》专题报道始终从师生关注的问题入手进行策划，收集材料，2016 年 3 月 7 日头版《开学第一周——学风浓　教风严　校风正》对开学一周进行盘点。

（二）服务中心工作，确定报道主题

开展专题报道的目的是服务学校的中心工作，只有与学校工作紧密相关，为广大师生关注的主题才能获得广大受众的关注。重庆理工大学关于学生创业教育专题的策划——《创青春　创未来》抓住了大学生创业的热点，既有创业成功学子的典型事迹，又有创业的知识介绍，更有对创业学子的勉励和期望。整版内容突出了大学生创业成就未来的主题。

（三）围绕主题精选材料

确立主题后，就要对原有材料进行挑选，果断地放弃与主题无关或反映主题不突出的材料。校园卡建设是华中科技大学 2015 年民生十件实事之一，《华中科技大学周报》“视点”《一卡在手　全校无忧——校园卡系统建设纪实》，既有文字的叙述，又有图片资料相佐证，“使用小贴士”“服务很周到”“师生齐点赞”以详实的材料回应了广大师生员工的关切。

[经典案例]

重庆理工大学大学生网络安全网络文明报道的策划

《重庆理工大学报》非常重视专题策划，每期三版作为专题策划版，围绕广大师生员工关注的热门话题进行报道，设置议程，开展讨论，引导大学生正确地规范自己的言行，争当文明守法好公民。其中，2015 年 7 月 15 日《大学生网络安全与网络文明》（见校报总第 61 期）专题策划很有特色，按照中央有关部门宣传部署，回应了广大师生的关切，引导师生文明上网，维护网络安全清朗的天空。

该刊压题图片描绘一个神秘多彩的网络世界，反衬“大学生网络安全与网络文明”的主题。“背景链接”交代了此次专题报道的背景：国家 10 个部门联合举办第二届国家网络安全宣传周，点明了开展此次专题宣传的意义。

大学生记者就大学生网络安全与网络文明这一话题对校党委宣传部部长、党委网络工作部部长蹇福阔进行了专访，《青年大学生要争做中国好网民》，引导学生正确地使用网络，明辨是非，抵制低俗，共同营造积极向上的网络环境。

大学生记者还采访了“微博达人”——教务处处长廖林清。他呼吁大力培养大学生网络素养。

第三篇专访《网上意见领袖杨行：做一个讲文明的大学生网民》以一个大学生视角，谈论大学生文明上网的重要性。

文章《“中国好网民”应该成为学生的新名片》正确分析在大学生中开展网络安全与网络文明教育的重要性，努力使大学生成为助推社会进步和互联网发展的中国好网民。

此外，还刊登了“两高”关于办理利用信息网络实施诽谤等刑事案件适用法律若干问题的解释，配有网络安全周宣传图片“中国好网民四条标准”。

该专题报道图文并茂，3 篇专访让师生谈体会，想打算，以切身感受告诫大学生要正确上网，营造健康上网的环境。一篇言论对整个专题报道起到画龙点睛的作用。“两高”司法解释给人以警醒，网络环境，虚拟社会，不是法外之地。

第七节　校园媒体联动报道的策划

新闻是组合产品，新闻传播也是媒体组合起来联动报道的艺术。报纸、广播、网络、电视等媒体各有所长，在宣传报道中承担着各自的责任，发挥着独特的作用，同时媒体是在分工的基础上进行合作，媒体联动报道将起到“1+1>2”的效应。

高校新闻报道策划从来不是单一媒体唱独角戏，而是众多媒体组成的合成部队全方位出击。媒体联动报道策划既有校内媒体报道的联动，也有校内媒体与校外媒体报道的联动。

一、校园媒体联动报道的策划

高校开展宣传报道，校园多种媒体既有各自的分工，更多的则是合作、共赢。校园媒体联动报道能使校园新闻宣传发挥出整体效应，能使党和政府的方针政策、学校的中心工作以及校园新风的宣传形成统一的口径，增强宣传声势，掀起一个又一个高潮。同时，不同媒体的联动能满足不同层次受众的心理需求和审美趣味以及对知识的渴求。

校媒体之间的联动加强了互动交流，搭建了一个更广阔的平台，学生记者能够了解不同媒体的工作，参与其中，使之得到更充分的锻炼。

校媒体之间的联动可以降低成本，各大媒体信息互通，资源共享，采访共进，互相帮助，如采访车辆的安排、人员的调配、文字影像材料等可以共用。这样使工作变得更加便利，传播成本不知不觉中得到节约。

校园媒体联动报道策划的思路：

（一）着眼全校大局，统一工作部署

校媒体不过是学校大机器中的一个小螺丝钉，要紧紧围绕党的教育方针和全校中心工作，开展工作，释疑解惑，引导舆论。校媒体要在学校宣传部门的统一指导下，承担相应的任务，分头开展新闻报道。2015 年 10 月，河海大学迎来百年校庆。该校成立校庆宣传工作专班，校报、网站、电视、广播等各大媒体配足力量，按照统一的部署和宣传口径开展校庆宣传报道活动。对校庆活动进行跟踪，校报出专版回忆学校艰难的发展历程，展望学校的前景，校网开设校庆专页跟踪校庆各项活动，广播在校庆现场营造激扬向上、欢乐喜庆的气氛，电视有声有形报道校庆的活动。

（二）发挥各自优势，形成报道合力

校媒体网络、报纸、广播、电视在宣传学校“两个文明”建设中，只是分工不同、报道方法方式不一样，而工作目标是一致的。在学校统一部署之下，围绕学校的中心工作开展报道，把学校的报道做得更全面深入，说理透彻，增强宣传效果。

2015 年 12 月，湖南大学举行学年度学生表彰大会。《湖南大学报》以三四连版《追梦青春 榜样力量》报道这一盛会，介绍了国家奖学金获得者、先进班集体的事迹，图文并茂，浓墨重彩。与此同时，校网站、校电视报道了这一盛事。媒体联动报道，把模范事迹传遍校内外。

二、校内外媒体联动报道的策划

大学生记者在开展校内媒体报道的同时，还应两眼向上、向外，利用自身工作的优势，积极开展对校外媒体的宣传报道工作，做好校内外媒体联动报道的策划。

校外社会媒体是从事新闻传播的专业媒体，有丰富的新闻传播策划经验，人才荟萃，社会影响大。校内外媒体联动报道的策划能充分利用校媒体现有的资源，把学校的工作成果、典型经验、校园新风以及新闻报道成果传播到全社会，能极大提升学校的知名度和社会影响力，树立光辉的形象。对学校而言，以较小的投入获得最大的收益，上至校长下至普通员工都乐意见到。

对大学生记者而言，开展校内外媒体联动的报道策划，无疑建立了一个崭新的平台，向上级媒体投稿，跟随专业新闻工作者学习新闻传播的知识，扩大了视野，提高了工作能力。这是加强锻炼的绝好机会。

校内外媒体联动报道策划的思路：

（一）加强与校外媒体的联系，争取支持

许多社会媒体记者、编辑曾有大学生记者的经历，是大学生的佼佼者。做好社会媒体的报道策划，必须加强与社会媒体记者、编辑的联系，邀请他们来校讲学，传授工作经验，从中了解编辑部的选题思路和报道方向，学习采访报道的知识与技能。与此同时，大学生记者要主动为之介绍本校的办学特色和工作成果以及校媒体工作情况，为进一步开展对外报道工作打好基础。

（二）校内外媒体报道策划同步实施

对外报道工作也是一项基础性的工作，在进行校媒体报道策划的同时，积极开展校外媒体的报道策划工作，了解校外媒体的办报（刊、台）定位，设有哪些版面、栏目，分析其报道选题、语言特色等特点，必要时要与编辑部沟通，了解今后的报道选题的方向，为今后采访报道选题、采访、拟稿提供了指南。如，地方党报与《中国教育报》定位不一样，他们的报道选题就不一样。党报、《中国教育报》与都市报、晚报定位也不一样。党报报道党委政府方针政策和工作成果，《中国教育报》等部委专业报报道本行业党和政府及本部门作出的工作部署和工作经验，而都市报、晚报等大众化报纸着眼于老百姓日常生活，新奇性、娱乐性为报纸首选方向。

（三）根据不同媒体的特点分别撰稿

不同媒体办报（刊、台）的定位不一样，决定了报道选题不一样，也决定了他们的报道语言特色不同。这样要求大学生记者在撰稿时要根据不同媒体采用不同的写法，同一件新闻事实要采用不同写法，也就是说一件事有可能要写几篇稿子。做好对外媒体的报道策划，要有这股坚韧的毅力。

[经典案例]

“傅雷杯”大学生翻译奖校内外媒体报道的策划

2013年10月，著名翻译家傅雷先生诞辰105周年。上海工商外国语职业学院隆重举

行傅雷生平陈列馆揭牌暨第一届“傅雷杯”大学生翻译奖。笔者和大学生记者采访了该项活动，并且邀请上海市媒体来校采访。

笔者完成采访任务后，立即整理材料，先写成了校报稿子《纪念傅雷诞辰105周年 傅雷生平陈列馆落户上海工商外院》《“傅雷杯”大学生翻译奖成果迭出》分别发表在《工商外院报》头版和二版。不久，新闻晚报、东方教育时报、浦东电视台都报道了此项活动。

傅雷是我国著名翻译家，上海十大文化名人，《傅雷家书》感动无数人。笔者并不满足于眼前的现状，这项活动不仅吸引了海内外文化名人参加，而且能吸引全社会的眼球。倘若该新闻不能报道出去，岂不十分可惜！作为学校负责新闻报道工作的人员岂不失职！

笔者长期向《中国教育报》投稿，对《中国教育报》的版面内容和稿子的要求也比较熟悉，与地方新闻单位联系密切，觉得该项活动除在校媒体发表外，还应向校外媒体，特别是《中国教育报》投稿。笔者通过电话与《中国教育报》“文化·校园”版编辑联系，说明了纪念傅雷活动的情况，并谈了向该贵投稿的想法。编辑非常重视这篇稿子，电话里进行指导，提出了写作的要求。

次日，上海浦东新区举行了傅雷骨灰安放仪式。学校40名师生代表参加了仪式。

笔者结合两项活动的盛况写成《赤子孤独了，会创造一个世界》投往《中国教育报》。11月27日，该报“文化·校园”版配图刊登了此稿。

次年，第二届“傅雷杯”大学生翻译奖再次举行，我校还邀请台湾高校学生参加。此新闻以前市级媒体报道过，如何把“旧闻”变成新闻呢？笔者再次分析了活动材料，台湾高校参赛使眼睛一亮，这不是两岸高校交流的好新闻吗？于是，笔者写完校报、校网的新闻稿外，立即将此稿修改成校外媒体的稿子，以《沪台两地大学生同获“傅雷杯”翻译奖》为题发表在联合时报，新民晚报则以《工商外国语学院设傅雷翻译奖》为题报道了此事。

“傅雷杯”大学生翻译奖连续两届的校内外报道都达到了令人满意的效果。原因在于事先我们进行了精心策划，认真地分析了校内外媒体的性质与定位，分析不同媒体对稿件的要求，然后对症下药，撰写与之相应的稿子，使之得到编辑部的青睐。

[新闻报道策划实训]

学校定于5月中旬举办运动会，为期一周。此次运动会还将举行开幕式和闭幕式，邀请兄弟院校举行篮球友谊赛。请你撰写报道策划案。

第四章 新闻采访（一）

——采访、线索与采访前的准备

采访是新闻活动中发现新闻事实、产生报道思想的阶段，是新闻写作的前提。“凡事预则立，不预则废。”采访首先要目标明确，采访谁、采访什么内容，都不是凭空而来的，是有准备的，按计划进行，方能马到成功。

当然，采访也不是头脑一热，捕风捉影。人常讲，按图索骥。采访这个“图”，就是新闻线索，只有获得了新闻线索，才能保证采访有的放矢，不跑空路，不放空炮，出门有所指，回家有收获。

第一节 采访概述

采访是新闻写作的前奏，人常说“巧妇难为无米之炊”。新闻人不深入采访，不到新闻现场实地察看、找知情人探明实情，就如同失去了耳目，写成的文章是信口开河，由此新闻官司不断，作者声名狼藉。只有深入实地采访，获得真实可靠的第一手材料，才能为新闻报道主题的确立，以及写作（制作）创造条件，新闻作品才有了坚实的基础，才能为受众所信服。

新闻人常说“七分采三分写”，采访是一项艰苦而卓绝的工作，比写作用的工夫要多得多。写作中体现的新闻特点和具有的要素，在采访的过程和所获的材料中就能得到充分反映。采访是大学生记者必须具备的基本功。

一、采访的定义

什么是采访呢？采访是新闻工作者通过自身有目的获取信息的活动，深入新闻现场收集新闻事实，为新闻写作搜集素材，组织材料，提炼主题的新闻活动。

采访是一项实践技能很强的工作，只有亲历亲为，在工作实践中反复磨炼，才能熟练掌握技巧与方法，在日后的工作中“游刃有余”。一个人文化程度较高，但由于没有经过必要的新闻采访训练，可能并不会采访，在采访过程中不会选择对象和时机，不会与采访对象交流，不会甄别材料，往往“丢了西瓜捡芝麻”。

在采访中，新闻工作者对新闻的价值就有预见，并为写作新闻报道进行有目的地收集材料，对未知的内容进行深入采访，使现有的材料更加充实。艰苦的采访，时常会峰回路转，带来意外的惊喜，发现新闻背后的新闻。正所谓：“踏破铁鞋无觅处，得来全不费工夫。”

有同学说，我们开展“三下乡”、社会调查等活动也要采访，新闻采访与这些活动采访差不多。笔者认为，新闻采访是新闻业内的专业活动，新闻采访不同于其他活动的采访。

首先，目的不同。新闻采访是新闻工作者获取新闻事实，为写作新闻作品进行的新闻事实采集活动，其目的是发现事实，传播事实；而“三下乡”、社会调查等活动是对某件事或某个方面的问题进行调查研究，访问有关人员，采集某方面的材料，不是为了传播新闻事实，而是对某一方面的问题作深入的了解，为开展专项活动服务。

其次，过程和方法不同。新闻采访所使用的方法是新闻界通行的作法，如，访问、开座谈会、现场观察等，虽然社会调查也有相同之处，但是社会调查着眼于研究，要进行定性或定量分析，查找其存在的问题和困难以及今后努力的方向。

再次，结果不同。新闻采访之后是写作新闻作品；社会调查的结果则是写作调查报告，是理论文章；“三下乡”等活动的采访则是了解社情民意，写社会实践报告、心得体会等方面的文章。

二、新闻采访的作用

众所周知，真实性是新闻的生命。新闻的真实性等特点在采访中得到全面反映。采访是新闻工作者必须具备的一项基本职业能力，采访在新闻工作中具有举足轻重的作用。

采访是在既定的目标之下，进行事实材料收集，辨明事实，形成报道思想的重要过程。可以说，没有采访，就没有新闻报道。

采访是新闻工作者锤炼能力、培训新闻敏感度的重要手段。采访是新闻工作者一项日常性、基础性的工作，只有在采访中摸爬滚打，新闻敏感度才能渐渐得到提高，采访和写作能力一步一个台阶。

采访是新闻真实性的重要保证。虚假新闻除了一些别有用心的蓄意造假外，还因新闻工作者或通讯员采访基本功不扎实，采访不到位，或者对采访认识不够，道听途说，以假乱真，混淆视听。鉴于此，新闻报道必须进行采访，在采访一线中发现新闻事实，驱除谣言和谎言，如实进行报道，引导社会舆论。

三、采访的基本要求

采访是发现新闻，对事实进行缜密甄别、采集、整理，从而发现事实所具有的新闻价值，为新闻写作打下了基础。采访的基本要求有如下几方面：

（一）目标明确，精心准备

采访前，新闻工作者接到采访任务或获得新闻线索，接着要做什么、怎样做自己心中有数，对采访内容和采访对象有明确的设想，对采访的路线和方法进行初步设计，对采访达到的目的和效果有所预料，拟订了采访提纲，采访出发前还要携带什么物资材料也要有所安排。创新创业教育是高校的热门话题。笔者在学校二级学院采访时，了解到这些学院开展了创新创业竞赛和“创业金点子”等活动，在对纷繁复杂的材料进行对比和筛选时，还发现一些指导教师针对创业活动的复杂性和艰巨性，对学生开展创业挫折教育。于是，笔者以创业挫折教育为采访重点，深入采访指导教师和学生，写成《武科大中南分校引入挫折创业教育——让学生亲自体验创业挫折》，2011 年元月发表在《中国青年报》。只有目标明确，才能保证采访稳步进行，取得成效。

（二）过程完备，方法正确

采访是一项耐心细致的工作，蛛丝马迹都可能蕴藏着重大新闻。因此，采访过程中，一个有经验的新闻工作者采访时不会局限于在办公室简单地了解情况，听听“汇报”，而是要深入现场，实地了解，能正确地使用各种采访方法，主持座谈畅所欲言，现场观察丝毫不漏，打破砂锅问到底，以娴熟的技巧较快地查明事实真相，多方求证，保证所获材料真实无误。

（三）来源可靠，材料真实

采访过程完备、方法正确就能保证获得第一手材料。采访了谁，讲了什么内容，现场观察到什么，发现了什么问题，一一有记载，材料来源清楚，事实准确，可供核实。2013年，广东省广州《新快报》记者吴永洲在接受他人贿赂的情况下，闭门造车，在该报刊发表10多篇文章披露湖南中联重科“利润虚增”“利益输送”“畸形营销”及涉嫌造假等内幕，致使该公司蒙受巨大损失。长沙市公安局直属分局以涉嫌损害商业信誉罪对陈永洲予以拘捕。

记者出了问题，《新快报》编辑部在不做调查的情况下，10月23、24日擅自连续在该报头版刊登评论员文章《请放人》和《再请放人》，该文称，敝报虽小，穷骨头还是有那么两根的。该文还提到，陈永洲在熬过三天三夜，终于见到律师时说，他可以熬过三十天，多了，就不敢说了。事实证明，这是一起事实来源不清，主观臆断，造成新闻失实的典型案件。《新快报》有关人员最终得到了应有的处理。材料来历不清，偏听偏信，擅自发稿，误导了整个社会。

（四）材料便于整理利用

采访不是最终目的，而是获得真实可靠材料，并且为后续整理利用作好铺垫。采访时，熟练的新闻工作者能对采访记录、录音和其他材料进行一一归类。采访结束后，能迅速根据采访的内容进行归纳、汇总，方便写作。有些记者甚至将采访笔记整理成采访资料，长期保存。

第二节　新闻线索的获取

采访是实践性很强的工作。本节通过对获取新闻采访线索的知识与技巧进行介绍，然后提供案例进行引导，努力让学生体验新闻线索获得的技巧，基本掌握新闻采访线索获取的方法，为实际运用打好基础。笔者多年从事高校新闻报道，撰写了《谈谈高校新闻线索的发现》一文发表在《新闻采编》（2012年第2期），是笔者对新闻线索发现的实践和体会之作。

一、新闻线索的定义

新闻线索是新闻工作者在采访前获得的新闻事实将要发生或已经发生的提示性信息，是开展新闻采访活动的最初依据。

新闻线索不是新闻事实本身，一般都是比较简略的信息，若隐若现，而正是这一点不起眼的信号，让有经验的新闻工作者找到了采访的目标，明白即将采访的事实所具有的意义，从而通过采访获得重要而完整的新闻事实。

（一）新闻线索的特点

1. 事实的隐藏性

线索提供的只是新闻事实的一点音讯而已，不是事实本身，没有完整的事实，只在只鳞片爪中包含一些可资利用的信息点。只有工作经验丰富的人才能对这些信息进行深入分析、挖掘，找出具有新闻价值的事实进行报道。2015 年 6 月，湖南电视台“都市一时间”栏目播出《32 岁男子家中坠亡 炒股巨亏》的新闻。次日，《潇湘晨报》刊发此事。随着长沙警方调查的深入，该报道记者没有深入采访，而是偏听偏信发布假新闻。调查表明：没有证据表明死者因炒股巨亏而跳楼自杀，死者本名“何伟”，而非报道所称“侯先生”。这条炮制的假新闻就是记者未能从线索中辨别隐藏的事实真伪。道听途说是新闻采访的一大误区，一些网民，甚至记者得知一些捕风捉影的事，不深入现场采访，就随意杜撰，网民急于上网发布消息，记者急于发稿，结果造成新闻失实。当前，新媒体是虚假新闻的重灾区，原因在于网民缺少专业训练，不能透过表象找到问题的本质。

2. 内容的不确定性

线索反映的内容可大可小，可有可无，名曰东，实则西。这就需要新闻工作者认真对待，根据线索内容进行初步核实，确认线索的真伪和是否有采访的必要性。由于新闻线索的不确定性，往往造成一些缺乏工作经验的人误判，跑冤枉路，甚至写了假新闻。2016 年 1 月 4 日，澎湃新闻发布消息称：当天某时某分，江西省九江市浔阳区发生 6.9 级地震。随后，人民日报客户端、网易新闻客户端、一点资讯等也纷纷开始推送这个消息。不久，澎湃新闻刊登《更正：中国地震台网称江西九江地震消息不实》。原来该条新闻线索为中国地震台网的测试信息，澎湃新闻网对获得的线索不作认真核实，不进行采访，擅自发布，抢独家新闻，导致虚假新闻出笼，造成严重的负面影响。为此，国家新闻出版广电总局责成上海报业集团对所属的澎湃新闻网进行严肃处理。新闻工作者要慎重对待线索，认真地辨别真伪。这是从源头上保证新闻真实性。

3. 信息的多指向性

一条线索可能隐藏着多条事实，需要新闻工作者去认真分析，根据自身的知识和工作经验，分条列项进行分析、比较，摒弃一些无关紧要的东西，确定采访的重点内容，去挖掘隐藏其中有价值的新闻事实，然后分别进行报道。2010 年冬，笔者从学生工作处了解到学生正在为青海玉树地震灾区募集寒衣，进而又了解到一些贫困生领到寒假返乡的路费。于是，相继采访了学生为灾区募集寒衣和学校设立“阳光基金”为贫困生送温暖的事情。两篇稿子先后被《湖北日报》采用。

4. 内容的可开发性

一条线索所具有的价值，不在线索自身，而在于独具慧眼的人能发现其真谛，正所谓“玉不琢不成器”。一条有用的线索，在一个有经验的新闻工作者眼中有新闻，可以发现重大新闻，而一个没有新闻工作经验的人将会熟视无睹。2000 年，云南省文山州广播记者王勇获悉富宁县破获特大拐卖儿童案，但因办案经费不足，致使无法将多名犯罪嫌疑人追捕到案，无法解救婴幼儿。王勇认真分析了新闻线索，认为这件事应该报道，于是及时赶到富宁采访，连夜撰稿投往《人民日报》。不久，该报《大地版》编发了这篇稿子。时任全国人大副委员长、全国妇联主席的彭佩云同志看到这篇稿子后，亲笔写信给云南省和公安部领导，请他们帮助解决办案经费。办案经费得到解决，追逃工作得以顺利进行。

（二）新闻线索的作用

新闻线索让新闻工作者对这些暗藏其中的信息进行分析，确定是否有采访的必要。通过鉴别确定事实是真的，进而发现其最初的价值，明确了采访的方向和最初的途径。

新闻线索是采访的起点。由于有了新闻线索，新闻工作者决定采访，对采访活动进行采访前的准备，迅速投入到采访活动。好新闻是经过策划的，正因为新闻线索让新闻工作者对整个采访、写作、报道过程进行通盘考虑，才使其准确地找到采访的目标和报道的方向，能充分利用手中的资源，使采访节约了成本。

新闻线索是"试金石"。它在测试新闻工作者的新闻敏感。与其说有经验的新闻工作者善于采写新闻，不如说善于发现、挖掘新闻线索，往往能从细微末节中准确地判断其真伪，发现其中蕴涵的新闻价值。

二、新闻线索的获取途径

新闻线索不是与生俱来的，新闻人常说："好新闻是跑出来的。"作为记者要有跑破脚板皮的功夫，不畏艰辛，不厌其烦，广开渠道，拓宽新闻线索的路径。

（一）从各级领导机构中得来

党和政府实行的政策，作出的各项决议，关乎国计民生，涉及方方面面，往往是新闻报道的重点。有经验的记者常联系领导机关和业务部门，能从领导机关的会议、文件、领导讲话中发现重要的新闻线索，并进行深入采访。如，2010 年 4 月，北京市出台房产新政限制购置二套房。消息一发布就被众多媒体采访报道。作为大学生记者获取新闻线索就应与学校有关部门建立密切的联系，从中了解学校工作动态和发展规划，从而获取有效的新闻线索。

（二）从各种会议及新闻发布会中来

学校有关会议蕴藏着大量的信息，只要学生记者新闻敏感度较强，就能从纷繁复杂的信息中理出新闻线索。如，学校新闻发布会的通稿，其背后往往也隐藏着许多有较大意义的新闻。这就要求学生记者有一定的工作经验，能从通稿或会议文件中发现新闻线索。

（三）从采访活动中获得有意义的新闻线索

采访中既能完成既定的计划，还可广交朋友，扩大信息源，从中可获得更多的新闻线索。2013 年 10 月，上海工商外国语职业学院科技节开幕，笔者带学生记者采访。艺术设计系学生们向该院捐赠《我的校园，我的梦》百米长卷，向科技节献上一份厚礼。笔者立即对学生捐赠艺术长卷进行采访，此文除被校报采用外，还发表在《东方教育时报》。就这样，学校科技节搭上学生捐赠艺术长卷的便车被校外媒体报道。

（四）从读者报料或通讯员来稿来信中获得

笔者曾向湖北省楚天广播电台投了一篇稿子《病危大学生捐献眼角膜》。该台收到稿子后，即安排记者严冰带着采访机来到学校采访了学生工作处负责人，了解了学校为该名病危学生募捐的活动。又如，《楚天都市报》《武汉晚报》等众多媒体设立了读者线索奖，读者报料，记者采访见报后，对报料人予以奖励。报社每月还对读者报料进行评奖，由此吸引大量读者向报社提供新闻线索。

（五）从有关文字材料、网络中获得

从有关部门提供的领导讲话、工作总结或计划等文字材料也能发现新闻线索。学生记者还可打开有关单位开办的网站，从网站内新闻专栏等反映该单位动态的材料中也可找到自己所需的新闻线索。笔者所在学院的办公室每周发布《每周工作安排》，笔者都要仔细看一看，分析其中有哪些工作活动是可以报道的。

（六）从日常生活中获得

《人民日报》老总编辑吴冷西说过："新闻工作者的根，应该扎在群众之中，扎在实际生活之中，根深才会叶茂。现在一些同志存在一种泡会议、蹲宾馆、赶庆典的漂浮作风。"没有深入生活的作风是出不了新闻的。又如，《新民晚报》老社长林放坚持住在里弄的老房子里，几十年不肯住进高楼大厦，因为他每天一出门就能与街坊邻居亲切交谈，了解群众关心的许多事情和身边发生的事，能得到许多新闻线索。

三、获得新闻线索的技巧与方法

寻找新闻线索除了要有艰苦耐劳的精神外，还要有一定的社会知识和经验，讲究一定的采访策略，在采访实践中逐渐掌握获取新闻线索的技巧和方法。

（一）广交朋友的群众路线

记者社会活动能力较强，三流九教，无所不交，多一个朋友多一个耳目，为采访工作提供坚实的社会基础。1966 年，新华社老社长穆青率记者冯键、周原在河南兰考采访焦裕禄的事迹，专访当年与焦裕禄一块战斗过的老民兵、老党员，和他们促膝谈心，嘘寒问暖。2 月 7 日《人民日报》刊登了《县委书记的榜样——焦裕禄》，在全国掀起了"焦裕禄热"。穆青仍坚持与兰考的基层群众来信交往，了解基层的情况。25 年后，他与冯键、周原再次来到兰考采访，访问了大量干部、群众。1990 年 7 月 9 日，《人民日报》发表了他们这次兰考之行采写的长篇通讯《人民呼唤焦裕禄》，再次引起了强烈的反响。

（二）运用时事政策的基本功

我们的新闻媒体是党和政府联系群众的纽带和桥梁，校媒体是学校党委和校行政的耳目、喉舌，要求新闻工作者平日加强学习，通晓党和政府的政策，了解学校的工作部署，掌握报道的政策方向，坚持正确的舆论导向，采写广大师生员工喜闻乐见的新闻稿件。

（三）挖掘分析问题的能力

一条新闻线索看似很平淡，却在新闻敏感度较强的记者手里，可以挖掘出有重大意义的新闻。如，2002 年春天，山东《大众日报》好记者陈中华陆续接到了一些农民反映土地承包的问题。他先将这些问题和情况在采访本上梳理归类，然后制订了一个调查采访"路线图"，采访近 20 个县（区）、30 多个村庄。农民种地为什么赔钱？调整为何成了抽地的幌子？"示范园"为何变成了荒草滩？村民代表大会怎么个开法才算透明？采访中发现了一系列问题，引起了陈中华深入地思考。经历了一个月的艰苦调查采访，他将当前农村土地承包、延包、流转中的动向和问题整理成《农村土地承包问题系列调查》，在《农村大众》上连载了六篇。许多农民读者来信来电给予赞扬、肯定，引发了报社"热线热"。

四、新闻线索的鉴别与整理

采访者得到了新闻线索后，往往是一鳞半爪，还不能立即进行采访，事先要对采访得来的线索进行筛选、比较、归纳，去伪存真，然后有的放矢，才能获得有效的新闻线索。新闻线索的鉴别与整理的方法：

（一）对获得的线索的真伪进行甄别

一般而言，来自权威机关的线索比较可靠，道听途说的线索真实性很差。采访者无论如何要对获得的线索进行鉴别，以免由于错误的线索或者线索采访的时机未成熟而白耗功夫和气力。新闻工作者得到线索后可通过电话询问第三方、走访知情人、查阅资料等方式求证线索的真实性。有经验的采访者常凭直觉就可判断所获线索的真实性。

（二）对获得的线索进行深入挖掘，扩大线索的范围

得到一条线索还要善于发现隐藏其中的奥秘，找到新的新闻线索，一条线索就变成多条线索。如，某报社农村部记者下乡采访政府实行良种补贴等惠农政策落实情况，走访许多农户。在家的老人都表示，良种补贴到农户入存折，党的惠农政策好。家里只有几位老人和孩子，记者感到十分疑惑，再一打听，原来青壮年都外出打工。记者感到更蹊跷，青壮年外出那么多耕地谁来种呢？仔细一问，原来许多农户拿到良种补贴后耕地仍然抛荒，青壮年外出，留守孩子隔代管教问题多。记者没有拘泥于惠农政策的采访，于是对农村耕地抛荒、留守孩子现象进行深入细致采访，发现了新闻线索之外的新闻。

（三）对获得的线索进行采访的可行性分析

有的新闻线索采访时机不成熟，有的还要进行必要的采访准备，这就要求采访者事先对采访分析一番。如，电视台记者获知某大型国企将要引进某世界500强企业与之合作，届时将要举行签约仪式，这位记者没有立马前往该企业采访，而是与该企业取得联系，了解签约时间、地点、出席领导等，争取该企业支持，然后向报社汇报。报社安排了摄像记者和采访车，将一同前往该企业采访。

（四）对获得的线索拟订采访计划

采访线索确认无误后，新闻工作者要拟订出采访计划，安排好出行路线和要采访的人员，准备好应携带的采访设备和材料，分析采访过程中可能遇到的困难和问题以及应采取的应对措施，撰写采访提纲，为采访作好充分的准备。

[经典案例]

于细微处见精神

1960年2月，发表于《中国青年报》的长篇通讯《为了六十一个阶级兄弟》曾经影响了千千万万人，但是又有谁知道它曲折、离奇的采访经历。

山西省平陆县与河南省的三门峡市隔着黄河友邻而居。1960年2月，平陆县组织社员修建风南公路，这是一条从芮城风陵渡到平陆县曹川镇南沟村的省级公路，是山西全省支援黄河三门峡伟大建设工程的交通命脉。2日（农历正月初六），人们还沉浸在春节的喜庆氛围之中，一场祸端悄然降到善良的人们身上。这天下午6时左右，修建公路驻张村

公社张家沟村的张店公路营第三连发生了61名民工集体食物中毒的重大惨案。

惨案发生后，全县上下进行了全力抢救，但是该县无有效药物医治，形势万分危急。该县通过长途电话及时与北京特种药品商店取得了联系，要求急送非用特效药二巯基丙醇，空军破例派机当夜空投，处在偏僻山区的平陆县当晚在指点地点燃亮火把，药品“从天而降”，61名民工旋即获得了新生。

当时，此事并未引起新闻界和社会各方的关注。2月6日《北京晚报》发表了卫生部通讯员杨树茳写的通讯《千里急救》一文。

《中国青年报》的两名记者王石和房树民在看到《北京晚报》平陆县社员中毒的事故报道后，当即敏锐地意识到此事深刻地反映了社会主义大家庭“一方有难，八方支援”的精神，并且具有在生活中自然形成的故事性因素，是难得遇到的一个“大题材”，应当把这盆“冷饭”原有的好“滋味”全“炒”出来，力争写出一篇更有分量的报道文章。他们向报社领导汇报后得到了大力支持，与编委会取得了共识，并确定了采访方案。

然后，他们进行了分工，由王石负责北京方面的采访，房树民奔赴平陆采访。房树民在平陆采访了上至县委书记、县长，下到老艄公、社员以及中毒民工本人等，边采访边琢磨，边感受当地生活。当房树民采访完平陆回到北京时，王石也完成了北京方面的采访。在王石的提议下，采取“蒙太奇”手法写作，以时间为经、空间为纬，将不同时空中的镜头交叉切换，从事件发生的连贯性出发，按时间顺序，一个场面接一个场面，环环相扣，迭次推进，以使读者能较为详尽地了解事件的全过程。光是标题他们就先后拟了20多个，可谓用心良苦。终于写出了长篇通讯报道《为了六十一个阶级弟兄》。此文发表在1960年2月28日《中国青年报》的显著位置上，为了不突出个人，仅署名为“中国青年报记者”。该文一发，立即引起了轰动。次日，《人民日报》即以通栏大标题和整版篇幅全文转载，并加了热情洋溢的“编者按语”，接着全国各地报刊争相转载，在社会各方面引起强烈反响。《为了六十一个阶级弟兄》这一长篇特写文章，几乎打动了所有读者。于是各大报纸、杂志、广播电台、画报等又接二连三地刊登和播发读者的来信、读后感和评论，平陆事件在全国掀起了歌颂社会主义制度优越性的高潮。

[采访线索的获取实训]

大学生王昕通过报社招聘考试成为该报农村部的见习记者。春耕在即，该怎样开展好农村报道工作呢？刚刚上任，人生地不熟，手头上无采访线索，王昕显得一筹不展。

请同学们帮帮王昕，分析一下应联系哪些部门、哪些人找到新闻线索，迅速开展报道。

第三节 采访前的准备

采访的准备既有长期的战略准备，又有短期的战术准备。长期的战略准备包括个人知识的准备和资料的积累，知识的准备包括政策水平、新闻理论、采访方法等。这是一个日积月累的过程，要求新闻工作者或通讯员持之以恒地学习，不断提高自身素质，以适应新的形势需要。短期的战术准备，主要是采访前临时性、事务性的准备。如，采访前确定采访对象，对采访对象进行初步了解，与采访对象联系，告之采访内容；准备好出行生活用品钱物；确定出行路线，作好日程安排。短期的战术准备主要是物质的准备，是采访活动的保障。

一、刻苦学习，钻研业务，做好长期的战略准备

一个优秀的新闻工作者是一个优秀的学者，是一个出色的社会活动家，也是某一个方面的专家，更重要的是具有敏锐的政治洞察力，能坚持正确的舆论导向，为人民立言，为后世写史。1996 年，中共中央总书记江泽民视察人民日报社向新闻工作者提出了“打好五个功底”，要打好理论路线根底、政策法律纪律根底、群众观点根底、知识根底和新闻业务根底。谆谆教诲为我们后生小子指明了前进的方向。

社会瞬息万变，知识更新加快，发展一日千里。作为一名新闻工作者要不断加强学习，适应工作需要，适应不断变化的环境，才能做到知微见著，保证完成新闻采访任务。

新闻工作者刻苦学习，钻研业务，不是一朝一夕之功，是长期艰苦的任务，正所谓“读万卷书，行万里路”，学以致用，在实践中不断磨炼自己，不断增强自身素质，勇攀事业高峰。

二、临机应对，备好物资，做好采访前的战术准备

接到采访任务，新闻工作者要做好采访临行前的准备。一是根据采访的内容，拟订好采访提纲，明确采访的目标任务；二是设计好采访路线，安排好采访的时间；三是准备好采访的物资，如采访要携带的设备和资料，远行采访还要携带个人的生活用品和必要的资金，等等。这些都是采访前要做好的，为采访提供保证。平时准备充分，应对突发事件时，就能忙而不乱。

一名出色的新闻工作者总是处于“战备”状态，“拳不离手，曲不离口”，有备无患。1992 年 7 月 22 日清晨，沈阳晚报记者兰宝刚、赵宝成开着采访车在沈（阳）大（连）高速宁官站附近等红绿灯，突出听见尖利的枪声和呼啸的警车声，当即意识到“出事了，大案子!”他们二话不说，“追!”开车掉头直奔围捕持枪劫匪的地点宁官站，拿着采访器材跟着民警跑，现场采访到民警击毙持枪劫匪的经过，拍摄到稍纵即逝的枪战图片。该报在枪战案新闻大战中抢占了先机，与该报记者临机而动、战术正确不无关系。

采访前的准备实训在这里主要是指短期的战术准备。对学生记者在采访前应做的准备工作进行有针对性的训练，可帮助学生养成三思而行的采访习惯，适应新闻记者的职业特点，提高采访能力。

[采访前的准备实训]

2008 年 5 月 12 日下午 2:28，四川省汶川发生大地震。20 分钟后，新华网报道“我国四川汶川发生 7.6 级地震”。当日，全国各大媒体积极准备，派员前往四川省汶川地区进行采访。

作为一名记者，接到报社下达的这项紧急采访任务后，应做哪些采访前的准备？采访目的地怎样确定？采访内容是什么？

[经典案例]

锲而不舍　精心准备

——意大利名记者法拉奇采访中国领导人邓小平所做的准备工作

20世纪80年代，中国实行改革开放政策为世界所瞩目。1980年，意大利记者奥莉娅娜·法拉奇希望能采访中国领导人邓小平，两次申请采访被有关部门婉拒。

积极创造采访机会

她并没有灰心失意，当得知意大利总统佩尔蒂尼9月要访问中国，于是萌生新的想法，决定走走“后门”。法拉奇的父亲跟佩尔蒂尼是老朋友，她跟佩尔蒂尼私交也很好，于是央求佩尔蒂尼向邓小平推荐。佩尔蒂尼问道：“为什么要采访邓小平?”法拉奇回答说：“您不是要访问中国吗？这次采访是为您访华做舆论准备。”佩尔蒂尼答应了法拉奇的请求。

佩尔蒂尼亲自给中国驻意大利大使打电话介绍法拉奇采访邓小平：法拉奇是个严肃的记者，对中国非常友好，对中国的改革开放非常感兴趣，要求中方同意法拉奇独家采访邓小平。

中国外交部新闻司立即打报告请示邓小平同志，邓小平同志很快就批复同意接受采访。新闻司立即向法拉奇发出了邀请函。

潜心研究认真准备

法拉奇萌发采访的想法后，开始大量收集有关中国的历史资料，研究中国国情。她对中国的“大跃进”“文化大革命”等历史稔熟于心，了解了中共十一届三中全会盛况和中国实行改革开放政策，阅读了《邓小平传》等资料，对邓小平的历史背景以及他在“文化大革命”中的遭遇了如指掌。当中国外交部新闻司发出邀请函时，法拉奇喜出望外，拿到签证后即刻启程，于8月18日到达北京。

她到达北京后没有大张旗鼓，而是下榻在民族饭店二楼的一个偏僻的小房间里，以利于对自己的行踪保密。

三天后的上午，人民大会堂。法拉奇和邓小平首次会面。

作为经验丰富的资深记者，法拉奇落座伊始，就把录音机放在茶几上，然后亲切地问邓小平：“明天是您的生日，我首先祝贺您生日快乐!”

邓小平略感惊奇：“我的生日？明天是我的生日吗?”

“是的，邓先生。我是从您的传记里得知的。”

邓小平幽默地笑了：“好吧，如果您这样说，那就算是。我从来不知道我的生日是哪一天。而且，如果明天是我的生日，您也不应该祝贺我：那就意味着我已经76岁了。76岁的人已是江河日下了!”

“邓先生，我父亲也76岁了。但是，如果我对他说76岁的人已是江河日下，他会扇我几记耳光的。”

“他干得好！不过您不会这样对您父亲说的，对吗?”

采访就这样在轻松的氛围中开始了。

问题深刻咄咄逼人

接着，法拉奇的提问，首先围绕对毛主席的评价展开，“天安门上的毛主席像，是否要永远保留下去?”邓小平回答说：“永远要保留下去。过去毛主席像挂得太多，到处都挂，并不是一件严肃的事情，也并不能表明对毛主席的尊重。尽管毛主席过去有段时间也犯了错误，但他终究是中国共产党、中华人民共和国的主要缔造者。拿他的功和过来说，错误毕竟是第二位的。他为中国人民做的事情是不能抹杀的。从我们中国人民的感情来说，我们永远把他作为我们党和国家的缔造者来纪念。”

法拉奇有备而来，成竹在胸，刨根问底，“我看不出怎样才能避免或防止再发生诸如‘文化大革命’这样可怕的事情”、“四个现代化将使外国资本进入中国，这样不可避免地引起私人投资问题。这是否会在中国形成资本主义？”“你是否认为资本主义并不都是坏的?”“你对自己怎么评价?”

邓小平以政治家的胆魄机智地一一作出了回答，阐明了党和政府的方针政策和基本路线。

邓小平在回家的路上，对工作人员说：“这个记者很有意思，提出来的都是些关键性的问题。”

采访完毕，5227 字的《邓小平访谈录》第一部分，首先发表在 1980 年 8 月 31 日《华盛顿邮报》社论专栏版上。第二天，邓小平访谈的第二部分 4991 字，与另一篇关于中国金融政策改革的新闻报道组合成专题，发表在《华盛顿邮报》头版，引起了巨大反响。

第五章　新闻采访（二）
——采访的技巧与方法

采访是动手能力很强的一项工作。本章通过知识讲授，然后选择合适的采访案例进行实训，为学生营造一个逼真的采访环境，让大学生记者亲历采访，掌握采访的方法和技巧，采访目标明确，让学生记者把课堂知识转化为动手能力，能在既定的时间内能完成采访任务，采集到切实可靠的材料，打牢采访的基本功。

“工欲善其事必先利其器”，合适的采访方法能使我们有的放矢，事半功倍。通常的采访方法有：

（1）访问，是记者或通讯员面对面地向采访对象提出问题，了解事实真相，由对方作出回答或者提供材料，从而获得新闻素材，为新闻报道写作作准备的采访方式。意大利名记者法拉奇采访中国领导人邓小平就是采用访问方法，面对面地交流，像拉家常一样。

（2）观察，是记者或通讯员身临新闻现场，通过自己的视觉器官，察看新闻事件变化或当事人的情况，明辨真伪，获得新闻事实的一种采访方式。

（3）亲身体验，是记者或通讯员深入新闻事件的现场，以自己的亲身经历感同身受新闻事件发生的过程，从而获得第一手新闻素材的过程。亲身体验具有新闻真实性强、现场感强和时效性强的特点，对读者具有很强的吸引力。《人民日报》优秀通讯作品《押猪四日》就是亲身体验的代表作品，记者自始至终在火车与工人一起运猪，体验押猪的艰辛，写下了押运工人感人肺腑的一幕幕。

（4）开座谈会，是记者或通讯员召集新闻事件有关人员会议，举行座谈，从而获得新闻事实的一种采访方式。开座谈会可以集中地倾听各方的意见，全面、快速地了解新闻事件的经过。通讯《为了六十一个阶级兄弟》作者之一房树民在山西省平陆县采访，组织干部和社员以及中毒民工本人等召开座谈会，大家你一言我一语，就把民工中毒和抢救的经过讲清楚了。

（5）统计分析，是记者或通讯员运用统计的原理和方法，通过对新闻事件中的数据进行数理分析，从而得出新闻结论的采访方法。《华中科技大学周报》头版《回眸“十二五”学科建设—— 瞄准世界一流 科学统筹推进》对该校学科建设取得的成绩辅以统计图表进行说明，让人一目了然。

（6）运用现代技术手段进行采访，如电话、互联网采访。电话采访是运用得较多的采访方式，适合通信方便、问题简单、距离较远的采访。

在电子媒介上采访，是指采访者借助国际互联网和多媒体技术所进行的一种新闻采访方式。其具体方式是：记者在网上搜索，了解采访对象的情况，或发电子邮件、QQ或微信聊天等与采访对象交流，从而获得新闻素材。现代大学生思想活跃，接受新事物的能力强，喜爱用新媒体进行交流。大学生记者在运用网络虚拟现实进行采访时，要做到熟悉被采访对象，了解其背景，对获得的材料要通过多方面的核实，必要时到实地去调查，确保材料的真实可靠。

访问和观察是最基本的两种采访方法，是其他采访方法的基础。通过实地访问和观察，可以获得第一手材料，有力地保证新闻采访的真实性。其他采访方法无形中都要用到访问和观察的技巧。当然，在一次采访活动中，不是孤立地运用一种采访方法，而是多种方法融会贯通，交错运用。

第一节 采访对象的选择

确定了采访的主题后，采访对象的选择显得尤为重要。正确地选择采访对象能提高新闻采访效率，保证新闻采访的质量，那么怎样选择采访对象呢？笔者提出以下意见：

（1）选择当事人采访。当事人是新闻事件的直接参与者和推动者，对事件的来龙去脉了如指掌。采访者直接采访新闻事件当事人可以切入正题，较快地了解新闻事件的真相。

（2）选择知情人采访。新闻事件的知情人虽然不是新闻事实的制造者，但是对新闻事件有所了解，而且对新闻事实以第三者的身份叙述比较客观，能起到“旁证”的作用，采访知情人可以避免主观性，全面地反映新闻事件全貌。

（3）选择“意见领袖”采访。采访者深入采访地采访，要注意选择采访当地有代表性的人士，如当地干部、模范人物、致富带头人等，他们在当地有一定的影响力和凝聚力，说话表明态度有一定的代表性，采访者有必要采访这些“意见领袖”。

（4）选择对新闻事件有研究的人采访。有些涉及技术性强、专业程度高的采访活动，采访者要积极地采访他们，用他们的话来解释新闻事件，可以帮助读者认识新闻事件，深化主题。如对日全食的报道，采访者应采访天文学家，让他们来对日全食进行讲解，从而在报道中进行科普，让读者学到日全食知识。

[采访实训一]

道听途说酿祸端

鄂东某地发生一起交通事故，晚报记者接到“报料”后，立即前往，当赶到现场时，现场已被清理，人已散去。该记者找到几个路边地里耕作的农民，询问了发生的交通事故情况，就匆匆赶回报社写了篇报道，某日某地发生交通事故，某名交警被撞身亡。次日，这位交警的朋友、亲属看到报道后，有的打电话到其家中或单位询问情况，有的干脆登门悼念。其实，这位交警在交通事故中仅负轻伤，正在医院接受治疗，看到朋友登门，哭笑不得。一问原委才知是晚报报道有误。

交警伤愈后把这家晚报诉上法庭。他拿着这张晚报在法庭上振振有词，晚报负责人感到十分尴尬。最后，法庭进行调解，晚报赔付交警 5000 元精神损失费。

看了以上案例，请同学们谈谈在采访中选择采访对象的重要性。

［采访实训二］

电视台新闻失实被判侵犯名誉权

湖北省京山县广播电视台在采访张某后，未对张某的话进行核实就制作播出，结果被邱某以侵犯名誉权为由告到法院。5月22日，湖北省京山县人民法院作出一审判决，判令京山电视台和张某在京山县广播电视台刊登道歉启事并连续播放一周，为原告邱某消除影响、恢复名誉。

法院审理查明，2005年5月，张某两兄弟在京山县新市镇给村民打井时，受到他人要求其卖掉钻井机的威胁。当天下午，恰好邱某来找张某两兄弟打井，并问是否愿意出售钻井机，经协商，张某两兄弟将钻井机以1.5万元的价格卖给邱某。邱因不懂技术，无法使用机器，遂与张某之妻发生纠纷，后双方达成解除合同的协议，张某退还邱某购机款1.5万元。但邱某以张某未依约传授技术，给其造成损失为由，拒绝返还钻井机，双方再次发生纠纷。时逢公安系统开展“开门大接访”活动，张某便将情况予以了反映，公安局高度重视，经派员进行调查并协调，为张某要回了机器。

事后，京山县广播电视台因编制节目“春雨润心田”而派记者对张某进行采访，张某在接受采访时，将事情经过陈述为：“因我打井生意好，邱某叫了一帮青年将钻井机强行扣留，要我以1.5万元的价格卖给他，被迫无奈，我只得同意。后因邱掌握不了技术，没有赚到钱，并将机器损坏，要求退货。”2005年8月13日，京山电视台连续7天在该台黄金时间段播出该节目。为此，原告邱某向法院起诉电视台和张某，要求两被告立即停止侵害，并公开为其恢复名誉及赔偿精神抚慰金1万元。

法院认为，我国法律规定，公民、法人享有名誉权，禁止用侮辱、诽谤等方式损害公民、法人的名誉。被告张某主观上将本人受到威胁与邱某购买钻井机两件无证据证实有关联的事件相联系，进而在接受采访时，将两人的纠纷陈述为强买强卖，并允许电视台播放，在一定范围内致使邱某的社会评价降低，主观上具有过错，侵犯了原告的名誉权。被告京山县广播电视台对张某的陈述未经核实，制作并播出节目，使张某的侵权影响得以扩散，构成共同侵权。鉴于未造成严重后果及损失，法院驳回了原告要求精神损害赔偿的诉讼请求。

（摘自2006年5月30日《人民法院报》）

看了上述案例，请同学们谈一谈电视台在确定采访对象上有哪些败笔。

［点滴拾趣］

多头采访避免尴尬确保真实

柯某和姜某是一对夫妻，家住湖北省阳新县兴国镇白杨村，靠卖豆腐和做早点养家糊口，日子过得清苦倒也和睦。2001年8月，隔壁家老太太请柯某帮忙把两张50元面额假币混用出去，柯某满口应承下来。9月14日，老太太找柯某要钱，柯应承道："还有一张没用出去。"老太太不相信，于是两人发生口角。

柯某妻子姜某听到争吵声后，十分不悦，埋怨丈夫不务正业，自找麻烦，于是两人发生激烈争吵。柯某一气之下骑上一辆自行车出走。16日，柯某流浪到武穴市服毒自杀。武穴市公安局根据柯某身上的居民身份证把柯某之死迅速通知阳新县兴国镇派出所。噩耗传回柯某家中，一家人沉浸在万分悲痛之中。

当天傍晚，笔者接到读者报料后来到该村，柯家人亲朋好友正在忙碌着为柯某料理后事。笔者踌躇不前，最后找到柯家的邻居和村干部小马。这位邻居和小马向笔者介绍了一些情况，笔者仍不放心便找到派出所负责人，对柯某死因进一步核实。笔者回到家里后，立即将此事整理成文《两张假币换来一条人命》，很快在《农村新报》发表。

笔者认为，柯某替人使用假币固然不对，但是命不该死。灾祸飞来，柯家人一筹莫展，万分悲痛。记者来访接二连三地提问必然触及伤痛。笔者到了死者家，没有机械地去采访死者家人，而是采访了知情人邻居和村干部，然后找到派出所进行核实，保证了采集到的材料准确无误。

第二节　合理确定采访的时间和地点

古人云，"时者，命也"。我们新闻工作者要做好采访工作，要善于选择采访的时机，确定采访地点，创造良好的采访条件。

一、商定采访时间

采访者在采访时如果仅凭自己一方的情况与被采访方约定采访时间，不了解分析他们的工作生活情况，先入为主，会造成对方十分被动。这也对采访十分不利，致使采访"走马观花"，匆匆结束。

不同的采访对象有不同的生活或工作规律，也有不同的情趣、爱好和待人处事方式，因此采访者在采访时也要根据情况确定采访的时机，以便获得较好的采访效果。

采访者要根据采访者的不同情况确定采访时间，最好的方法是与采访对象约定采访时间，采访者单方面地确定采访时间，有可能被对方拒绝采访。采访者要以因人、因时、因地制宜的原则灵活地确定采访时机。具体办法是：

（1）通过电话、口信或当面预约，让采访对象确定采访时间。这样可让采访对象有所准备，使采访能在轻松的氛围中进行，避免贸然造访使对方被动，以致采访难以进行或被拒绝。

（2）善于利用采访对象方便或闲暇的时间进行采访。有的人工作繁忙，或由于其他原因没有时间接受采访，采访者在不干扰采访对象的工作或生活的情况下，可利用采访对象方便或闲暇的时候进行采访。

（3）抓住与采访主题有关的工作活动进行采访。采访对象没有接受采访的时间，一推再推，采访者可抓住采访对象出席有关活动的间隙，完成采访。

(4) 主动与采访对象接触，共同生活或工作一段时间，把采访融汇到生活和工作点滴之中。

[采访实训三]

五一国际劳动节前夕，报社安排一位记者去采访“市劳动模范”某商场杨总经理。记者打电话预约，杨总经理秘书回答说：“公司正在开展‘抓经营，增效益，为国庆60周年献礼’系列竞赛活动，杨总工作很忙，没有时间接受采访。”记者登门拜访，门卫又不让进，不能面见杨总经理，采访陷入僵局。在全市招商引资会议上，记者无意中看到杨总经理坐在主席台上。记者又想起了采访杨经理的念头。

请问同学们，怎样才能采访到杨总经理?

[经典回眸]

成功采访基辛格

水均益

和克林顿相比，我以电视记者身份专访的另一位美国人却要博大精深得多。

这位戴着黑边眼镜的犹太人在世界上的影响要比他在美国国内大得多。从七十年代开始，他一直活跃在国际政治和外交舞台上，在他的名字下面记载着像“穿梭外交”“乒乓外交”“打破铁幕”等这样一些闻名于世的词汇。

在我们许多中国人的概念里，基辛格博士是我们的老朋友。正是他在1971年对中国进行的秘密访问才打开了中美关系正常化的大门。而且，这些年每当美国国内出现什么反华浪潮的时候，我们总能听到他力主维持中美关系的大声疾呼。单单是冲着这种表现，基辛格也称得上是一个好人，一个好美国人。

第一次采访基辛格博士是1994年5月的一天。

那一年，美国国内关于中国的最惠国待遇问题正吵得一塌糊涂。国会表决拒绝延长中国的最惠国待遇，紧接着，克林顿总统否决了国会的表决，决定再延长一年对中国的最惠国待遇。最后的决定将取决于参众两院在六月初是否能以三分之二的绝对多数再次否决总统的决定。

在这个当口，一直跟踪采访这一事态的《焦点时刻》决定制作播出一期有关这一内容的节目。我们首先采访了一些在中国的美国商界人士，请他们对最惠国待遇谈谈各自的看法。就在这时，我们得知外经贸部正在北京举行“九十年代中国外经贸战略国际研讨会”，参加研讨会的外国代表中有美国前国务卿基辛格博士。于是，请这位美国政治家谈一谈最惠国问题成了很自然的一个内容。

我们在研讨会的现场找到了主办会议的外经贸部人士，请他们帮助联系。对方去了一会儿，回来告诉我们，基辛格博士没有同意，理由只是一个字：“忙”。

就在我苦思冥想的时候，当时和我同在《焦点时刻》的方宏进提供了一个可怕的背景情况：基辛格这些年“退居二线”，没什么固定收入，于是他利用自己的声望与许多商业机构合作，或者出书，或是到处讲学，或者接受采访，而所有这些都是要收费的。据说基辛格博士接受一次记者采访出场费是三万美元！莫非这位中国人民的老朋友是想让我们也出点“血”？我不敢肯定，也没有太怀疑，因为人家美国人早就进入市场经济了嘛。

但我没有死心。打听到基辛格博士下榻在燕莎中心的凯宾斯基饭店，我立即带着一名摄像赶到了凯宾斯基。根据推测的时间，估计基辛格此时也差不多应该从会场回到饭店了。我们在饭店的大堂里坐了下来，静静地等候他的到来。

我让摄像打开话筒，机器待机，随时准备出击。

不一会儿，门口开来了一辆黑色的奔驰轿车。从车上下来了一位中等个头的白发老人。虽然这是我第一次亲眼看见基辛格，但是就凭着他频频在各个媒介的“曝光”，我一眼就认出了他。

“来了！”我冲着正在一旁沙发上打盹的摄像大叫了一声。摄像听到我的话，腾地从沙发上弹了起来，一把把摄像机扛在了肩膀上，问我：“哪儿？”

基辛格在几个人的簇拥下走进了饭店，朝着我们这个方向走了过来。我迎了上去，几步走到了他的面前，举着话筒对他说：“基辛格博士，我是中国中央电视台的记者，我只需占用您一分钟问您一个问题。”

还没有等他答话，我马上就提出了关于最惠国待遇的问题。

博士稍稍一愣，他看看旁边的人，那眼神似乎在问：“这是怎么回事？”边上的人眼睛里一片茫然。

然而，多年职业外交的生涯使得基辛格马上意识到木已成舟。

他简短地回答了我的问题。然后很快地就走开了。当我对着他的背影说了声“谢谢”的时候，他的头微微地点了点。

这就是我与基辛格第一次见面——简短而又冷漠。基辛格说话的声音非常地低沉，但却很有磁性。

基辛格的英语讲得并不标准，这与他童年之后才移民美国有很大的关系。但是，基辛格的用词却很准确和外交化。他很少在正式讲话时用“OK”“So，So”之类的极口语化的词。比如，他在回答我那个关于最惠国待遇的问题时，就使用了一句外交词令：“I think the result will be positive（我认为最终的结果将是积极的）。”

也许是因为我们对他的“伏击”来得突然，基辛格当时的表情相当地冷淡。当然，这么多年和记者打交道，也许他很明白什么时候应该严肃，什么时候应该幽默。据说，当年在中东进行穿梭外交，斡旋阿以和谈的时候，他曾经创过一个月不对新闻界发表一个字的纪录。基辛格有一句名言：真正的外交是关着门才能进行的。

电梯门关上了。基辛格和他的随行人员上楼回到了房间。这时。我脑子里突然产生了一个想法：对基辛格进行一次专访，让这位习惯关着门搞外交的风云人物面对中国的观众。至于他会不会跟我们要三万美元的“出场费”，我在心里已经盘算好了一个主意。

我上了楼，来到基辛格住的行政层。我对电梯口站着的负责接待基辛格的几位外经贸部官员说，我希望跟基辛格的秘书说一句话。

基辛格的秘书很年轻，当他走到我面前的时候，我马上把事先准备好的名片递了上去：

“很抱歉，刚才我没有征得博士的同意就采访了他。”我开始向他发动心理攻势。

我告诉他，刚才的采访是为了中央电视台的纯新闻节目，而我本人还是中央电视台一个著名的新闻评论类节目的记者主持人，我们很希望对基辛格博士作一次专门的采访。

我说："我们的栏目有十分钟长，是中央电视台最黄金的栏目之一，收看我们节目的观众有四亿!"说到"四亿"的时候，我有意加重了语气。其实，《东方时空》当时的收视率估计只有不到两千万观众，我故意夸大到四亿，主要是想要用如此之大的观众数量，引起基辛格对《东方时空》的重视。另外也借此打消他可能跟我们要出场费的念头，这么高的收视率我们不跟你要钱就不错了。

"博士是中国人民的老朋友，很多中国观众都非常希望了解博士的近况，"我最后对基辛格的秘书说。我相信，对于已年过七十岁的基辛格来说，这句带有感情色彩的话也许会有奇效。

听完了我的介绍，秘书点点头，告诉我他马上去向基辛格请示。

大约五分钟后，秘书回来了，他对我说，基辛格博士很愿意在第二天上午接受我们的采访，不过，时间不能太长，限制在五分钟之内。

我赶紧道谢，没有对这个苛刻的五分钟表示异议。出了饭店，我对摄像说："五分钟？到时候恐怕就由不得他了。"

当晚，我去了新华社国际部的资料室，查阅了有关基辛格的资料。

我还记下了许多基辛格的个人情况和关于他的轶闻趣事。比如，基辛格爱锻炼，他几乎每天都要坚持慢跑；基辛格每次来中国都要吃北京烤鸭。

我还注意到，基辛格的生日是 5 月 27 日。也就是说再过差不多两个星期就是他的生日。我心中暗暗地盘算着怎么在采访中利用一下这个信息。

看着这些背景材料，想着第二天和他的面对面，我感到了一种前所未有的压力。因为我将面对的是一位曾几何时在世界舞台上叱咤风云的人物，是一位在年龄上和我相差整整四十年的沧桑老人。同时，基辛格博士还是一位很容易让坐在他对面的"小记者"感到无所适从的"老外交"。我感到有压力还因为，这是我干电视以后专访的第一个世界级著名政要。我知道，这是我新闻生涯中的一个关。我能否驾驭这样的采访将意味着我是否能够迅速成为一个更加成熟的记者，成为一个有资格面对世界、面对历史的记者。

基辛格来了。他一身藏蓝色的西服，脸上挂着依然如故的严肃。

"基辛格博士，在冷战结束前后的这些年，国际关系显然发生了很多变化，您认为冷战结束后中美两国是一种什么关系？我们是朋友呢还是敌人？"看见基辛格坐定后我马上开始发问。

这个问题是我和"盖导"、方宏进商量后决定问的第一个问题。基辛格是一位风云人物，也是一位面对过无数记者的行家里手。因此，我们的问题上来就要"狠"，要让他意想不到。这样他才会认真对待坐在他对面的这个"小记者"。

听到这个问题，基辛格没有马上回答。

他从刚才斜靠着沙发扶手的姿势中稍稍坐正了一点。他举起右手，用一个英文里常用来帮助说话人思索的语气词"Well"开始了回答：

"应该这么说，即使是在冷战时期，中国也是处在一个很特殊的地位。美国在那个时候和共产主义是对立的。但是从政治上讲，我们同中国是友好的。现在我们两国在意识形态领域和政治制度上有很多的不同，但是我们在政治上的友谊仍然是有基础的。我相信在冷战之后，中美两国仍然可以在这个基础上进行合作。”

从基辛格的眼神和语气里，我感到我这第一个问题略微让他有一点意外，也让他对我戒备了起来。他大概意识到我可能还有一个更“狠”的问题跟在后面。当我紧跟着问出第二个问题时，基辛格听得格外认真，不住地点头。

“博士先生，既然您认为冷战前后，中美两国都是政治上的朋友，那么为什么这么多年来，我们两国一直存在着分歧和争论，特别是在像最惠国待遇这样的问题上?”我问道。

“Well，”基辛格又用了这个语气词开始了他的回答。

“许多美国人认为，美国应该在全世界范围内促进人权状况的改善。他们有时不一定理解在其他一些国家，当然这不仅仅是指中国，这是一个内政问题。所以在这个问题上，中美两国有很大的分歧。然而，我相信在未来的几周里，最惠国待遇问题是会得到解决的。”基辛格博士谨慎地回答道。他的每一个用词都是那样的严谨，力争避免给善于捕风捉影的新闻记者以可乘之机。也许这是多年外交生涯的结晶。

但是，从他如此的谨慎中，我知道我的目的已经达到了。基辛格现在绝不敢只拿我当一个好对付的“小记者”。

由于有了一个很好的开头，我们此后的采访进行得异常顺利和精彩。按照“盖导”的部署，我采取了“打一巴掌揉三下”的策略。每当提几个尖锐问题之后，我都会赶紧送上一个令基辛格很舒服的问题。比如，回忆一下1971年那次光辉的秘密访华、谈谈他自己现在的工作和生活、会不会打乒乓球、这次有没有吃烤鸭，等等。不知不觉中采访已经大大超过了原来那个苛刻的五分钟限度。

看到基辛格似乎余兴未尽，我知道机会来了。我开始实施一个暗藏的小计划，我准备让博士和我一起同观众道别，一气呵成来结束本期的《焦点时刻》节目。

“博士先生，请允许我在此提前祝您生日快乐。因为我知道再过两个星期就是您七十一岁的生日了。”我拿出了前一天晚上才获取的这个信息。

基辛格脸上露出了感激之情，他微笑着说：“哦，谢谢，谢谢。”

我接着说：“许多中国人在电视上看见您，感觉您十分严肃，不过我看您现在呢（此时，我有意顿了一下，只见基辛格脸上不由自主地露出了灿烂的笑容），却是笑容可掬。那么，是否请您对将要看到您的众多中国观众说几句话?”

基辛格非常熟练地将脸正对着对面的摄像机，那磁性的男低音再一次回荡在空中：

“我想告诉我的中国朋友，我对你们取得的成就感到钦佩，我也对你们对朋友的忠诚感到钦佩，我祝你们万事如意!”

所有的铺垫都已经做到了，我对基辛格说：“博士，我们一起向我们的观众说声再见吧。”

说着话，我已经抬起身来坐到了基辛格的那张双人沙发上。基辛格同时也高兴地伸出右手，示意请我坐下来。

我伸出右手，冲着对面的镜头摆了摆，说：“Bye!（再见）”

坐在我左边的基辛格紧跟着说了声：“Good bye!”

我没有停顿，对着镜头说：

“观众朋友们，感谢您收看我们今天的《东方时空》，再见！”说完这话，我看见对面摄像机后面的“盖导”举起右手，向我竖起了大拇指。

当我站起身的时候，我习惯性地看了看表。整个采访一共是二十五分钟。

我们那一期《焦点时刻》后来获得了《东方时空》的季度金奖。事后，有些同事开玩笑地对我说：“基辛格回去肯定很吃惊。”

我说：“他吃什么惊？”

同事回答说：“吃惊他怎么让你指挥得乱转呗。”

然而，我心里明白，其实真正让人吃惊的应该是基辛格博士。告别政治外交舞台那么多年，基辛格博士对于风云变幻的世界事务却是那样地了如指掌。面对我们有些近乎于发难的问题，他还是熟练地运用了他拿手的外交手法和外交词令，而且使用得还是那样地炉火纯青。他在人权问题上，没有单指中国。因为他知道，中国政府在不断强调对于包括中国在内的发展中国家，人权是我们的内政。他避开了中美之间的其他分歧和争论，因为他也知道，有些问题（比如台湾问题）他不好谈。

基辛格到底是基辛格。在他那副黑边眼镜后面，你永远也无法准确地判断出他思维的“度数”。要不他怎么会在二十分钟之内说服以色列停止眼看就要获胜的阿以战争呢？他又怎么会提出“力量均衡”并预言冷战将会因其中一方内部的瓦解而告终呢？也正是因为基辛格的这些“功底”，他才敢于在我们的采访中作出这样的断言：中美两国高层领导人实现互访只是时间问题，中国在未来十五年中将成为一个重要的工业化国家，邓小平是我们这个时代最伟大的政治家之一。

（《青年文献》1999 年第 5 期）

注：亨利·基辛格，1973 年至 1977 年任美国国务卿，1973 年获得诺贝尔和平奖。他曾力促中美建交，推进了世界和平进程。

水均益是中央电视台《高端访问》主持人，曾多次获得中国广播电视新闻奖，全国“十佳电视节目主持人”和“金话筒”奖，2003 年被评为中国十大杰出青年。

二、选择合适的采访地点

采访者选择合适的采访地点，也是成功采访的先决条件，正如古人云，“天时，不如地利”。试想，当一个人病入膏肓，采访者在病床前“打破沙锅问到底”；当一个人正在紧张地开会，采访者贸然而入，难道这样做人家不感到厌倦吗？选择合适的采访地点，营造良好的采访环境，是采访者不得不仔细思量的问题。

那么选择采访地点有什么要求呢？

（1）采访地点尽量满足被采访方的要求，可在预约电话中商定，俗话说得好，客随主便。合适的采访场所，能使被采访方触景生情，谈得深入。

（2）采访地点要尽可能在新闻发生的地点采访，采访者有更多的机会探究新闻事实的全貌，核实有关情况。

（3）复杂的采访活动有多个采访地点，深入各个采访地点采访对新闻事实作进一步补充，易于辨明情况。如，在办公室采访某领导后，采访者还要到新闻现场采访当事人、知情人。

（4）采访地点适宜进行采访活动，不具备采访条件的地点当放弃。如，揭露问题的报道采访对象在当地有可能遭到打击报复的，采访者当选择合适的地点，不得暴露采访对象的身份，以保护采访对象不受侵害。

[采访实训四]

杨裕忠长期扎根于深山，植树造林，建成千亩林场，办起百亩茶园，其事迹感动了许多人，被当地干部群众称为“深山活愚公”。报社拟订了采访报道计划，委派一名记者采访“深山愚公”杨裕忠。该记者来到县城刚好碰到老“愚公”在县城出席全县林业表彰大会。于是，该名记者把老“愚公”请进下榻的宾馆，对老“愚公”进行采访，询问植树造林的情况，造林过程中遇到了哪些困难，并在该县林业部门索取了关于老“愚公”的事迹材料等，然后马上写稿准备把老“愚公”的事迹刊登到报纸上。

请问，这位记者在县城采访造林英雄事迹恰当吗？请谈谈你对这次采访地点选择的意见。

[经典回眸]

病床前完成采访

《人民日报》女记者柏生以人物专访享誉海内外。在采访科学家高士其时，尽管她事先阅读了大量的有关高老身残志坚、顽强一生、奋力拼搏的文字资料，获知他晚年仍坚持向秘书口授作品而著书立说，但是仍然觉得不具体、不感人。于是从早到晚，一连数日扎在高老家中，她不时地向自己、向高士其的家属和助手提问：为什么高士其在细菌侵入小脑后仍然学完了芝加哥大学细菌学的全部博士课程？为什么半瘫痪的高士其当年竟“爬”到了延安？为什么成天卧床不起的高士其1949年后写出了100多万字的作品？……而且，过去已有不少作品介绍过高士其的事迹，怎样才能写得不雷同、有新意？经过连日的深入采访，终于体验到了一系列使主题深化、认识飞跃的情节。如，高士其老人每天在病床上都要与一女孩做来回抛送彩球的活动，每抛一次，都显得很痛苦，但是如果不进行这样的运动，也许永远都不能活动了，创作也就停止了。所以，他以极大的毅力，每天有意识地进行这种手臂、腿脚锻炼。由此，柏生对高士其老人的“韧性”有了直观而又深切的体验和感受，并且通过移情手法使读者无不为这种韧性所感动，从而留下了深刻的印象，后来写成《韧性的战斗——访著名科学家高士其》一文。

第三节　采访提问的技巧

无论是访问、开座谈会、亲身体验，还是召开电话采访，都离不开提问。提问是记者发现问题、澄清事实的重要手段，采访提问可以显示记者的素质和采访的技巧，直接关系到采访的成败，是记者采访的一项基本功。学生在学习采访时要自觉加强采访提问的训练。

新闻采访对提问的要求：

（1）要有充分准备。“不打无准备之仗”，优秀的新闻记者采访提问前要对采访对象作充分的研究，列出提纲，有针对性地提出问题，做到忙而不乱。

（2）要尊重对方的人格。不管是达官贵人，还是普通百姓，甚至是在押犯人，采访时要给对方应有的尊重，心平气和地与对方交流、洽谈。

（3）问话要清楚明白、具体。采访提问宜直截了当，不拐弯抹角，一事一问，疑处细究，方能采访到切实可靠的材料。

（4）要有针对性，切中要害。2009 年 3 月 4 日，十一届全国人大二次会议举行新闻发布会，新任全国人大新闻发言人李肇星回答了中外媒体记者的提问。主持人李连宁把最后一个提问机会给了《中国会计报》的一位女记者。作为会计报的记者，她关注的自然是 4 万亿元投资，女记者开口即问：“我们可不可以像经营企业一样来经营政府，算一算每投入一笔钱会有怎样的产出和效益?”李肇星笑言这是他多少年以来碰到的最不会答的问题。

（5）要善于诱导。有的采访对象口若悬河，有的口讷，此时，采访者要能掌握采访交流的局面，加以引导，让多言者别“跑题”，对口讷者以提示，让他自然地回答问题，接受采访。

（6）要有新闻价值，群众关注。2008 年，《南方周末》记者就中国律师起诉“圆明园兽首拍卖”公司事件，问了当事律师之一刘洋一个问题：“有人说，就海外文物追索而言，公益诉讼的‘秀’的成分大于实际效用。”当时很多人对律师们的动机表示质疑，这样的提问既激起了受访者解释的欲望，又让读者得到了当事人的直接回应。

那么在采访中怎样提问呢？有如下几种方式：

（1）正面提问。采访者直截了当地提出自己要问的问题，明白地表明自己的意见。

（2）旁敲侧击。采访者提问时从侧面入手，促使采访对象回忆过去的新闻事实，或隐藏自己的采访意图，让采访对象防不胜防。

（3）激将法。以带有刺激性的问题提问，迫使采访对象主动回答问题，解释有关情况。

（4）跟踪追击。采访者在得到被采访者一个问题的答复后，根据回答的内容和已掌握的材料连连发问，穷追到底直至有个满意的结果。

[采访实训五]

2015 年 12 月 20 日，广东省深圳市光明新区凤凰社区恒泰裕工业园发生山体滑坡。此次灾害滑坡覆盖面积约 38 万平方米，造成 33 栋建筑物被掩埋或不同程度受损，灾害造成数十人死亡。噩耗举国震惊，全国各地媒体云集该地。当地举行记者接待会。

请问同学们出席记者招待会，应怎样提问？请列出提问提纲。

[**经典案例**]

在2000年3月15日朱镕基总理的记者招待会上，总理对几位记者针对台湾所提的问题已经做了详尽的解答。而台湾《联合报》记者又在台湾问题上追问：“中国大陆最近强调台湾的问题不能无限期地拖延下去，而在台湾新的‘总统’在3天之后选出，如果这个新的‘总统’在他未来的一任或者两任的任期，也就是四年到八年的任期里面他拒绝就这个中国统一的问题进行两岸的谈判，他选择维持现状，这样是否会导致两岸出现战争的结果？中国大陆在这个统一的问题上是否会制定一个时间表？还有三天就是选举，在这三天之内中国大陆是否会采取一些军事演习例如导弹试射的行动，例如像1996年的那么一次行动上以发挥他的影响力。”朱镕基回答说：“关于台湾问题我认为我刚才已经讲得很清楚了，没有必要再回答假设的问题。至于是不是会举行军事演习，请你等着瞧，不要着急，只有两天了。”

其实在这场发布会上，总理已经是第二次表明不愿意再谈台湾问题。面对此种情况记者该怎么应对，我们来看法新社记者的提问：“我是法新社的记者，我想问一个有关中美关系的问题，但是很抱歉，我这个问题还是想牵扯到台湾，所以我向您表示道歉，但是您刚才讲了中国不会针对台湾的分裂势力和外部的干涉势力来放弃使用武力，那么您这个是不是也包括到了美国，因为现在中国不断地批评美国说美国也影响到了海峡两岸关系的发展，而且据中国的《解放军报》发表的社论也像您说的，美国打算把台湾作为不会下沉的航空母舰，那么台湾这个问题会不会影响到中美关系，比如说影响到中美间有关世贸组织问题的谈判，而且人民感到关切的是，台湾问题是不是会阻止国会来通过有关中国入世的立法。”这名记者没有直面冲击台湾问题，而且绕了一个弯，转换了一下角度，通过对中美关系的发问又间接地提到台湾问题，但由于这是事关“中美关系”的问题，总理又只好作答：“到目前为止，除了我把克林顿总统的讲话改了两个字以外，我没有提到美国。我现在不想把台湾问题和美国联系起来，更不想把台湾问题和中美关系的其他问题联系起来。对不起，我只能说到这样。”

第四节　开好座谈会

开座谈会也是新闻采访中常用的一种方法，可以在较短的时间内了解有关情况，采集到所需要的材料，便于核实有关材料，掌握新闻事实的本质，为深入采访提供新线索，引导记者进行更深入的思考。

那么怎样才能开好座谈会呢？笔者认为，开好座谈会要把握以下原则：一是选择对事实比较熟悉的人，人数不宜太多，一般选取在3~10位；二是座谈前要将座谈情况通知被邀请人，以便让对方作好准备；三是列出座谈会提纲，防止座谈时跑题；四是座谈过程中采访者要及时进行引导，以便参加座谈的人能说出真实情况；五是能正确地提问，全面掌握情况；六是座谈气氛要轻松活泼，让参加座谈的人乐于开口说话，敢于开口说真话。

召开座谈会能迅速地采集到有关的材料，归纳起来，开座谈会有4种益处：

（1）能在很短的时间内掌握更多的情况。知情者坐在一起，就同一事实或问题提供情况谈认识，省去了记者一个个去访问的大量时间。记者在短时间内就可以获取大量情况。

（2）能掌握事实真相。参加座谈会的人从不同角度和自己熟知的侧面，围绕事实和记者提出的问题讲情况、谈问题，可以使记者在较短的时间内弄清事实真相。

（3）能核实情况，揭示事物本质。一般来说，记者在召开座谈会之前已经掌握了一些情况。这些情况是否属实，在座谈会上，记者可以面对面地进行核实。有些座谈会是以谈认识为主的，大家坦诚地发表意见，有助于开拓记者的思路，深化和丰富记者的认识，从而全面地、深刻地把握事物的本质。

（4）能进一步获取采访的线索和角度。座谈会上，知情人反映了采访者未曾掌握的情况或提出了新见解和主张，使采访者能及时获得新的思索，调整采访思路，进行深入采访。

每种采访方法有利也有弊，召开座谈会自然也有其局陷性：

（1）座谈会容易使采访者限于会议上，不能深入新闻发生的实地进行采访，以致采访陷入主观性。

（2）在座谈会上，有些情况知情人不愿意在大庭广众下透露，如揭露问题的报道，知情人公开吐露真情怕被报复。

（3）在采访过程中有可能涉及国家机密或商业秘密的，以及个人隐私的，不适宜召开座谈会采访。

因此，采访者在采访时要注意使用多种采访方法，扬长避短，优势互补。

[采访实训六]

1998年洪灾过后，中央实行“平垸行洪，移民建镇”的决策。某县某村是全省移民建镇示范村，省、市各大新闻媒体派出强大的新闻采访团来该村采访。该县县委宣传部安排专人带领记者前往该村采访。如此多的记者来到该村，该村负责人应接不暇。面对如此庞大的采访阵容，如何安排采访使各方各得其利，又不至过多地扰民？

请同学们设计一个采访方案。

[点滴拾趣]

笔者在武汉从事新闻工作时，对这座光辉的城市还没有实行公交车无人售票制度感到困惑。为此，本人与该市公交集团取得了联系，2002年11月26日适逢该集团开展“星级车组”考核评比。笔者来到“星级车组”司机当中，与师傅们举行了一个简短的座谈会。

司机和售票员们听说记者的来意，非常兴奋，七嘴八舌地谈开了。

售票员胡丽和卢红英分别有10年和6年的售票经历，向记者道出了当售票员的苦衷，售票员每天早出晚归，在颠簸的车厢里一站就是七八个小时。三伏天，车厢热得像蒸笼，售票员大汗淋漓；数九天，车厢又冷似冰窖，售票员的双手都冻僵了。售票员每天在人丛中钻来钻去，扶老携幼，收费检票，碰到态度不好的乘客恶语伤人，还得笑脸相迎。

售票员刘琼向记者倒苦水，晚上车内灯光暗淡，不只一次收到过假币，收到假币还错找真币给不法分子。倘若公交车实行无人售票，刷卡上车，收假币的现象就能得到有效控制。

公交集团通达公司罗经理回忆，1995年，该集团曾选择劳动路至铁山的11路车试行无人售票，由于选择郊区线路作为试点，营运环境较差，加之宣传力度不够，部分市民自律意识不强，逃票现象十分严重。无人售票仅设了投币箱，没有IC卡无人售票系统，乘客常为找零钱而苦恼，时间长了还出现了个别司乘人员侵吞票款的行为，结果是无人售票试行不到半个月就夭折。

市劳模、公交司机张敏在座谈会上分析说，无人售票车把售票员从繁重的体力劳动中解放出来，体现了一个现代化城市的文明程度。他还认为，要推行无人售票车应吸取上次试行无人售票车的经验，实行无人售票车起点要高，既要设投币箱，又要安装IC电子刷卡系统，让市民购买IC卡，刷卡上车避免找零钱的麻烦。

售票员李荣在发言中则持谨慎态度，该市实行无人售票时机还不成熟，应先选择试点，成功以后再推广。实行无人售票有一部分售票员要失业，得重新找工作。

公交集团办公室主任介绍了说，2000年，该市公交集团将无人售票列入了“十五”计划，明确提出要高起点实施智能IC卡月票，电脑报站、电子调度，并派出考察组前往深圳、秦皇岛等地公交集团，学习其无人售票经验，并计划投入300万元改造公交车辆，装备电子收费系统，实行IC卡无人售票。到2002年2月，该市对4、6、11、15四条公交线路经营权进行公开拍卖。公交集团不得不借贷864万元买回三条线路和经营权。无人售票工作被迫搁浅。

座谈结束后，笔者得知，城市公交行业属城管局管理，而该市公交集团隶属于市城投公司。于是，笔者又采访了该市城管局局长谢见明和城投公司经理黄曲波，倾听了他们对该市公交车实行无人售票的意见。

后来，笔者根据采访材料写成了《无人售票车，离我们还有多远》一文发表。

第五节　观　察　法

现场观察是采访活动的主要形式和手段，是采访者通过自己的视觉系统对采访对象或新闻现场进行辨别、分析而获取新闻材料的过程。

俗话说得好，“百闻不如一见”。深入观察现场，是现场核实、补充已获得的第一手资料的最好方法。

我们在新闻现场应观察什么呢？

（1）观察新闻现场。新闻事实发生的地点、概貌、情景和情节，是采访者应观察到的。

（2）观察有关人物。与新闻发生有关系的人，他们的形象、神态和衣着打扮以及言谈的口气等，都是采访时应注意记下来的。

（3）观察周围环境。事物都不是孤立产生的，而是发展的，新闻发生地周围的环境往往是新闻发生的外因，采访者应仔细地观察，也许能找出与新闻事实有关的某些联系，挖掘出新闻背后的新闻。

[**采访实训七**]

一天下午，某山场发生火灾，某报社记者接到读者报料后，从报社风尘仆仆赶往火灾现场。山路崎岖难行，当记者几经辗转找到火灾现场时，看到原本茂密的丛林被山火掠过，葱郁的树木成了一根根乌黑的炭棒，或孤零零地矗立，或歪倒在地，扑火的人们已经散去，扑火现场一片狼藉。眼看天色已晚，夜幕将降临，报社编辑部急着等待稿子。

请问同学们，该位记者应该怎样进行初步采访?

[**经典案例**]

又见微笑杜丽

本报记者　*罗俊*

在首日比赛中失利的中国射击选手杜丽今天终于在自己的兼项——女子 50 米步枪三姿决赛中重新证明自己，她以破奥运会纪录的 690.3 环的总成绩获得该项目的金牌。

比赛之后，杜丽又哭了，只不过这一次，她的泪水，属于胜利。

一样的服装，一样的步枪，一样的姿势，甚至连对手都还是那么几个，埃蒙斯、加尔金娜……除了靶子距离变成 50 米之外，此情此景和 5 天前首金之争时几乎无分别。

决赛开始前介绍运动员入场时，资格赛排在第一的杜丽最后一个出场，受到的欢呼也是最多的。但她只是轻轻地对着观众挥了挥手，面无表情地盯着 50 米开外的那个小圆靶。她脸上早已看不出 5 天前没有摘得首金时的失落，有的只是冷静和淡定。

决赛是采用立姿，每人各打 10 发子弹。杜丽上来第一枪就只打了个 8.7 环，全场观众发出一阵叹息。这种情景和首金争夺时也太像了——当时杜丽第一枪也是打出了让人大跌眼镜的 7.9 环。难道今天的一切都是那日的重现？人们开始替杜丽担心起来。

不！杜丽旋即打出 10.3 环和 10.4 环，她用成绩告诉所有人，今天的杜丽不一样了。第四枪结束时，杜丽已经将第一枪的劣势追了回来，排名重新回到第一位。不过，夺得首金的捷克选手埃蒙斯此时也已悄悄地追了上来，她和杜丽的差距已经缩小到 0.1 环。

从第六枪开始，杜丽的状态上来了，每一枪都射在 10 环以内，死死地压制住后面紧追不舍的埃蒙斯。第六枪和第九枪，杜丽都打出了 10.8 环的高分。最后一枪，她只需要打出 9.4 环，就可以稳稳的把金牌收入囊中。所有人都暗自为她捏了一把汗，坐在杜丽身后的王跃舫教练甚至紧张得闭起了眼睛。

“砰!”杜丽的枪头冒起一丝青烟。10.5 环！随着这个分数出现在计分屏上，观众席爆发出一阵欢呼。坚强的杜丽终于收获了一块迟到的金牌！

4 年前的 8 月 14 日，杜丽在雅典奥运会上射落自己人生的第一块奥运金牌，4 年后又是 8 月 14 日，杜丽在自己的兼项中摘得第二块奥运金牌。当年的意气风发，经过涅槃重生之后，已经变成今日的老练沉稳。

“杜丽，好样的!”在观众持续的欢呼声中，杜丽回转身来，高高地挥动双手致意。

那一刻，她的眼眶又红了。杜丽强抿着嘴，似乎不想让眼泪再次流下来，可终究还是流了下来。她用手一抹，激动地和教练抱在了一起。王跃舫在杜丽的脸上亲了又亲。这块金牌，来得太不容易了。

赛后，杜丽对记者敞开心扉，“这几天的时间，我觉得比4年还要漫长。其实前几天训练时我也没打好，甚至有那么一刻我想过要放弃，但很多志愿者给我送来卡片，写满了鼓励我的话，我觉得就算为了这些关心我的人，我也要坚持打下去。所以今天流的，是感动的眼泪。”

感动的人不止杜丽一个。赛后新闻发布会上，杜丽诚恳地向她的教练道歉。“资格赛中我对教练发脾气了，在这里我要向她道歉。”原来，上午资格赛时，杜丽一开始打得并不好，教练王跃舫想把她叫到一边指导一下。杜丽第一次没有下来，直到教练第二次叫她时，才很不情愿地下来，并冲教练发了火。

杜丽当着几十位记者真情道歉的时候，王跃舫教练正站在新闻发布厅后面的一个角落里。她一边满怀深情地鼓掌，一边点头向自己的弟子示意，嘴里说着：“我不生气，我不生气。”师徒情深，感动了在场的每一个记者。后来，王跃舫说：“在比赛中这种情况很正常，运动员发火也是好事——把内心的压力发泄出来了。”

站在领奖台上，听着观众齐呼自己的名字，杜丽笑得无比灿烂。不经历风雨，哪能看见彩虹？不浴火煎熬，怎能凤凰涅槃？经历了失败之后，杜丽终于可以用一块沉甸甸的金牌，证明自己是强者。

（《人民日报》2008年8月15日 7版）

第六节 利用现代通信工具采访

现代通信技术发达给新闻采访者提供了便利条件，使采访者能在较短的时间内与采访对象建立联系，获得采访材料，对某些采访问题可通过电话、QQ、电子邮件、微信等进行采访。其优点是：距离远、成本低、效率高。

值得注意的是，利用现代通信技术采访也有明显的不足之处：

一是难以保证真实性。由于采访者不能与采访对象当面、共同到达新闻现场，不能当面核实事实，如果采访不慎，就难以保证采访材料的真实性，

二是缺乏现场感和生动性。通过电话、QQ、电子邮件、微信等手段进行采访，不在新闻现场采访，采访者难写出真情实感的文字。

鉴于此，利用现代通讯工具采访常用作补充采访，既能保证采访真实，又能使采访内容丰富详实。

[采访实训八]

张仲培是湖北某学院2007级人力资源管理专业学生，来自内蒙古自治区托克托县。

2008年3月新学期开学不久，张仲培同学不时感到偏头痛，就在学校卫生室买了点去痛片坚持上课。3月22日，班主任老师陪同张仲培前往武汉协和医院检查。检查结果

让老师和全班同学目瞪口呆：张仲培患上了鼻咽癌晚期。

“治病如扑火”，2007级人力资源班最早得知病情，该班团支部在班里率先发起了募捐活动。18名同学中贫困生多，但救助病重同学成了大家无声的行动，踊跃捐款。

同日，该校团委、学生会发出了《募捐救助张仲培同学的倡议书》，救助张仲培同学的行动在全校迅速铺开。

张仲培被接回家后，66岁的老父亲一直拖着病腿到处筹钱给女儿治病。78岁的老母亲整天眼泪涟涟，在田地里艰难地忙活，希望能多挣点钱给孩子治病。

张仲培独自一人住进了内蒙古医学院附属医院，每天拖着无力的双腿看病拿药，一次无意中从医生的病历中看到了病情，鼻咽癌晚期。生命危在旦夕，每次放疗，她一声不吭。放疗后，她浑身无力瘫倒在病床上。稍事休息，她爬起来写日记：“对于生命的延续，我选择前进。不管路有多难，我都相信我能克服。癌症又能怎么样？难倒的是脆弱的人，爬起来的是胜利者，相信自己！”医疗费不足，住院治疗时断时续，日记成了她对生命的寄托和战胜病魔的武器。

癌细胞蚕蚀着她的身体，渐渐转移到肋骨、胸椎之后，疼痛时不时地侵袭着她。每次放疗后呕吐不止，吃饭如吃药，她想到了年迈的父母，在日记写道：“虽然爸爸、妈妈的年纪和我相差四五十岁以上，但我知道他们很疼爱我。我也想让他们过着快乐的生活，不让他们再为我忙碌，我想让他们的晚年也能享受到和别的老人一样幸福，现在我能做的就是不给他们增加烦恼。”她还想到老师和同学的关爱和期待，于是强撑着身体自己动手做饭、炒菜。饭熟了盛在碗里，一口口地细嚼慢咽，吐一口就吃两口。

“癌症算得了什么，再大的困难，我也能克服。倒下的是脆弱的人，而我要勇敢地站起来。”在日记里小姑娘显得信心十足。

张仲培顽强不屈抗击病魔的事迹受到广大社会的关注，许多好心人捐款捐物。呼和浩特的义工们在她住院期间，轮流过来陪床，照顾她的饮食起居，鼓励她与病魔斗争。

“有越来越多的陌生人在关爱着我，我觉得现在很快乐，只是不知道怎么去报答他们对我的这片恩情。”（张仲培日记）她感谢社会的关爱，决心回报社会，她向内蒙古电视台记者表达了自己的愿望，毅然加入“南北光明行动”，坚定地说：“死后愿意把眼角膜捐献出来，一只献给深圳市，一只留在家乡内蒙，让自己的生命得到延续。”

她母亲得知女儿身后要捐献眼角膜，嚎啕大哭，想到自己辛苦养育到20岁的女儿……一百个不同意。事情就这样僵着。

转眼到年关。2009年元月12日，张仲培在内蒙古电视台记者的陪同下再次回家，说服父母。一向倔强的母亲终于同意女儿捐献眼角膜。张仲培二话不说就在《深圳市器官捐献志愿书》上签字，履行完法律手续，兑现自己的承诺。

一年来，张仲培写出500多篇“生命日记”，记载着抗癌的历程，抒写对生命的呼唤，诠释着对人生的感悟和对生命的热爱。

8月10日，张仲培的病情开始恶化，在内蒙古医学院附属医院治疗了近一个月的时间。9日，张仲培不幸在家辞世。当晚，内蒙古医学院附属医院的医生从张仲培身上取出眼角膜。内蒙古电视台记者和张仲培哥哥张永全护送眼角膜飞往广州。

10日上午，姚晓明博士在深圳市眼科医院给李香丰女士做了眼角膜移植手术。

是日下午，姚晓明博士带着张仲培的右眼角膜，率记者和张永全风尘仆仆地赶回内蒙古呼和浩特市。在内蒙古医学院附属医院，姚晓明博士给6岁女孩王艳进行了眼角膜移植手术。

身患绝症的大学生张仲培捐献眼角膜的事迹感人肺腑，采访张仲培勇于抗癌、捐献眼角膜的事迹时间和空间的跨度很大，当事人众多。

请问采访这个报道应做好哪些准备？怎样入手才能获得较好的效果？

[**点滴拾趣**]

电话和QQ采访遂心愿

彭良柱是某学院2007届电子商务专业毕业生，毕业后像其他同学一样东奔西走找工作，但找到的工作不如人意。“打一辈子工，不如回家创业当富翁”，他克服世俗观念，毅然放弃在城市工作的机会，回到河南老家兴办养猪场。在父母的资助下，他自己选址、征地，动手设计养猪场，吃住在工地抓养猪场建设。他一边养猪，一边学习养猪技术，提高养猪的效率，降低养猪成本。经过两年多的努力，彭良柱现拥有400万元资产，仅存栏牲猪就有1000多头。彭良柱不满足于仅有的成绩，联合30多户村民成立了养殖合作社，带领当地群众共同致富。

笔者得知彭良柱回家自主创业的消息后，立即找到他的班主任老师了解他在校的一些情况，然后找到就业办老师了解彭良柱创业的情况，他曾到过彭良柱的家，实地察看了彭良柱的养猪场。由于工作繁忙，笔者不能前往河南省罗山县采访彭良柱，于是要回了彭良柱的电话号码和QQ号。回到家里，笔者与彭良柱取得联系，在QQ上加彭良柱为好友，约好网上聊天采访的时间。经过一个月的网上采访，了解到彭良柱的创业历程。笔者将QQ采访材料进行整理，写成了《创业无贵贱，养猪又何妨——“猪倌儿”彭良柱的创业路》一文，发表在《中国教育报》2009年7月15日第8版。

第七节　亲身体验实训

亲身体验式采访是指采访者深入新闻现场与当事人一起感同身受新闻发生、发展，乃至结局的过程，从而获取丰富可靠的新闻素材，写成新闻报道。亲身体验式采访总是与访问、观察、座谈等采访方法结合起来。

亲身体验式采访具有明显的优点：一是加深采访者对所采访的主题的理解，能集中全力采访；二是体验式新闻更加真实、形象、具体，富有感染力。《湖北日报》曾开设体验种田栏目，安排记者走进村庄，扎根田园，体验农民种田，写出了一系列精品力作，获得了较好社会效果。

亲身体验式采访要注意的问题：采访者既不能深陷其中，要保持自身的独立性，以新闻工作者独特的眼光客观地观察、分析问题，又要放得下架子，入乡随俗，与群众打成一片。

[采访实训九]

深夜，某市发生一起两名暴徒劫持一个著名演员的事件。公安机关接到报警立即调动警力前往解救人质。该市电视台记者接到采访任务后，带上摄像设备前往采访。面对穷凶极恶的歹徒，警察穿上防弹衣，全副武装，伺机待命。记者们抢着采访、拍摄警察出发的情况，交代事件的背景。记者们随行，无疑增加了解救过程中的风险。公安领导力劝记者们："你们不要去了，到时抓到歹徒，把结果直接告诉你们，你们在现场拍摄开头和结尾就行了。"

记者们要采访这起解救劫持人质过程应采用怎么样的采访方式？

[经典回眸]

新闻来自大山深处

——中央新闻单位对"深山信使"王顺友的采访记

王顺友是四川省凉山彝族自治州木里藏族自治县马班邮路乡邮员，负责木里县至白碉乡、三桷亚乡、倮波乡、卡拉乡的马班乡邮投递，出入深山峻岭，沟壑冰原，邮路往返584公里，每走一个班要14天，一个月要走两班，二十年如一日坚持行程26万公里，投递邮件无一差错，把党和政府的声音送到各族人民的心坎上。

王顺友的事迹感动了千万人。2005年5月，新华社、人民日报社、中央电视台等中央新闻单位派出强大记者阵容对王顺友进行采访。在木里县城，记者们见到了王顺友。邮路远在深山险壑，何不把王顺友请进办公室讲述他20年投递的经历？当然这是一条简便快捷的采访方法。

中央新闻单位克服人地两生和路途遥远等不利因素，没有把采访活动停留在表面上，采写了脍炙人口的新闻作品。那么他们是出色地完成这次采访活动的呢？

初作了解，积极准备

记者们顾不及休息，对木里藏族自治县进行深入了解。木里藏族自治县位于四川省西南部，紧接青藏高原。这里群山环抱，地广人稀，平均每平方公里的地面上只有9个半人。全县29个乡镇中有28个乡镇不通公路，不通电话，以马驮人送为手段的邮路是当地乡政府和百姓与外界保持联系的唯一途径。全县除县城外，15条邮路全部是马班邮路，而且绝大部分在海拔4000米以上的高山。

王顺友的邮路先要翻越海拔5000米、一年中有6个月冰雪覆盖的察尔瓦山，接着又要走进海拔1000米、气温高达40摄氏度的雅砻江河谷，中途还要穿越大大小小的原始森林和山峰沟梁。他这样描述自己的生活：冬天一身雪，夏天一身泥，饿了吞几口糌粑面，渴了喝几口山泉水或啃几口冰块，晚上蜷缩在山洞里、大树下或草丛中与马相伴而眠，如果赶上下雨，就得裹着雨衣在雨水中躺一夜。同时，他还要随时准备迎接各种突来的自然灾害。

"百闻不如一见"，记者们感觉到龟缩在县城无论如何忙碌，总比不上跟随王顺友走一趟邮路真切。

亲身体验，实地采访

14 日，记者们带上采访设备和包裹，随同王顺友出发，体验高山邮路的艰辛。马驮着邮包，王顺友牵着，记者们跟在其后，在大山中被骡马踩出的一线脚窝窝里艰难地前行。

17 日，中央新闻采访团记者骑上马，开始了沿马班邮路的采访。《法制日报》的女记者席锋宇突然昏倒在地，采访团用担架把她送走。山高路陡，采访团继续向高山攀登。18 日，工人日报记者高柱坠马，所幸无恙，一名本地记者从马上摔下，头破血流。第一次走上马班邮路的记者几乎都有高山反应。采访团部分记者被迫撤离。

19 日清晨，采访团中的摄影、摄像记者及新华社记者从白碉乡步行前往雅砻江河谷，目的是实地拍摄、了解雅砻江吊桥的情况。在雅砻江岸边的巨石上，电视拍摄开始了，王顺友在对着镜头讲述自己的经历，讲到了自己的家庭和妻子对自己工作的支持。

新华社女记者张严平再三坚持下，成了跟随王顺友继续走下去的为数不多的记者中唯一的文字记者和唯一的女记者。她说：如果不走进他的邮路，就根本没有办法了解他内心的状况，也了解不到他的生活状况。只有这样我写出来的东西才更真实，读者才受到更真实的感动和震撼。

一条路如一条飘带挂在悬崖峭壁间，她学会了骑马，马驮着走，真切地感受到“蜀道难”，感觉到生生死死不过在一线间。而王顺友是一年到头天天都在这路上走啊，而且记者们走的路还不是最险的路，更险的在后头，没敢让他们走。在这条路上，张严平才真正感觉到王顺友的不容易，感受到这个人内心的力量，那是一种坚韧，一种责任。

当天晚上，采访团在一个叫做李子坪的原始森林宿营，晚饭后记者们围着篝火跳起了舞蹈。跳着跳着王顺友也过来了，边唱山歌边跳舞。不一会儿，他忽然走到一边喃喃自语。他说：“我今晚太高兴了，太高兴了！”说着说着，他就像个孩子一样，突然捂着脸就大哭起来：“如果天天有这么多人这样陪我走这邮路，我愿意走到老死。”“再苦，我也要走啊，我是这个大山里少不得的人！”眼前一幕常常地震撼了张严平。王顺友的路让她走进了王顺友的心，真正感受到了这个人真实的内心世界。

清晨，张严平走到山泉边洗脸，看见王顺友正在给马备鞍。远处，大片大片的索玛花儿就像蓝天上飘落的云霞。忽然间，我觉得眼前这人、这马、这路，渐渐融化在这云霞之中，像燃烧的火，无言而壮美。

采访结束后，张严平写出了近万字的稿子《索玛花儿为什么这样红》。这篇报道感动了无数的人。

《人民日报》刊登记者盛若蔚撰写的长篇通讯《二十年：雪山之巅的铿锵承诺——记普通共产党员的优秀代表王顺友》，并配发评论员文章。通讯由衷地赞扬道：“奇迹创造者——一个普普通通马班邮路乡邮员，王顺友。”

《光明日报》刊登记者杨亮采写的长篇通讯《党的信使为人民——记四川木里藏族自治县乡邮员王顺友》。文章说，王顺友是和平时代默默奉献的英雄，是一个在普通岗位上作出不普通事迹的普通党员。

中央电视台一套在《新闻联播·时代先锋》专栏中推出王顺友事迹报道，介绍了王顺友所走的艰辛邮路与他坚韧的毅力。报道讲述了他 10 年前在被骡子踢断肠子的情况下坚持工作了 9 天，直到送完邮件才被送到医院的感人事迹。当时在场的医务人员说，他的肠子被踢断我们不感到惊奇，让我们感到吃惊的是王顺友还坚持了 9 天，把他的工作做完，没有坚强的毅力和超人的勇气是做不到的。在接下来的《焦点访谈》节目中，央视还以《王顺友——一个人的长征》为题，讲述了王顺友的许多感人事迹。

点评：这是一次感人至深的体验式采访。中央媒体记者们深知身上的采访重任和笔重千均的真谛。他们没有高高在上，不是龟缩在县城和办公室进行简单地问话了解，而是深入到新闻现场一线亲身体验万山险壑，体验深山邮递员的邮递信件的艰辛历程。人常说："七分采三分写"，采访之难和学问之深由此可见一斑。只有身临一线采访回真实、客观的材料，才能写出令人信服的新闻报道，才能获得震撼人心的力量。这次中央媒体采访"深山信使"王顺友是个典范之作，值得大学生记者效仿。

采访实训提示

[采访实训一]

能否正确地选择采访对象直接关系到采访的成败。新闻采访切忌道听途说。此案例的记者恰恰犯了这个错误，没有去采访当事人，结果造成新闻失实。"羊肉没吃成，反惹一身膻"，报社和记者惹上官司上法庭。

此案例告诉我们，新闻采访要正确地选择采访对象。要选择当事人采访，既要选择肇事一方采访，又要采访受害一方，然后采访第三方——事件的旁观者或知情人。采访者更要亲临现场，实地察看事件。只有面面俱到，才能保证采访真实可靠。

[采访实训二]

该案例中张某与邱某因财产转让发生纠纷，张某权益受到侵犯，后经有关部门调解，张某权益得到维护。电视台记者也许是出于同意心，或对有关部门颂扬，单方面采访权益受侵犯的一方张某。张某在接受采访时所述的情节与事实有出入，诋毁对方邱某。电视台记者不去采访另一当事人邱某，也不认真核实张某的叙述的真实性，不分青红皂白，把采访内容在电视台播放，以致造成对邱某的诽谤。电视台和张某终于惹上官司。

双方发生纠纷，作为记者要采访当事的两方，切忌采访一方，否则就被一方所利用。采访者不能偏听偏信，否则造成新闻严重失实。新闻工作者要兼听则明，这不只是采访方法问题，更是道德问题。

[采访实训三]

记者采访被拒绝是常事，但是不应灰心失意，应积极寻找机会。采访杨总经理吃了"闭门羹"，记者应想其他办法。在全市招商引资会议上看见了杨总经理，记者可以待会议结束后，直接面见杨经理，说明来意，递上名片，约定采访时间，告之采访的内容，或者直接利用会后的间隙进行采访。这样，采访将能取得满意的效果。

[采访实训四]

俗话说，好新闻是跑出来。此案例中的记者抱着完成任务的心理，固步自封，高高在上，采访老劳模仅当面问一问、要份材料是不能采访到老劳模的艰苦奋斗历程的。走马观花地采访最终会丢了西瓜，拣芝麻，对新闻工作者来说是有害无益。

采访植树造林的老劳模要做到以下几点：一是要有充分准备，从有关方面了解老劳模的情况和主要成绩；二是采访深入基层，要到老劳模所在的村组采访，走访老党员、老干部，召开群众座谈会，了解老劳模的典型事迹，实地察看林场、茶场；三是与老劳模本人当面座谈，询问、核实有关问题，寻找老劳模挖山不止的精神力量；四是记者应采访乡镇、县委宣传部和县林业部门，请他们进一步谈谈老劳模的事迹和典型意义。如此自下而上，逐步深入就能采访到老劳模的先进事迹，出色地完成采访任务。

[采访实训五]

发生山体滑坡，当引起人们的普遍关注。新闻工作者受命采访这起举国震惊的山体滑坡，出席记者招待会要拟出提问提纲：

（1）要弄清主办这次记者招待会的单位、主持人、出席人的姓名和职务；

（2）要询问发生事故的时间、地点；

（3）要询问人员获救的情况；

（4）询问政府有关部门和企业对未获救的工作人员采取了哪些营救措施，未获救人员生还可能性；

（5）询问发生此次事故的原因，是否是责任事故，对有关责任人怎样处理；

（6）询问对这次事故应采取哪些补救措施；

（7）从这次灾害中吸取了哪些教训，对下一步工作有什么打算。

[采访实训六]

众多记者采访时，如果任其自由采访，漫无边际，村民接二连三接受采访，无休无止，势必扰民，事与愿违。要做好这次采访拟订如下采访方案：

（1）召开新闻发布会。向采访团集中介绍该村被洪水折磨之苦和本村移民建镇情况，移民建镇过程中涌现的先进个人及典型事迹，介绍移民建镇过程中遇到的一些困难以及克服困难采取的措施，回答记者的提问。

（2）邀约村民代表召开座谈会。召开座谈会能使平日忙碌的村民和采访者集中时间见面，能使采访者广泛地了解有关问题，提高采访效率，还使村民避免重复采访之累。

（3）安排记者参观移民新村工地，实地观看移民建镇建设情况，记者们可现场提问，村民代表现场解答。

（4）有组织地安排记者个别采访。不同媒体对采访要求不同，如电视记者要拍摄移民建镇场面，电台记者要现场采访录音，不同的采访人员视角不同，发现不同的问题，有必要进行个别的采访，使采访者根据自己的采访计划进行采访获取全面祥实的材料。

[采访实训七]

采访路途遥远，任务刻不容缓。采访者亲临现场，找不到当事人。此时，采访者可以采用观察法对现场进行扫描，把看到的状况记下来，如找不到有关人员的话，可先把现场观察的情况写下来，注明采访的缘由，将稿子传往报社编辑部。等次日找到当事人，再进一步深入采访，进行连续报道。

[采访实训八]

这是笔者接到的一个采访任务，由于时间仓促，不能奔赴内蒙古当面采访张仲培。这里将采访经过略作铺陈。2008 年末，当笔者从该校老师口中得知张仲培要捐献眼角膜的信息后，立即从该校学工处找到张仲培的电话，从电话中了解到张仲培病情，并鼓励她顽强地同病魔作斗争。然后，笔者从该校负责宣传的领导那里得到了内蒙古电视台网络频道记者杨燕的电话和 QQ 号，笔者迅速地与杨燕记者电话联系，电话里一时难以讲清楚，就把杨燕记者的 QQ 添加为好友，通过网上聊天，比较全面地了解到张仲培身患绝症加入“南北光明行动”，希望身后捐献眼角膜报答社会关爱。

在张仲培在《深圳市红十字会器官捐献志愿书》上签字之日，笔者立即将此事写成消息投往《长江日报》，次日（2009 年 1 月 12 日）发表。《武汉病危学生内蒙古捐献眼角膜》被全国各大网站转载。该校迅速掀起“关爱生命”捐献行动，三次募得善款 3.4 万多元。

[采访实训九]

这是对一起突发事件的采访。“不入虎穴，焉得虎子”，记者本来就是高风险的职业，对解救过程材料的获取是不可能轻易得手的，需要付出艰苦的努力。

公安领导不让记者随行是站在他们的角度出发的。作为新闻工作者应有自己的工作思路，记者要采访到真实可靠、感人至深的解救过程就必须参加这次解救行动。采访这起突发性事件的关键是做好公安机关的工作，事先说服公安机关领导，对采访过程进行周密部署，在解救现场自觉服从行动负责人的指挥，积极配合民警工作，确保采访人员安全，保证不出纰漏，使采访尽可能靠近一线，安全地拍摄解救过程，采访到真实可靠、内容翔实的材料，把事件真相告诉给读者，惩恶扬善，圆满地完成采访任务。

如果不深入解救现场，仅拍摄事件的开头和结尾，更惊险、精彩的解救情节被遗漏，新闻的重要性和吸引力就会大打折扣。我们新闻工作者的责任和勇气会受到群众的质疑。

第六章　新闻采访（三）

——采访记录与材料的整理

采访记录和对采访材料的整理是一件不容忽视的工作，是去粗取精、鉴别真伪的过程，关系到采访能否正确反映事物的面貌、提炼主题和思考确定以后写作的提纲。可以说，采访记录与材料的整理关系着采访的成败。因此，我们学习新闻有必要学习采访记录与材料整理的知识。

第一节　采访的记录

采访记录的方式主要有心记、笔记和画记以及录音四种方式。

一、心记实训

心记是采访者在现场采访时，将所见所闻及与新闻事实有关的环境等情况强记在心中，以便写作时采用。心记要求采访者记忆力较强，心理素质较好。心记明显的优点是：(1) 在轻松的谈话等采访活动中，用心记不会影响采访对象的情绪；(2) 利于采访者集中精力观察和思考；(3) 采访者进行暗访时运用心记往往是最佳的选择；(4) 可避免采访工具的束缚，适用于广泛的采访活动。

当然，心记也有不可忽视的缺点，时间一长采访材料容易忘记，造成写作不准确或失实。这就要求采访者在采访结束后及时对采访进行回顾、整理、写作。

怎样做好心记采访？笔者认为，要有充分的准备，事先了解采访对象，在采访现场身临其境地感受，结合实情实景加强记忆，对重要人物的讲话要认真地倾听，根据其讲话要点，抓住其内容实质。根据新闻事件的时间进程、重点细节，串点连线，记忆新闻事件的发展过程。采访完毕后，采访者应及时将采访经过、采访内容进行回顾，整理成文字材料，避免心记挂一漏万、材料失实。

心记在新闻采访中的运用灵活多变、范围较广。掌握并运用心记采访的技巧，正确地运用心记进行采访，对大学生记者来说是一项必修技能，需要不断地实践，逐渐提高采访水平。

[采访实训]

春运来临，某火车站票贩子活动猖獗。报社决定安排记者对票贩子非法买卖车票的行为进行一次实地采访。

请问：同学们应采用怎样的采访方法？采用怎样的采访记录方法？

[经典回眸]

冒着生命危险“抢”新闻

1991年3月6日上午9时30分，江苏《常州日报》记者王哲正在武进县公安局刑警大队对一起系列盗窃案侦破情况进行采访，突然值班室的警铃响起，刑警队员全副武装集合起来，直觉告诉他肯定有大案发生，他喊上该局报道员朱曙光同志，一口气从三楼跑到院子里跨上了警车。王哲长期“驻扎”在刑警大队，参与了许多大要案件侦破，民警们亲切地称之为“名誉教导员”。

9时45分，警车一路呼啸驶进了湖塘公安分局的大院。他紧张听着分局教导员讲述案情：从外地来了一伙持枪歹徒，欲报复在湖塘镇从事运输业的辽宁省海城市个体户范某。闻名全国的针纺市场就坐落在湖塘镇，外地客商云集，并由此带来了运输业的繁荣。为了独占前往东北的运输业务，两个东北个体汽车队互不相让，最终海城市个体户范某占了上风，另一方不肯就此罢休，出重金雇请了黑恶势力，试图用暴力清除范某。分局教导员一边说，一边不停地搓手：即将发生枪战的地点在繁华的商业区，更为严峻的是，当天武进县人大、政协会议正在此举行，歹徒一旦开枪，后果不堪设想。

“一定要阻止枪战!”现场指挥员下达了命令。经过12个小时的侦查、布控，到晚上9点，警方查明9个歹徒住在常州市区的林园饭店，这期间参战刑警队员没吃上一口饭，在针纺市场、工厂商店、旅馆饭店调查走访，可以说是筋疲力尽。晚上10点，指挥部下达抓捕命令：为了消除社会治安的重大隐患，决定对分住在林园饭店3个房间内的9个歹徒同时进行搜捕。由于歹徒手中有枪，参加抓捕行动有生命危险，现场指挥员要王哲向后“撤”，但为了这难得的独家采访、获取第一手资料，他将生死置之度外，坚决要求参加行动，现场指挥员最终同意了他的请求。

“不许动!”歹徒分住的3个房间的门被同时踹开，王哲随刑警队蒋大队长带领的两位刑警冲进2楼的223房间，蒋大队长喝令4个歹徒：“全部躺在床上别动!”睡在左边第一张床上的家伙突然掀起被子，说时迟那时快，刑警王兴元一个鱼跃扑过去，将歹徒制服，掀开被子，是一支双筒猎枪，拉开枪栓，子弹上着顶门火。事后听省公安厅的枪械专家介绍，这种双筒猎枪的杀伤力极强，如果那天歹徒抢先开火，几名突击队员恐怕就成为烈士了！9个歹徒都被刑警制服，缴获了5支双筒猎枪、61颗猎枪子弹。

审查完疑犯已是第二天清晨，王哲不顾疲劳赶回报社写稿，文章的重点放在三个房间的抓捕现场上，由于他自己亲历其中，文章一气呵成，讴歌了公安民警的英雄气概，弘扬了正气。这样的文章内容鲜活、真实，经得起推敲，树立了新闻舆论的权威性。该文刊出后，受到了省、市领导的赞扬，原江苏省副省长高德正看了报道后作出批示：“此文弘扬了公安民警的大无畏英雄气概，很受鼓舞。同时也为处理突发性、暴力性案件提供了成功的经验，值得总结。”

1991年3月11日，《常州日报》《新华日报》《扬子晚报》同天刊登了王哲和朱曙光同志合作采写的《枪战，即将发生》一文，此稿获得了《新华日报》当年首次举办的“洪泽湖杯现场新闻大赛”二等奖，同年还获得《人民警察》杂志社举办的“华东六省一市‘我在现场’征文大赛”优秀作品奖。

点评：这是一篇对突发事件的新闻采访报道。记者跟随刑警行动，面临暴力威胁，不可能像平日采访一样带上采访本、采访机等采访工具进行仔细地提问、录音，全凭记者平日的历练和采访出神入化的功夫，身临其境地感受新闻事件的进展，运用心记获得切实可靠的新闻素材，采访结束后及时进行梳理、归纳，然后写成新闻稿。可以说，这是一篇出色的心记采访。

二、笔记

笔记是要求采访者用笔和纸迅速、准确地记录下采访对象陈述的内容。“好记性不如烂笔头”，笔记在采访中具有不可替代的作用，重要的采访笔记具有存档史料价值。著名记者、国际友人爱泼斯坦1938年采访中国山西台儿庄的抗战笔记至今完好无损保存在中国人民抗日战争纪念馆，成为研究抗战的重要史料。

笔记可分为详细记录、简要记录和快速记录。详细记录是指把采访的重要内容比较全面地记录下来。简要记录就是在采访时择其要点进行记录。快速记录，即速记，这是专业速记工作者必备的一项技能，利用汉字快速书写和略写的方法进行快速记录。一般而言，我们不可能按照平时的书写方法一字不漏地记录下采访对象讲述的内容，也没有必要，我们只要记录下要点，保证以后不出错乱就行。这就是速写。这种方法值得我们大学生记者学习，掌握笔记的特点和技巧，并熟练地运用到采访中来，提高采访效率。

笔记的记录内容，要做到“五个W”要齐全，充分发挥。

（一）眼睛所见

俗话说：眼见为实，耳听为虚。亲临新闻现场观察到的东西最为可信。采访者在新闻现场看到的与新闻事件有关的人物特征、现场环境、地理方位、天气状况、事件动态变化过程，等等，都是新闻写作中可能要使用的材料。

（二）耳朵所听

倾听他人的意见是采访必不可少的手段。采访者采访当事人要听到他对新闻事实的叙述和意见，召开座谈会议倾听各方的所见所闻和见解。这些都是采访者要记下来的，供写作时使用。

（三）鼻子所闻

嗅觉是人类认识事物的另一个独特手段，是其他手段不可替代的。采访者在采访中把自己的嗅觉调动起来，可以收到意想不到的效果，引领读者进入另一番洞天。《五万公斤鲜奶倒进农田》（《湖北日报》2002年4月26日1版），“记者赶到现场。空气中弥散着一股刺鼻的酸腐味，奶农们正把一桶桶豆腐脑似的变质牛奶倒进田里……”运用嗅觉器官仿佛把读者带到了现场。

（四）自身所感

采访者在采访过程中还可将自己的触觉记录下来，应用到写作中来，让读者感到栩栩如生。如，《人民日报》记者龚雯1997年12月采写的《押猪四日》就是通过自己全程参与押猪，感受押运员的艰辛，绘声绘色，紧扣读者的心弦。

（五）自身所想

采访者身临其境进行采访，肯定会对新闻事实、新闻环境和采访过程有自己独特的感受和看法，以及对采访过程中出现的问题思考。这也应记录下来，写作时恰当地采用，可以深化主题。如，“当代好记者”陈中华2003年10月两次去了山东省农业厅、济南市职业介绍中心采访了有关部门专家及部分农民工，引起了对农民工的思考，他在采访笔记中写道：“大批青年农民涌入城市打工，对我国城市化进程做出了贡献。然旷日持久，这些低文化、低技能而又只能获得低报酬的青年民工年龄日益增大，无法在城市立足，当是政府及社会应及早重视的问题。”采访后写出报道《不能靠吃青春饭》，刊发于《大众日报》2003年10月23日要闻版。

以上讲述了应记录的五个方面的内容，也许颇让人费解，这不是让采访者不分轻重把所有的材料都记下来吗？这里笔者再谈记录的几点原则，以便采访记录突出重点，有的放矢：

（1）记重点的材料：即事件发展过程中的重点、关键点以及连接点；

（2）记被采访人或当事人的思想和见解；

（3）记人物生动的有个性的语言；

（4）记下重要讲话（领导人讲话、记者招待会的讲话）的重点内容，如有材料可以索要或复印；

（5）记下易忘或易错的要点：数字、人名、地名、物名；

（6）记下背景材料。

此外，还有画记、录音记录等采访记录方法。画记通常是指采访时根据采访内容进行快速画图，画出事物的大致轮廓，事后可迅速回忆，对新闻报道形式有显著作用。

录音记录就是用采访录音机或者录音笔作采访记录。一些重要事件和人物，特别是人物专访常用录音记录。好处是记录真实、准确，而且可以作为资料和证据，也便于记者腾出手来倾听、观察和思考。其缺点是后期整理比较费时；录音受现场环境条件的限制，如现场吵杂，录音效果难保证。采访本不要记得满满当当的，一定要预留一定的空间以补记一些材料，以及方便采访过程中记录记者本人的思考、疑问、备注。

尽管采访记录有诸多形式，但最根本的形式还是笔记和心记。在心记和笔记的选择中，可以根据记者个人的习惯和采访的实际来取舍、侧重，相互补充。画记和录音记录是采访记录的一种补充形式。根据笔者采访的经验，采访有关会议，会务组有会议材料，采访者可以直接向会务组索要，这样也省下一些记录的烦恼。

［记录实训］

同学们不妨联系学校附近居委会采访居民医保的建立情况，也可自行选题联系有关学校有关部门、院（系）采访。同学们要准备好采访本，拟写采访提纲。采访过程中要记录下采访的环境、被采访对象以及与其对话等内容。

第二节　速写在采访中的应用

速写是新闻工作者经常使用的采访记录方法。采访重要会议等，大学生记者应提前做好采访准备，事先把会议时间、地点、主题、出席人、缺席人等写好，了解开会前的一些情况如会议议程等，能了解多少就了解多少，以便正式召开会议时能有充裕的时间作好记录。开完会后要加紧对会议记录进行整理，以防缩略的笔记时间一长，遗忘造成记忆混乱。

学习速记要做到写字端正，然后快速连写。这里不妨介绍一下语词和语句的略写法，以提高采访记录的速度。

一、语词的速写法

（一）双音节词的略写法

可将双音节词略写成一个能代表其意思的关键字，如：

人民——“民”　中国——“中”　国家——“国”　心脏——“心”

由两个意义相反的或相对的语素组合成的合成词，可写前一个字后加“\”，如：

正反——“正\”　公私——“公\”　敌我——“敌\”　善恶——“善\”

（二）多音节词的略写法

1. 把三音节词写成第一字加上末尾字的拼音第一字母，字母写在右上角上

现代化——“现^{h}”　革命家——“革^{j}”　事业心——“事^{x}”

打得好——“打^{h}”　干劲足——“干^{z}”　马可波罗——“马^{l}”

2. 前后重叠的缩写

如一二音节或三四音节重叠：

大大方方——“大·方”　团团圆圆——“团·圆”　方方正正——“方·正”

事事关心——“事·关”

（三）词组的略写

奥运会——“奥^{h}”　产学研——“产^{y}”　安全员——“安^{y}”

计算机——“计^{j}”　千方百计——“千计”　速战速决——“速决”

（四）成语、熟语（俗语）、歇后语等略写

1. 成语

针锋相对——“针锋——”　热火朝天——“热火——”

空前绝后——“空前——”　千锤百炼——“千锤——”

2. 熟语（俗语）

留得青山在，不怕没柴烧——“留青山——”

牛皮不是吹的，火车不是推的，泰山不是垒的——“牛皮不吹——”

3. 歇后语

外甥打灯笼——照（舅）旧——“外甥灯——”

孔夫子搬家——尽是书（输）——“孔子搬家——”

哑巴吃黄连——有苦说不出——“哑吃黄——”

（五）名人名言、语录的略写

好好学习，天天向上——“好学习——”

先天下之忧而忧，后天下之乐而乐——“先天下——”

历览前贤国与家，成由勤俭败由奢——“历前贤——”

（六）各种专有名词使用规范简称的代替

中国共产党中央委员会——“中央”

中华人民共和国主席——“国主席”

北京大学——“北大”

职业技术教育——“职教”

甲型流感——“甲流”

（七）结构相似的并列词组的略写

做有理想、有道德、有文化、有纪律的新人——“做4有人”

实现工业、农业、国防和科技技术现代化——“实现4化”

（八）反义词和反义词组的略写

正反——“正\”　上下——“上\”　红黑——“红\”　进退——“进\”

安全与危险——“安全\”

（九）关联词的略写

越来越多——“y多”　愈战愈勇——“yu勇”　综上所述——“z上”

二、图画法记录——对所要记录的内容用简略的图画来表示

如，“一条大河波浪宽，风吹稻花香两岸”画成“≈”；“一山更比一山高”画成 

俗话说，杀猪杀尾巴，各有各的杀法。以上介绍的采访速写方法，只是笔者根据《速记速写速读》一书（范立荣、耿风华主编，高等教育出版社）进行简要归纳的例子而已，仅供同学们参考。同学们在学习采访过程中可根据自己的需要摸索自创一套适合自己的采访速记的方法。

［速记实训］

下面选一段话给同学们练习，一位同学宣读，其他同学练习速记。也可以选择其他文章进行训练。

助学救困是有力的思想政治工作

张志成

不久前，党中央作出加强大学生思想政治工作的决定，各高校进行了锲而不舍的探索。

其实，助学救困是学校加强思想政治工作的最有力手段之一。

没有比饥饿更心酸的苦痛，没有比失学更难忘的记忆。如果因家庭贫困使一些学生失去了深造的机会，失去了本属于自己的美好前途，那么国家将损失一个人才，家庭将失去一根支柱，其结果很可悲。救助贫困学生，让其能顺利入学是全社会的共同责任，也是学校开展思想政治工作的重要方面。

关心贫困生，对其进行及时救助，可动员社会各方面的力量，人人献出一片爱心，将在全社会营造爱护学生、支持教育、加强学生思想政治工作的良好氛围。

学校关心贫困生，开展师生“手拉手，献爱心”活动，无疑在上一堂政治课。“随风潜入夜，润物细无声”，活生生的助学帮困活动，就是身边的好教材。学生学有榜样，干有力量，同学们在活动中培养集体主义精神，增进团结互助观念，增强社会责任感。

（摘自 2005 年 10 月 11 日《湖北日报》B3 版）

三、使用采访机采访记录

我们先谈谈使用采访机录音，它是采访者利用现代化的技术手段，轻松地与采访对象进行交流。它“有闻必录”，具有工作效率高、无差错的优点。但是也有其劣势，采访结束后，采访者要对录音进行反复播放，将其还原为文字，比较繁琐，另外如在吵杂的场所，采访机往往功效甚微。采访机的记录方式请参照说明书的操作要领，这里不再陈述。

第三节　采访材料的整理

采访材料的整理是一项去糟粕、取精华，使之条理化的工作，是写作新闻作品提炼主题的前奏。

由于采访是笔记加心记，大量采用速记符号、略写，时间一长，许多速记的符号被误解，许多采访细节有可能被遗忘。因此，采访完毕就应抓紧进行采访材料的整理，对采访材料进行浏览，对笔记内容进行补充，时间不能拖得太长了。

整理采访材料可按以步骤进行：

一、整理采访笔记

采访笔记是采访者从新闻现场或采访对象直接采访获得的重要材料的记录，是“第一手材料”。采访一旦结束，必须及时整理采访笔记。采访者先通读采访笔记，一边浏览采访的记录，一边回忆整个采访过程，再把当时来不及记下而心里记住的材料，插入笔记中行与行之间的空白处，把容易混淆的速记符号进行校正，对略写的内容补充完整，另外，仔细辨认笔迹，把文字、数据等一一整理好。

二、找出采访笔记中的重点内容

采访记录过程中记录的内容很多，在整理采访笔记时思考写作的方向，对将要采用的材料，重要事实、讲话、现场实景等用波浪线画出来，以便写作时查阅、采用。

三、对采访笔记进行编号保存

采访笔记是采访者采访历程的真实记载，是对某个采访主题的深入思考，具有史料的作用。采访者要对采访笔记进行整理、分类、编号，以便于日后查阅、利用。

四、坚持写采访日记

采访日记是记录采访者经历的真实记载，它不同于采访笔记是采访现场的实录，它是对一天采访活动进行回顾、总结，是采访笔记的补充。一个出色的记者很重视采访日记。“当代好记者”——《大众日报》记者陈中华坚持写采访日记，记下自己的采访过程和感悟。这些采访体会为进一步采访、深入报道作好铺垫。

[材料整理实训]

同学们不妨对老师前几次布置的采访作业按照整理采访材料的要求进行整理，使之能为写作服务，并能为今后的采访活动起到参考的作用。

[经典回眸]

“当代好记者”陈中华采访日记摘录

2002年2月1日

最近一段时间，陆续接到读者热线69次（封），都是反映土地承包问题。为了调查这个热点问题，我和张天银前后采访了约二十个县区三十多个村庄，采访了杨文润、刘淑企等农民、村干部及政府工作人员几百人，总共耗时一个多月。

之所以选择土地承包这一题材，是因为这是农民朋友最关心的热点。来信来电内容都被我们记录下来，采访采取“自下而上”的方式，即通过农民来信来电时提供的联系地址或电话，事先与对方取得联系，约定我们到达采访的时间，先听当事人及旁证人讲述，查验资料，再看现场，然后找村干部核实，最后找乡镇政府或有关职能部门了解相关情况。这种“自下而上”是当前舆论监督类报道有效的采访方式。

我觉得如此采访，获取的材料非常丰富，写起稿来得心应手，写出来的稿子自然很生动，说服力很强。

（注：采访后写出报道《农村土地承包问题调查》（1—6），2002年3月13日至3月18日在《农村大众》头版陆续刊发。）

2003年10月16日

10月15日、16日两天，我去了省农业厅、济南市职业介绍中心等地方，集中采访了马怀君等有关部门专家及部分农民工。

大批青年农民涌入城市打工，对我国城市化进程做出了贡献。然旷日持久，这些低文化、低技能而又只能获得低报酬的青年民工年龄日益增大，无法在城市立足，当是政府及社会及早重视的问题。

阶段性或称暂时性的超高速经济发展及民工的年轻化暂时掩饰住了这一危机，而我一直为此忧心忡忡。试想一下：如若有一天我们的经济发展速度因某种原因大幅放缓，劳动力出现大规模过剩，当下这些靠吃青春饭的民工已不再年轻，其工作岗位被更年轻的一代打工者顶替，他们的土地业已在工业化过程中丧失殆尽，回农村老家已变成不可能，被迫沦为城市下岗职工，但他们是无住房、无积蓄更贫穷的新一代下岗职工，他们将成为这个社会不稳定的主要因素。所以，我们应早早地予以重视，早早地采取措施，早早地稀释这些影响未来社会和谐稳定的负面能量。

（注：采访后写出报道《不能靠吃青春饭》，刊发于《大众日报》2003 年 10 月 23 日要闻版。2008 年以来国际金融危机影响的后果证明了记者的预见。）

2005 年 6 月 17 日

前两天，我由省民政厅获知，济宁市投资数千万元盖起 153 套公房，分配给城市困难群体居住，感到意义非凡。遂采访了济宁市民政局救灾办公室、济宁市房改办公室，还有已经搬入廉租房的困难群众魏洪芝等人。总的感觉是，政府当房东好处多啊！

完全市场化永远解决不了普通百姓住房难问题，即使是发达的资本主义国家，也总有几成的下层人买不起住房，解决问题的办法就是政府盖房，租赁或无偿提供给他们居住。近年来，住房市场化、房地产行业火爆发展无疑是经济高速发展的强动力之一，但 GDP 增长再快又能怎样？即使人均 GDP 超过了美国又能怎样？不是照样有许多贫民买不起住房吗？那么多城市人买不起房，又租不起房，长时间如此，他能心宁吗？所以，当我们经济高速发展这么多年有了点家底以后，该是考虑放慢速度，在社会的和谐度上投资的时候了。

建设廉租房和廉租房制度建设是两个不同的概念。前者就是政府出钱建房对外出租。后者除包括了前者（称为“实物配租”），还包括政府向困难群众提供部分补贴，让他们自己到社会上租房。自然，以如今房屋租赁市场价，政府补贴小钱不仅无法使特困无房户租到房子，同时，还助长了买房投资之风，抬高了房价和房屋租赁价。有的记者实际上没分清两个概念区别，报纸上动辄出现“贫困户享受廉租房”的标题，本来是政府发给特困无房户少量补贴，让他们自己租房去，却让一般读者理解成政府给他们提供房源了。

（注：采访后写出报道《廉租房建设为什么叫停》，刊发于 2005 年 7 月 12 日《大众日报》）

2005 年 10 月 15 日

10 月 11 日到今天这四天，我去了青岛大麦岛、青岛高雄路等地方，采访进城打工农民李立华、刘学、曹氏父子。

想写一篇表现进城农民原生态生活的报道。的确，不走近他们，不目睹他们的居住处，你无法想象在那幢城市繁华风景背后，掩饰着另类人完全不同的生活场景：四位民工用每月一百元的价钱，租住着小岛上鲍鱼养殖看护窝棚。窝棚距海水仅十几米远，潮湿得墙面地面全是水。可以断定，居住在这个地方，用不了一两个月，一位原本健康的人肯定会落下病。写下这篇调查，目的是希望引起对当下进城农民工的生活状态更多的关注。

（注：采访后写出报道《住在城里的农村人》，刊发于 2005 年 11 月 1 日《大众日报》要闻版）

（《光明日报》记者赵秋丽、刘文嘉整理）

第四节　采访材料的核实

对采访材料进行核实是保证新闻真实性的重要环节。采访者对采集到的有关材料要认真地逐一核实，保证材料真实无误。只有这样，写作的新闻才经得起历史的考验。许多失实新闻的出笼，就是由于采访者没有认真地核实有关材料，道听途说，自以为是，结果造成骗人的谎言，严重损害了新闻的公信力。

采访材料应核实的内容：

（1）被采访者提供的采访材料。核实采访材料的来源，是不是被采访者实话实说。被采访者由于某种原因可以没有说真话，或者所介绍的情况不全面。采访者采访后应该加以辨别，不能偏听偏信，"兼听则明"，采访者应对这些材料多方进行核实，确认无误后方可采用。新华社国内部高级记者张严平采访马班邮路的使者——王顺友，没有停留在县邮政局的大院采访局长和王顺友的同事，而是坚持陪同王顺友牵着骡马送信，走完深山险壑，在实地采访中验证所获得的材料。

（2）新闻事实的背景材料。背景材料是新闻事实产生的现实环境条件，是新闻事实发生、发展的基础。背景材料运用恰当可以深化主题，提高新闻价值，可以帮助读者认识新闻蕴藏的深刻意义。背景材料的正确、真实与否，直接关系到新闻的真实性。采访者应对背景材料的来源、情节、数字、诠释等一一进行复核，确保真实无误。

（3）采访得到的二手材料。二手材料一般不是采访者亲历或亲手采访的，可信度较低，采访者更要进行核实。2008 年，《东方早报》记者简光洲早先得知甘肃、湖北等数名婴儿患肾病的情况，没有偏听偏信，而是立即进行采访求证，对受害者家属、医院、三鹿集团和卫生局等多个相关方进行严谨的调查核实，并全程录音，终于锁定罪魁祸首——三鹿奶粉。《甘肃 14 婴儿同患肾病疑因喝"三鹿"奶粉所致》掀开了乳制品行业的黑幕，一举获得第 19 届中国新闻奖一等奖。

核实采访材料的方法：

（1）找当事人核实。一件事一般有好几个当事人，采访者对新闻事实可以逐一与这些当事人核对。穆青采写《县委书记的榜样——焦裕禄》七易其稿。在文章发表之前，文章中的事实与数字都是经过兰考人核实，并且一致举手通过的。因此，文章发表后，从来没有人找出其中有差错。

（2）找知情人核实。"当局者迷，旁观者清"，新闻事实之外还有第三方——知情人，他们处于新闻事实之外，一般而言，他们对新闻事实的判断比较客观、全面。采访者找他们核实，进行多方验证，能够辨别材料的真伪，并能从中得到视角新颖的材料。

（3）到新闻现场核实。俗话说，"眼见为真，耳听为虚"，在新闻现场实地核实是最有效的办法。为了保证采访材料的真实性，采访者一定要身临新闻现场，对采访材料逐一对照，确保万无一失。体验式新闻就是到新闻现场核实的新闻精品，《人民铁道报》刊载的《我国首开时速 350 公里动车组列车》就是记者到动车组采访，经现场核实有关材料之后写成。

（4）请求有关部门认证。有关部门信息来源真实可靠，具有权威性。记者的采访材料如有必要应找有关部门核实，从那里可以辨别材料的真伪，核实数字。2014 年 3 月 19 日，《江西日报》刊发《项目审批“长征”698 天 泰豪动漫变“动慢”》，记者除采访了当事方外，还采访了省发改委和省委党校专家，对项目审批繁杂的手续进行点评，从而验证材料的真实性。

（5）查阅有关文献资料。文献资料是无声的老师，是核实有关科技创新、历史典故的最好载体。2007 年 12 月 12 日，发表于《兵团日报》的《10 万亩棉花成为世界高纬度样板田》引用了中国农业科学院科技文献信息中心的相关查新资料以及该院种棉专家的认定，说明新疆一八四团种植的 10 万亩棉花是世界高纬度植棉的样板田。

采访材料的核实没有固定的套路，全凭采访者在采访实践中摸索、总结、提高。上述提供核实材料的方法仅起抛砖引玉的作用。

[实训案例]

在学习了采访材料核实的有关知识后，同学可以对以上采访案例进行核实，确定要核实的内容，正确地采用核实的方法，保证采访的材料真实可靠。

第七章　消息的写作

消息占报纸版面的七成左右。一项重大新闻往往是先发消息，然后刊发通讯或进行更深入、更全面地报道。因此，人们常说消息是“轻骑兵”。我们常称新闻，就是特指消息，即狭义的新闻。

消息是以简明扼要的语言迅速及时地报道最近发生的事实。

消息写作有六要素，即“五个 W”和“一个 H”，即，What（何事）、Who（何人）、When（何时）、Where（何地）、Why（何因）、How（如何）。

消息写作的原则：真实性、及时性、新鲜性。

消息写作的结构：标题、消息头、导语、主题、背景、结尾六部分。消息头是写在消息正文前表明消息的来源、时间、作者、地点等提示性文字，是消息的特征之一。

掌握消息的基本知识和写作要领是从事新闻工作的首道门槛。作为大学生记者要掌握写作消息的知识，能独立采写消息。

第一节　消息标题的制作

标题是新闻的“眼睛”。看新闻先看标题，一个好标题可以概括消息的内容，让人一目了然，揭示消息的新闻价值，吸引读者的注意力。

消息标题是多层次的，通常由引题、正题、副题组成。先谈正题，也称“主题”，是标题中最主要的部分，处于消息标题的正中，字号最大，点明消息的主要思想内容。

引题，又称“肩题”或“眉题”，处于正题之上或之前，字号较小，衬托或渲染消息的思想内容，点明其思想意义。

副题，又称“子题”，处于正题的下方或之后，是对正题内容的补充说明。

消息标题的制作采用多行或单行，要依据稿件的内容和实际工作需要确定。正题必不可少，引题和副题可有可无，根据消息写作时进行取舍。

消息标题根据表现方法与表现重点的差异，可分为实题和虚题两类。实题是直截了当地叙述新闻事实，着重表现具体人物、动作和事件；虚题则以说理为主，评价新闻事实，点明报道意义，渲染报道气氛等。实题可以单独成为消息的标题。消息重在报告事实，标题往往采用实题与虚题相结合的方式。正题多用实题表示，第十九届中国新闻奖 95% 以上获奖消息作品的正题用实题表示。正题实题化是新闻写作的基本趋势。因为读者看标题，主要是想了解新闻中报道了什么事实，至于评价事实，则是第二位的。

消息标题时常采用实题与虚题相结合的方式，虚题用在引题和正题上，不用在副题上。虚实结合，有张有弛，营造氛围，增强文章的可读性。

中国新闻奖获奖的消息正题存在少量虚题，大致有以下五类：一是设置悬念诱人阅读。如，《读者你猜，他的职称是……》（《羊城晚报》1990年5月29日2版）。二是指出特别重大深刻的主题，如，《国耻今洗雪　喜讯慰忠魂》（《福建日报》1997年6月30日1版）。三是引用话语，情真意切，如《海南的救命恩人，让我摸摸你们的脸》（《海南日报》2008年5月16日第4版）。四是采用对比方式，如《体育设施好了　学生体质弱了》（《西海都市报》2008年8月18日A3版）。五是从会议或领导者活动中捕捉到感人的镜头或新颖的观点，如《向劳模鞠一躬》（《人民铁道报》1992年11月17日1版）。

消息标题的写作要求：合乎内容、概括准确、生动有趣、简练清新。

合乎内容指要求拟写标题要与所写的消息思想内容相符合，不得与消息的主题内容相脱节，做到题文相符。

概括准确指要求标题对消息正文提练概括事实准确，忠于所采写的事实，又要高度凝练，与新闻事实高度一致，同时标题评价事实的观点要正确。拟写标题不能因为评价事实而强加作者的观点。

生动有趣指拟写标题要具体形象，妙趣横生，通俗易懂，朗朗上口，能打动人心，能吸引读者阅读正文。

简练清新指要求拟订标题言简意赅，新颖诱人，以较小文字表达丰富的思想内容。《武汉晚报》规定消息的正标题原则上不得超过14个字。

优秀的新闻标题选登：

一、单行标题

博士生入学全面实行“申请—考核”制

（《武汉大学报》2016年3月13日1版）

黄石港区203家企业不再戴“红帽”

（《黄石日报》2002年10月26日2版）

武汉首批38名服务世博大学生赴沪

（《长江日报2010年1月23日4版）

越南：19头“抽胆汁”黑熊被解救

（《新华每日电讯》2010年01月24日3版）

二、双行标题

（一）正题+副题

半工半读　学用结合（正）

武汉商贸学院贫困生自筹学费20万元（副）

（《长江日报》2004年11月16日9版）

全军和武警部队近十万大军投入抗震救灾（正）

在所有重灾乡镇展开救援（副）

（《解放军报》2008年5月16日1版）

严守政治纪律和政治规矩（正）

校党委中心组举行第十二次集体学习（副）

（《华中科技大学周报》2015 年 12 月 28 日 1 版）

（二）引题+正题

劳力打工去　土地不能荒（引）

阳新县万亩弃耕地适时流转（正）

（《湖北日报》2001 年 3 月 14 日 B1 版）

财政减收一成半　企业减负六十亿（引）

宁波“放水养鱼”活了 10 万民企（正）

（《宁波日报》2008 年 12 月 29 日 1 版）

上海工外职院学生创设红星连加强实践锻炼（引）

学习党的知识　互学互助成长（正）

（《组织人事报》2015 年 12 月 17 日 2 版）

三、三行标题

普查数据从总体上不支持“国进民退”现象（引）

国企占比下降私企占比上升（正）

去年单位 GDP 能耗比 2005 年 12.45%（副）

（《人民日报》2009 年 12 月 26 日 2 版）

平垸行洪退田还湖带来历史性大转折（肩题）

洞庭湖长大五分之一（正题）

三年增加蓄洪能力 27 亿立方米，蓄水面积扩大 554 平方公里（副题）

（《湖南日报》2001 年 12 月 26 日头版）

就美国政府向台湾出售 64 亿美元武器装备（引题）

中方向美提出严正抗议（正题）

要求：撤销对台军售项目　决定：撤销中美两军互访（副题）

（《苏州日报》2010 年 1 月 31 日 1 版）

[标题制作实训一]

单行标题制作实练

（2015 年）5 月 5 日，一批满载上海大学生爱心的邮包发往西藏日喀则市上海实验学校。这批邮包是上海工商外国语职业学院大学生自发为西藏灾区捐款购买的物品。

上海工商外国语职业学院与西藏日喀则市上海实验学校是结对共建单位。去年暑假，该院团委书记王媛率学生会、大学生艺术团一行 16 人奔赴日喀则市。两校举行共建基地挂牌仪式，大学生现场表演了精彩的节目。该院在日喀则实验学校设立圆梦阅览室，大学生将定期进行义务支教、文化进校园等活动，从而建立起结对帮扶长效机制。该院还为日喀则实验学校20名品学兼优的贫困生提供了1.3万元助学金，捐赠100余本课外读物和100个书包。两校学生还举行了“手拉手，一对一”结对活动，该院20名大学生与日喀则实验学校20名贫困学生结对，制作了联系卡，互留联系方式，从此两校师生鸿雁传情，互报学习成果。

前不久，尼泊尔特大地震灾情波及西藏日喀则市。该院大学生十分挂念远方的学弟学妹们，打电话询问情况。该院青年学生自发向日喀则实验学校捐款，短短一天时间捐款近4000元，购买了30件羽绒背心和30个保温杯，通过顺丰快递发往西藏日喀则上海实验学校，帮助解决燃眉之急。20名大学生分别向西藏结对的小朋友写了一封信，鼓励他们鼓起勇气，战胜困难。

请同学们为上述消息制作一个单行标题。

[标题制作实训二]

“引题+正题”制作实练

(2008年) 5月28日下午，61岁的沈翠英与拍卖企业签订委托协议，捐出徐家汇一套价值约450万元的住房，在灾区援建一座高质量学校。知情人士透露，她捐出的这套房屋比自家住的还要好。

“四川汶川发生地震后，我天天看电视，天天掉眼泪”，沈翠英告诉记者，她总想为灾区做些什么。经过一个星期的慎重考虑之后，她决定捐出一套住房，到灾区造所好学校。

沈翠英原先是本市一所聋哑学校的语文老师，从教20多年，1991年下海经商。她用经商所得买下了两套住房，一套自住，一套出租。出租的这套三房两厅两卫，位于南丹东路亚都国际名园小区中心位置，建筑面积147.88平方米，每月租金8000元。相对沈翠英每月1380元的退休工资而言，是一笔不小的收入。但为了尽快变现，她选择将这套更容易出手的房屋委托拍卖。

“我很高兴能把自己赚来的钱用于教育。”沈翠英说，起初她还担心儿子媳妇不同意。没想到，孩子们得知她这一心愿后十分支持。媳妇说：“您把房子留给孙子孙女，您是他们的奶奶；您把房子捐给灾区，您就是千万个孩子的奶奶！”儿子媳妇还表示，如果卖房的钱不够造一所学校，他们想办法再补。

正巧上海百家拍卖企业将举办赈灾慈善义拍，沈翠英一家便欣然签署了委托拍卖协议。义拍将于6月12日14时28分在上海大剧院举槌，所有收入和佣金将捐赠给上海市慈善基金会，定向救助地震灾区。

请同学们根据新闻稿内容制作一条“引题+正题”的标题，正题为实题，能把沈翠英的捐房助学的事迹概括出来，让人一目了然。

[标题制作实训三]

“正题+副题”制作实训

农民把自家的承包地交公司托管，农民只管收获，不用种地，这样的事情你听说过吗？(2008年）10月21日，记者在长安区的农村看到，今秋该区西南一带1.61万亩小麦开始由长丰现代农业公司托管，农民张保民高兴地说，种地轻松、放心了。粮食生产专业化、规模化在这里变成了现实。

近年来，农村经济不断活跃，农村小企业大批涌现，种粮副业化趋势突出，长安农民外出打工的人逐年增多，许多农民有了打工工资，看淡了人均仅有的几分地，致使小麦平均单产下滑、徘徊，还出现30%耕地秋季撂荒现象。

原先搞种子企业的薛拓看到服务农业的商机，从今年7月开始筹建，成立了长安第一家土地托管公司。该公司依据农民意愿，把长安5个街道办、乡的15个村3800多户人家的耕地进行托管，农民反映，今秋小麦播种是历来最快、播种质量最好、农家最省钱的一年。到10月17日，托管区的播种全部结束，总共仅用了10天时间。

托管的具体做法是，公司把农机专业户，农村有专长的农技、水电人员组织起来，成立3个专业服务队，并从省农科大和农技部门聘请专家当顾问，全面负责农作物从种、管、收、售全程的服务和保障。公司在托管中承诺，农家“3个不变”，即土地经营自主权、投资方式和受益主体不变。公司主要在良种、耕、播种、化肥、化学除草、防治病虫害、灌溉和收获方面统一进行，而浇水、施肥量和庄稼的晾晒等个别操作细节由农家自主把握。托管后，小块地变成大块田，在专家指导下，科学种地，专业化推进有了保证。公司承诺若低于过去3年平均产量，将给农民进行补偿。托管要求农民每亩小麦交30元托管费。

滦镇街办鸭池口村民高兴地说：今年小麦第一次托管，测土配方施肥、深耕和秸秆还田都全部推开，科学配肥的实施，许多家仅肥料费就少投20～30元，还不用担心假冒农资。统一机播每亩还少花5元，更重要的是农民种地打工两不误。

请同学们给上述消息制作一条“正题+副题”的标题，文字简练，时间5分钟。

[标题制作实训四]

三行标题制作实训

2010年1月13日20时30分许，北京首都国际机场，身着橘红色救援服、头戴红黄相间头盔的中国国际救援队，携带生命探测仪等抢险救护装备和大量物资、药品，乘专机赶赴万里之外的加勒比岛国海地。这时，距离海地举世震惊的大地震发生还不到15个小时。

7.3级强烈地震，让风光旖旎的海地变得满目疮痍。房倒屋塌，仅在首都太子港，包括总统府和联合国维和部队总部在内的大批建筑损毁严重；交通、通讯中断；太子港机场关闭；初步估计，可能造成数千人伤亡……

得悉中国驻海地维和防暴队也有8人被倒塌建筑压埋，中共中央总书记胡锦涛、国务院总理温家宝立即作出重要指示，要求迅速查明情况，想方设法营救被埋人员，保证在海地的中方人员、港澳台同胞、华侨华人的安全。同时，要求中方相关部门积极开展对海地救援行动。

中方相关部门迅速启动应急预案，展开和死神的争夺战。中国国际救援队由搜救、医疗和后勤保障三部分人员组成，共60人，携带生命探测仪等危险救护装备和大量物资、药品，乘专机飞赴海地，参加当地抢险救灾。

中国红十字总会在决定向海地提供100万美元的国际人道主义紧急援款之后，中国红十字总会又马不停蹄地与海地相关机构联系，准备继续向震区提供最急需的救灾物资。

中国外交部长杨洁篪特地向海地外长尼古拉斯发去慰问电，表达了中国政府对灾情的同情和关怀。外交部领事保护中心开通了负责答询的24小时热线电话，及时为包括港澳台同胞、华侨华人在内的中方人员提供各项援助。

中国救援队携带十余吨搜救设备抵达海地后将立即对中国被埋的防暴队官兵进行全方位的搜救，同时帮助海地人民开展抗震救灾工作，完成这一重大的国际救援任务。

请根据上述新闻稿件制作一个三行的标题，要求正题为实题，标题能准确地概括新闻稿件的内容，文字简练，清新生动。

第二节 消息写作概述

消息正文由导语、主题、背景、结尾四部分组成。

导语是消息开头概括消息内容，引起读者注意的第一段话。

一、导语写作的种类

（一）概括式导语

概括式导语指对消息的主要内容和主题思想进行概述。例如：

本报讯（记者万建辉 通讯员李芳睿 王霞） 武汉商业服务学院参加上海世博会服务的38名学生，昨日启程前往上海，他们将在上海接受4个月培训，之后在世博园区上岗，他们是武汉首批赴沪参加世博会服务的大学生。

（《长江日报》2010年1月23日4版）

（二）描写式导语

描写式导语指截取新闻某个有代表性的片断进行描述，再现新闻场景，使人如临其景，如闻其声，从而引出下文。例如：

本报讯（记者陈国忠） 前日19时许，在长沙湘雅医院，当白血病患者彭敦辉送走病友欧阳志成回到病房后，看到了欧阳志成留给他的3.5万元现金和两封信。读罢信件，捧着救命钱，彭敦辉顿时泪雨滂沱。

（《长沙晚报》2005年8月24日1版）

（三）评论式导语

评论式导语指对新闻事实进行简明扼要评论的导语，帮助读者领会消息的思想内容。

例如，本报西藏珠峰大本营5月8日电（记者燕管社）　历史将铭记此刻，人类首次在地球距太阳最近的地方点燃奥运圣火，在前所未有的高度把梦想变成现实！今天上午9时17分，象征“和平、友谊、进步”的“祥云”火炬在世界最高峰珠穆朗玛峰峰顶点燃。西藏边防总队奥运圣火运送护卫特勤队在两小时前首先登顶珠峰，圆满完成了护卫北京奥运火炬珠峰传递中国登山队登顶珠峰任务。

（《边防警察报》2008年5月10日1版）

（四）结论式导语

结论式导语指把新闻事实的结论写进导语，使读者能较快知晓新闻事实发展的结果，从而引起阅读的兴趣。

本报和布克赛尔讯（记者李秀萍 通讯员王吉亮 张西安）　11月底，从农十师一八四团传出喜讯：今年该团种植的10万亩棉花皮棉单产再上百公斤，连续7年保持了高纬度皮棉单产的世界纪录。

（《兵团日报》2007年12月12日1版）

（五）引用式导语

引用式导语指引用消息中人物的话语、数据等部分有特征的内容，突出消息中的重要思想内容。

本报讯（记者 何红卫 通讯员 吴志远 邓洪涛 梁文杰）　“这些负担卡和税费票据，请您带到北京去转交给党中央，表达一个普通农民对胡锦涛总书记和温家宝总理的感谢，这也是我献给十七大的一个礼物。”9月24日，一封农民来信放在中央政治局委员、湖北省委书记俞正声的办公桌上，一起送来的还有厚厚一扎票据。

（《农民日报》2007年9月28日1版）

（六）提问式导语

提问式导语指使用设问句提出问题，引人深思，然后以事实作出回答。

本报呼和浩特12月12日电（记者史万森）　曾经因方便群众、办案效率高而活跃在内蒙古草原的“马背法庭”，经过五十多年的风风雨雨，是否仍一如既往呢？记者今日从内蒙古自治区高级人民法院获悉，如今，“马背法庭”已升级为“车载法庭”，办案手段、审判职能已经发生了重大变化，群众诉讼更加方便了。

（《法制日报》2006年12月13日1版）

（七）对比式导语

对比式导语指通过两个相反的新闻事实进行对比，以突出新闻主题，吸引读者注意力。

本报讯（记者邓少华　朱宇）　一边是财政收入大幅缩水，一边是政府为企业大力减负。昨天，来自市财政局的消息说，今年宁波减税减费60亿元，惠及全市10.8万家民营企业。

（《宁波日报》2008年12月29日1版）

（八）比兴式导语

比兴式导语指运用文学即物起兴的写作手法，通过引用诗句、歌谣、谚语或比喻象征性的描写，暗示该新闻事实的意义或新、奇、特的地方，然后引出所要叙述的新闻事实。

美丽通山等你来

九宫山拉开避暑旅游帷幕

本报讯（记者杨伟鸣 通讯员宋朝阳 张坤峰）　“激情银河谷，梦飞云中湖；携手隐水洞，悠闲九宫山。”昨日，长达100天的第九届湖北九宫山避暑旅游节隆重开幕。

今年九宫山管理体制正在进行重大改革，由鄂西生态文化旅游圈投资有限公司牵头，对九宫山省属国有资产进行划转，重新对九宫山景区景点进行策划规划，将全面加快由行政接待向市场接待转变，由夏季避暑向四季休闲、度假旅游转变，迎接武广高铁带来的游客。

通山旅游资源丰富，域内拥有已开发、可供开发的旅游景点64处，在我省旅游资源中占有重要地位。

此次避暑旅游节由湖北省政府主办。

（《湖北日报》2010年6月27日第1版）

二、消息主体写作

消息主体是紧跟在导语之后详细地叙述新闻事实，对导语所表达的思想内容进行说明、补充和展开的部分。主体是消息的躯干部分，是消息的核心。

主体在消息中的作用：

（1）对导语的诠释，起到深化主题的作用；

（2）对新闻内容进一步铺开，进行具体、生动、细致地描述；

（3）解答读者对消息导语内容的疑惑与不解，满足读者的阅读兴趣；

（4）消息“五个W”和“一个H”得以运用，新闻事实得以完美地叙述。

主体的写作要求：

（1）事实准确、充分。新闻重在“用事实说话”，采访者采集到的新闻事实必须准确，能强有力地说明消息所表达的主题思想。采用一个不准确的事实必然导致消息的可信度、说服力不强，也不能起到衬托主题的作用。写作消息要认真地对所采集到的材料进行反复核实、比对，保证采用的材料千真万确、典型服人。

（2）叙事具体、曲折。主体是对导语进一步补充、说明和铺陈，写作主体中对新闻事实的叙述要具体，让读者读后能明白事情的来龙去脉，明确地说，写作主体使“五个W”和“一个H”等消息要素在文中逐一得到体现，同时对情节的叙述做到迭宕起伏，一波三折，引人入胜。

（3）结构紧凑、合理。消息写作的结构通常按照事实发生、发展的时间顺序或按照事物的内在逻辑顺序等两种叙述方式来安排。按照事物的内在逻辑顺序安排结构通常有因果关系、并列关系和递进关系等。因果关系可将结果写在前，然后引出原因，也可以按照原因和结果的顺序进行叙述。并列关系可根据材料的轻重缓急程度进行安排材料，各个材料之间的关系是平等的。

（4）语言简洁、生动。消息写作要求语言简练，具体形象，新鲜活泼，通俗易懂，只有富于群众化的语言才能生动感人。

三、背景材料的运用

事物的运动变化都处于一定的环境之中。消息的背景是该消息事实发生、发展所处的环境、条件以及它与其他外部之间的联系。消息的背景材料从功能来分主要有以下三种类型：

一是对比性背景材料，就是通过纵、横向，如今昔、正反、进退等方面的比较，从而揭示消息报道的意义。如，第17届中国新闻奖一等奖作品《火车首次跨越“世界屋脊”》运用了对比性背景材料，青藏铁路全线通车，圆了中国革命先行者孙中山的梦想，也攻破了美国现代旅行家保罗·泰鲁“有昆仑山脉在，铁路就到不了拉萨”的断言……1300多年前，文成公主和亲吐蕃，从现在的西安到拉萨，走了近3年。今天，从北京到拉萨坐火车仅需48小时。从对比性背景材料中就可看出修建青藏铁路的历史意义。

二是说明性背景材料，是对消息的报道内容作进一步的解释，以叙述新闻事实产生的原因、条件以及发展过程，帮助读者对新闻事实的认识。如，《武汉首家全民营小额贷款公司挂牌》运用了说明性背景材料，中小企业对资金的需求多为“数额小、周期短、审批快”。不过，因缺乏有效的抵押物等，很难从银行拿到贷款，或是手续非常繁杂。读者从背景材料中了解到民营小额货款公司产生的社会意义。

三是注释性背景材料，就是作者在写作时顺便对报道中一些不易理解的内容，如名词术语、历史典故、风土人情等作一些必要的解释。如，《火车首次跨越“世界屋脊”》中，“塔尔寺是藏传佛教格鲁派（‘黄教’）的六大寺院之一，也是黄教创始人宗喀巴的诞生地”是对“塔尔寺”的注释，而且该句“黄教”又是对“藏传佛教格鲁派”的注释。

不是每一篇文章都需要消息背景材料，应根据写作的需要进行灵活地取舍。消息背景材料有如下作用：

（1）让读者了解新闻事实产生的环境和条件，深入理解消息的思想内容；

（2）深化消息主题思想，让人认识到消息的报道价值；

（3）增强知识性和趣味性。背景材料可以拓宽读者的知识视野，增强阅读的兴趣。

四、结尾

有的消息有结尾，有的没有专门的结尾。消息的结尾是表明消息写作已结束的最后一段话或一句话。消息没有专门写结尾，其实也是一种结尾的方法。有些报道重大新闻事件或反映重大主题的消息写有结尾，使消息的内容更加丰满，力求文章的结构更加完整。

消息结尾的方式有如下几种：

（一）自然式结尾

自然式结尾指消息交待完事实，自然而结束，无需写专门的结束文字。《昆山31万农民刷卡看病》（《苏州日报》2004年3月4日1版）采用的就是自然式结尾，昆山医保中心工作人员介绍说，昆山的农村医保，除了筹资标准低于城镇职工，因而报销补偿的具体数额不一样外，在运作管理模式上已经与城镇职工的医保没什么两样，就连报销的医药范围和5000元报销起付线都是一样的。

（二）总结式结尾

总结式结尾指对消息陈述的新闻事实进行归纳概括。这种结尾可以强化读者的印象，帮助读者理解主题。例如，《全军和武警部队近十万大军投入抗震救灾》（《解放军报》2008年5月16日1版）结尾是这样写的：截至16日凌晨记者发稿时，四川受灾较重的58个乡镇已全部有部队进入救援。此举标志着震区抗震救灾工作全面展开。

又如，《中国国际救援队飞赴海地救援》（《新华每日电讯》2010年1月14日头版）的结尾：中国与国际社会携手拯救“孤岛”的行动已经开始。

（三）评论式结尾

评论式结尾指结尾以议论方式对消息内容进行点评，揭示报道意义，深化消息主题。如，《不买国际矿业巨头一吨矿石——武钢五年内铁矿石自给》（《湖北日报》2001年1月1日3版）的结尾：邓崎琳说，随着钢铁产业重组加剧，产业集中度提高，中国钢企的话语权在提升；同时，加大海外找矿力度，在国内建立矿石代理制，与国际矿业巨头谈判时才能达成合乎市场规律的“中国地区价”。

（四）描写式结尾

描写式结尾指将对新闻事实某个有意义、有感染力的片断进行描写作为消息的结尾。如，《3.5万救命钱留给病友》（《长沙晚报》2005年8月24日）的结尾，彭敦辉立即跑下楼，但早已不见了欧阳志成的身影。他马上拨通了欧阳志成的手机。欧阳志成说完“我走了，兄弟保重”几个字后，便匆匆挂断了电话。

（五）希望式结尾

希望式结尾指在消息结尾中提出希望或建议，以使事物发展趋利向好。如，《基层个体私营企业有“四怕”》（《新华每日电讯》2010年1月24日1版）的结尾：上述问题反映了绝大多数个私企业主的心声，应引起职能部门的高度重视。忠县工商局建议：一是各职能部门应结合党建工作，加强本系统队伍的政治思想学习，切实树立服务企业发展的理念；二是加强队伍作风整顿，狠刹不正之风等行为，真正为个私企业的发展营造一个宽松的外部环境。

（六）归因式结尾

归因式结尾指在结尾中分析新闻产生的原因、背景，帮助读者明确新闻事实发生、发展的过程。如，《“80后”大学毕业生出现返乡潮》（《参考消息》2010年2月5日15版）就使用了归因式结尾，工作稳定、压力相对小，都是选择回家的主要原因。

第三节　消息写作实训

一、动态消息的写作

动态消息是报道刚刚发生或将要发展的新闻事实的新闻体裁。动态消息的时效性很强，常常是一事一报，文字简洁明快。如：

阳新县拆除长江干堤上两个加油站

本报讯　通讯员张志成报道：19日，危及长江干堤安全的两个加油站被拆除。该县富池水陆加油站和利富加油站都建在富池长江干堤上，相距不过百余米，对长江干堤安全构成极大威胁。

长江已进入主汛期，该县有关专班多次上门，对上述两个加油站所属单位和承包业主耐心说服教育，并下达拆除通知书。当日，该专班组织质检、工商部门，请来2辆油罐车，抽干了两加油站的7吨汽油，拆除了6台加油机。

（《湖北日报》2002年6月24日B1版）

写作要领：

（1）采访及时，写作迅速。事物的变化稍纵即逝。事不宜迟，采写者采访后及时写作、报道，避免时间一长新闻失效。

（2）抓住事物变化的最新进展，力求反映新闻事实的动态和全貌。

（3）新闻事实要新鲜，有吸引力。

（4）语言表达新颖生动，简明扼要，可读性强。

[写作实训]

张妹是湖北某学院一名大二学生，家在湖北十堰市农村，家中有父母和弟弟，日子虽然清苦，但是一家人和睦快乐。在校期间，她刻苦学习，成绩优秀。她乐于助人，积极参加集体活动，深得同学的喜爱。

寒假期间，她回家后想到父母辛苦地劳作养活一家人，还要供自己和弟弟读书，负担沉重。她没有心思待在家里过自在的日子，决定利用假日勤工俭学，挣学费，减轻父母的压力。

她自己上街找工作，在摩尔咖啡厅找了份当服务员的工作，每天工资35元，春节期间照常上班。她的工作是帮助客人上茶水、送点心，客人走后清理桌面。

春节期间，咖啡厅生意特别繁忙，张妹的年夜饭是在店里吃的。1月28日，正月初六，大二女生张妹仍在咖啡厅里忙活着为顾客上茶水。这个春节，她在咖啡厅加班加点地工作。虽然没有在家里陪父母过年，但是她感到日子过得特别充实，更让她自豪的是，她用自己打工挣来的钱给父母和弟弟各发了100元压岁钱，还给爸爸买了皮带和袜子，给妈妈买了围巾，给弟弟买了手套。

请同学们根据上述采访张妹同学寒假期间勤工俭学的事迹材料写一篇消息。标题自拟，导语要采用最近的时间，主体要着重突出张妹孝敬父母的事迹。

二、综合消息的写作

综合消息是围绕某一主题报道国内外不同地区、不同单位所开展的同类或相似工作及其成果的新闻体裁。如：

中国国际救援队飞赴海地救援

新华社北京1月13日电（记者李诗佳） 13日20时30分许，北京首都国际机场，身着橘红色救援服、头戴红黄相间头盔的中国国际救援队，携带生命探测仪等抢险救护装备和大量物资、药品，乘专机赶赴万里之外的加勒比岛国海地。这时，距离海地举世震惊的大地震发生还不到15个小时。

7.3级强烈地震，让风光旖旎的海地变得满目疮痍。房倒屋塌，仅在首都太子港，包括总统府和联合国维和部队总部在内的大批建筑损毁严重；交通、通讯中断；太子港机场关闭；初步估计，可能造成数千人伤亡……

得悉中国驻海地维和防暴队也有8人被倒塌建筑压埋，中共中央总书记胡锦涛、国务院总理温家宝立即作出重要指示，要求迅速查明情况，想方设法营救被埋人员，保证在海地的中方人员、港澳台同胞、华侨华人的安全。同时，要求中方相关部门积极开展对海地救援行动。

中方相关部门迅速启动应急预案，力争在与时间和死神的赛跑中赢得哪怕是一分、一秒。

“我现在心情很急切，希望能尽快赶到灾区救助伤员。”中国国际救援队队员、来自武警总医院的张雪梅说。

张雪梅是已经启程飞赴海地的中国国际救援队60多名成员中的一员。这支全天候处于待命状态的队伍，在海地地震发生一小时后就开始了紧张的准备工作。

救援队由搜救、医疗和后勤保障三部分人员组成，曾参与阿尔及利亚、伊朗、印度尼西亚等国地震与海啸的灾难救援，有丰富的经验，是刚刚通过联合国测评的国际上第12支、亚洲第2支重型国际救援队。

“我们一直与海地红十字会保持联系，及时了解对方需求，以便运送所需物资。”中国红十字总会一位值班人员说。在决定向海地提供100万美元的国际人道主义紧急援款之后，中国红十字总会又马不停蹄地与海地相关机构联系，准备继续向震区提供最急需的救灾物资。

外交部领事保护中心开通了负责答询的24小时热线电话，今天铃声一直响个不停，四面八方的问询纷至沓来，有对在震区工作的亲人的牵挂和忧虑，也有了解如何向震区提供帮助的关切询问。中国外交部长杨洁篪特地向海地外长尼古拉斯发去慰问电，表达了中国政府对灾情的同情和关怀。

灾难虽远隔重洋，曾经历过汶川特大地震的中国民众却感同身受。新华网专门开设了专题收到数千条留言，“平安”与“祝福”是中国网友使用最多的词。一位网友留言：“全球各地一定会团结一心，共同渡过难关！”另一位网友表示：“愿我们在海地的亲人平安无事。”

正在海地执行国际维和任务的天津民警刘津津13日上午已通过卫星电话与其家属进行了联系。她话音急促地说，虽然维和警察居住的简易房有破损，但现在情况还不算太严重。

灾害面前，全球同心。联合国秘书长潘基文发表声明，对海地发生强烈地震表示关切。美国、英国、德国、加拿大等国都表示将向海地提供援助。多米尼加、委内瑞拉等国已经派出救援人员并启运救灾物资。此外，美洲开发银行承诺向海地提供20万美元紧急援助。

地处加勒比的海地是西半球最不发达国家之一，政府财政预算三成以上都依赖外国援助。近年来，海地并不平静，治安主要依赖约9000名联合国维和人员。

“我们相信，海地人民在其政府领导和国际社会帮助下，一定能够克服暂时困难，早日重建家园。”中国外交部发言人姜瑜说。

中国与国际社会正在携手，拯救“孤岛”的行动已经开始。

（《新华每日电讯》2010年1月14日头版）

这是一篇典型的综合消息，围绕中国派遣救援队赴海地抗震救灾这一主题，从中国党和国家领导人对海地救灾作出重要指示，中国外长向海地发去慰问电，联合国秘书长潘基文对海地震灾表示关切，到中国民众感同身受；从中方相关部门迅速启动应急预案，中国国际救援队迅速行动，中国红十字总会向海地提供100万美元的国际人道主义紧急援款和最急需的救灾物资；从美国、英国、德国、加拿大等国都表示将向海地提供援助，多米尼加、委内瑞拉等国已经派出救援人员并启运救灾物资，到美洲开发银行承诺向海地提供20万美元紧急援助。全世界为海地抗震救灾积极行动，“一方有难，八方支援”，既有世界负责任国家对抗震救灾的行动，又有中国救援队对海地救灾火速出击；既有高层人物对震灾的关注，又有中国救援队员整装待发，以及“网友”对海地人民的同情和鼓励。文章有点有面，集纳了世界各地的对海地救援的报道，又典型性地抒写中国国际救援队临危受命，飞赴海地的感人画面。

写作要领：

（1）围绕主题组织材料。综合消息反映的地域范围和时间跨度较大，要求作者写作时围绕事先确定的主题正确地比对、筛选、组织材料，舍弃与主题无关的材料。

（2）有点有面，点面结合。写作时既要有面上的概述，又要有典型性的事例进行印证，方能体现事物发生发展的内在逻辑关系。

（3）结论客观公正。综合新闻是采写者根据采集到的各方面材料，进行综合分析得出的结论，要求采写者广泛收集相关的材料，然后进行科学地归纳，全面地反映事物全貌，避免“以偏概全”，从而得出令人信服的结论。

［写作实训］

下面是国庆期间，某报社派遣记者从海内外采访回的全国各地群众和海外华人庆祝国庆节的材料。请同学们根据所提供的采访材料写一篇综合消息，标题自拟，不能简单地铺陈以下事实，而是对所给事实进行去粗取精，反复提炼，做到有点有面，把海内外庆祝国庆的盛况报道出来。字数在1000字以内。

交警部门

国庆来临，全国各地高度重视国庆和中秋长假期间交通安全工作，专门进行部署，最大限度投入警力，以高速公路、国道、省道和通往旅游景区道路为重点，加强对客运车辆、旅游车辆和危险化学品运输车辆的管控，严查酒后驾驶、超速、超载等严重交通违法行为。会同有关部门集中开展交通安全隐患排查，通过设立交通安全检查服务站点、悬挂宣传横幅标语、发放安全提示卡等形式强化交通安全宣传。坚持督导检查，派出总队、支队领导带队的工作组赴基层检查，确保各项措施落实。

10月1日，全国39个重点旅游城市和32个重点旅游景区中，大部分道路交通流量较昨日有所上升。其中，江苏苏州、江西瑞金、河南洛阳、湖南张家界、四川广安等城市以及安徽九华山、江西井冈山和庐山、河南云台山、湖北武当山、湖南衡山等景区道路交通流量增加明显，景区道路交通压力有所增大；吉林省吉林、福建厦门、山西平遥、甘肃敦煌道路交通流量有所减少。重点旅游景区道路未出现严重拥堵现象，未发生重特大道路交通事故。

针对9月29日某市发生的一起交通事故，公安部交通管理局向全国发出通报，要求各地认真吸取事故教训，突出工作重点，抓住薄弱环节，按照要求切实把各项措施落到实处，全力预防群死群伤重特大道路交通事故，确保国庆期间的交通安全。

香　港

10月1日，国庆庆典今天在北京举行。在香港繁华的铜锣湾闹市，众多市民和游人在世贸中心商场外，通过户外大屏幕观看北京大阅兵电视直播。

今天是香港的公众假期，不少市民专程前来户外观看阅兵直播，希望以此可能和其他人共同分享国庆的激情与喜悦。也有小学校组织数十名学生，手持国旗、区旗前来观看。

小学生们看到阅兵式壮观画面，兴奋不已。

香港的各项国庆庆祝活动吸引各路媒体眼光。香港本地、中国内地及一些海外媒体记者均到闹市街头进行采访，记录港人与国同欢的场景。

香港今日还有数项庆祝国庆的活动，如下午将在维多利亚公园进行的“万众同欢嘉年华”，晚上8点在维港上演的精彩的烟花汇演。

日　本

10月1日是国庆的大喜日子，不仅身在神州的十几亿华夏儿女欢欣鼓舞，分布在世界各地的海外游子同样群情激越，并用他们自己的方式为祖国献上遥远的祝福。

连日来，日本各地的华侨华人组织、中资机构、留学生团体都举办了一系列的庆祝活动，热烈祝贺国庆节的到来。

10月1日的到来无疑将这一喜庆气氛推向了顶点。这一天，在日华人华侨安排了丰富多彩的活动，为祖国喝彩。比如，中华山手学校的小同学们一大早就在校园里举行隆重的国庆庆典活动，他们将通过精彩的文艺演出为新中国献上一份厚礼。当天下午，横滨中华街还将举行盛大的彩妆游行。届时，不仅会有舞龙舞狮表演，从日本各地汇集而来的华人华侨、留学生将与日本朋友一起载歌载舞地举行大游行。这也将是横滨中华街历年最热闹、最盛大的彩妆游行之一。而更多的学生朋友、在日华人一大早就汇集到中国驻日使馆教育处以及各地华侨总会收看国庆大典的电视转播。

昨天晚上，横滨华侨总会刚刚举行了国庆宴会，中华山手学校的舞狮队到现场表演。在表演中，一只只色彩斑斓的狮子不断地跳跃、翻腾，使出了浑身的解数，引得满堂喝彩。我看到表演结束后，小演员们个个气喘如牛、大汗淋漓，但不仅没有一个人喊累，相反每个人都显得特别兴奋。

北　川　县

10月1日，在汶川地震极重灾区四川绵阳北川县，当地人士大多在各自家里收看国庆阅兵大典，表达对祖国美好未来的祝福。

在擂鼓镇回民清真食店，店主虎三姐看完阅兵式直播后告诉记者，为了观看阅兵式，该店上午特地关门歇业，四个小家庭本想在一起看，但由于板房较小，只好各自在家看。

这位质朴的店主虎三姐说，看完阅兵式，内心非常激动。天安门广场前那一幕幕都让人感到祖国的强盛，祝福祖国明天更加美好！

广　州

10月1日10时，在国庆庆典举行的同一时刻，在同样欢欣雀跃的广州，珠江之畔的海关大钟楼和珠江新城内广州海关大楼同时敲响悠扬的钟声，为国庆送上特别的祝福。这是羊城“大钟楼”的钟声在沉寂多年后再次敲响。

“大钟楼”建于1916年，既是粤海关旧址，也是广州海关曾经的办公大楼，迄今已有近百年历史，是近代流传到中国的欧洲新古典主义建筑的典型。其顶层13米高的钟楼是“大钟楼”最吸引人的地方，钟楼置有大型的四面时钟，为全机械传动式立钟，内有5个大小不一的吊钟，1915年由英国制造，目前中国内地能保存得如此完好的大钟已经非常罕见。

“大钟楼”的钟声曾经是几代广州人的集体记忆。最初，大钟报时所用歌曲为国际流行报时音乐——《威斯敏斯特》（西敏寺），到20世纪60年代，报时歌曲改成了《东方红》。当年大钟每隔15分钟敲响一次，附近居民听着钟声的节奏与重复次数就能知道当时的时间。在过去手表和钟还没有普及的年代里，准点报时的大钟便成了附近居民的"免费手表"。到20世纪80年代后期，海关考虑到大钟报时声和钟声会影响周围居民休息，停止了钟声和音乐报时。

钟声再次响起，为国庆的欢腾加上的一缕和谐的音符。经过"大钟楼"的一位白发苍苍的老人说："年轻时每天上下班经过大钟楼时，都忍不住会看看时间、对对表，后来大钟不响了，还是非常怀念那记忆里的钟声，甚至希望大钟能重新响起。现在，在这个特殊的日子重新听到钟声，倍觉亲切。"

据悉，今年国庆前夕，位于大钟楼的海关博物馆广州分馆对公众开放，两天时间吸引了4000多广州市民前往参观，可见"大钟楼"在广州市民心目中的份量。

新　疆

9月30日下午，来自党、政、军、大中专院校学生、中小学生、民主党派、工商联、宗教界、区市级劳模等各方面代表近5000人汇聚乌鲁木齐人民广场举行国庆升旗仪式。记者发现，30日一大早，乌鲁木齐人民广场四周已经开始布置彩旗，数百面彩旗在秋风中飘扬，一派节日景象。

近几天来，乌鲁木齐迎接国庆的氛围逐渐浓郁。9月下旬，诸多的商家就早早在门口悬挂出一面面鲜艳的五星红旗，给初秋的乌鲁木齐街头渲染出一幅靓丽的画卷，也为即将到来的国庆增添了许多喜庆。

同时，乌鲁木齐环卫工人则在抓紧布置花圃，眼下，乌鲁木齐各主要路段，都可以看到由姹紫嫣红的花朵组成了"普天同庆""感恩中国""情系天山"等标语。矗立在乌鲁木齐广场中央的中国人民解放军进军新疆纪念碑前，也被鲜花簇拥。

自中华人民共和国成立以来，乌鲁木齐人民广场一直是乌鲁木齐乃至新疆的政治、文化中心，是新疆和乌鲁木齐市两级政府举行重大集会和庆典的主要场所。平日里，乌鲁木齐人民广场是乌鲁木齐市人气最旺的地方之一。它宽敞、清洁，四周绿树环抱，夏日的清晨，市民迎着晨光舞剑、跳操、扭秧歌；在烈日炎炎的白天，老人们围坐在树荫下品茶、聊天，年轻人看书，其乐融融。夜幕降临广场上灯火阑珊，忙碌一天的人们怀着愉悦的心情徜徉在广场绿树鲜花中，纳凉、娱乐，享受着美好生活。节假日，人民广场又成为社区文化活动的中心。

重　庆

9月30日晚，重庆举行"国庆大型音乐焰火晚会"，重庆朝天门长江和嘉陵江交汇处上空，28万发焰火竞相绽放，照亮山城夜空，绚丽多彩的焰火点亮重庆主城的夜空，吸引大批当地市民外出观看。

北　京

国庆节渐近，北京天安门广场张灯结彩，花团锦簇，洋溢着浓浓的喜气。人流摩肩接踵，车流匆匆而过，但挡不住人们庆祝国庆的喜悦。园林师傅精心地布置花坛，一盆盆鲜花装扮成巨大的"国庆"字样，偌大的天安门广场成了花的海洋。一队队年轻人手挽着手在天安门前留影，在繁花似锦的广场上观光。

每天凌晨，天安门广场已是人山人海，人们井然有序地环绕旗杆下等待着庄严的一刻。人们扶老携幼、不知疲倦地赶往这里为的是观看升旗仪式。

一对老人领着孙子特地从武汉赶到天安门广场。他们说，明天就是10月1日，今天先来广场实地考察，明天一大早好选过好位置观看升旗仪式。国庆期间，全国各地来北京旅游观光的从四面八方涌来。参观天安门、看升国旗仪式是他们不约而同的选择。

北京的大街小巷都陆续增添了“国庆文化墙”，一些绘画爱好者在墙上信手涂鸦，绘上对祖国的祝福和对美好未来的向往。“国庆文化墙”成为北京街头一景，吸引不少路人的目光。

上　海

9月30日，上海市干部职工庆祝国庆大型红歌会在浦东体育馆隆重举行。市领导和全市干部职工代表队一起引吭高歌，共同庆祝国庆。

全市近5000名干部职工代表参加了演出。歌会在交响歌舞《红旗颂》中拉开序幕，优美的旋律、嘹亮的歌声感染了在场的每一个人。整台歌会由序场“牢记教诲”和“歌唱祖国”“坚定信念”“勤政为民”三大篇章以及尾声“挺进未来”组成。《没有共产党就没有新中国》《歌唱祖国》《党啊，亲爱的妈妈》《中国，鲜红的太阳永不落》《我们走在大路上》《我的祖国》《公务员之歌》《祖国不会忘记》《托起城市的荣光》等一首首歌曲，表达了全市广大干部职工热爱祖国、忠于人民，恪尽职守、廉洁奉公，求真务实、开拓创新，艰苦创业、建设家园的精神和良好风貌。

三、经验消息的写作

经验消息是以消息的形式报道某一地区、某一部门、某一单位取得某一方面工作经验的新闻报道。如：

一分钱掰两半花　试点变成引窝蛋
鹤峰化脱贫机遇为跨越跳板

本报讯（记者陈启海 吴畏　通讯员覃进之、向红艳）　全省脱贫奔小康试点县鹤峰，把一分钱掰成两半花，将“试点牌”变成引窝蛋，化脱贫机遇为跨越跳板。至昨日，他们已接待了10多批到此专题考察的省内外客人。

成为试点县后，上级拨款增多，鹤峰的决策者严防大手大脚，让扶持款效益最大化。

农房改造，只有验收合格后才给30%补贴，全县短期内改造了22个村的农房，又快又省。为既节约资金又解决好产业发展难、行路难、安全饮水难、上学难、就医难等问题，鹤峰将专项资金捆绑使用，同时吸纳部门帮扶、社会捐助、农民自筹资金近3亿元。上半年，政府还带头节约272万元办公费用与扶持款捆绑使用。

鹤峰慎用扶持款，得到更多支持。本月，鹤峰被列为全国首批小农水建设重点县，将获得3000万元补助。省直22个部门筹资7100余万元加大帮扶力度，助鹤峰形成烟、茶、菜、林、畜牧和水电、加工、药化、建材等11大脱贫致富产业。

鹤峰打好“试点牌”，使之产生“引窝蛋”效应。县里创造平台让创业者大显身手，

3000余人返乡创业。该县今年烟叶产业税收将过5000万元，茶叶产业将成其第一名片，香菇有望达到1000万袋，万头养猪场、3000头以上的养牛场正在建设中。通过引进大客商，力求水电新增税收1.3亿元以上，同时形成产值过亿元、税收过千万元的磷矿产业。

（《湖北日报》2009年8月31日头版）

这篇消息介绍了湖北省鹤峰县抓住脱贫奔小康试点县的机遇，乘势而上的典型经验。其具体作法：一是该县善用、慎用扶贫款，政府带头节约，严防大手大脚，农户改造严格验收，专项资金捆绑使用，吸纳更多的资金，因此得到了有关方面的更多支持，促进了11个脱贫致富产业的发展；二是巧打“试点牌”，吸引创业者回乡创业，同时引进大客商投资，培育水电业、磷矿业税收大户。读完这篇消息能清楚地了解该县的脱贫走上跨越式发展的经验，从中得到有益的借鉴。

写作要领：

（1）注重选择具有典型性、有普遍指导意义的新闻事实。经验消息是对典型经验的报道，因此采写经验消息要求选择具有典型性经得起实践检验的材料。

（2）由“事”上升到“理”。经验消息不是简单地罗列事实，而是从一系列事实中化“个别”为“一般”，形成具有指导意义的经验。

（3）切忌写成总结式的材料。总结是对过去工作的回顾，找出其规律性，有一定的理论性；经验消息是新闻报道，写作时要有典型事实，用具体事例来说明复杂的事理，写作时要写得具体、形象、生动。

[写作实训]

以下材料是记者赴黑龙江省采访回的该省克服诸多不利因素，创造了粮食生产连续6年增产，农民收入实现历史的突破。请同学认真阅读采访材料。

黑龙江省地处祖国东北部，是我国位置最北端、纬度最高的省份，人口3800多万，有46个少数民族，汉族占总人口95%，国土面积47.3平方公里，居全国第6位。该省是我国重要的商品粮生产基地，号称“北大仓”。在2009年遭受干旱、低温、寡照等严重不利气象条件下，该省农业生产连续6年获得丰收，全省粮食总产超过870.6亿斤，农民收入再创新高：人均超过5000元。

记者来到黑龙江省部分粮食主产区进行采访。该省取得如此骄人成绩的主要做法是：

记者在青冈县采访。青冈县是黑龙江省北部的玉米产区，在该县兴华镇通泉村，几乎家家户户的院子里都堆着小山似的玉米。村民田才对记者说：“虽然2009年遭了大灾，但采用覆膜技术的玉米不受春旱影响，出苗早，还能抗涝，亩产达到1800多斤，比用普通方法种的玉米亩产高出400多斤。”

记者前往青冈县粮食局采访，该局负责人介绍说，近年来青冈县实施了“百万亩玉米高产创建工程”，全县年均推广应用先进农业新技术14项，年均累计推广面积达420多万亩（次），为加快提高粮食生产能力提供了有力的科技支撑，使以往“靠天收”的耕地变成“吨粮田”。

记者来到鸡西市采访。鸡西市是黑龙江省东部水稻主产区，该市农委主任告诉记者，在2009年极其不利的气象条件下，该市通过推广自主研发的水稻超早育苗技术，有效延长了水稻生育期，开创高寒地区种植生育期较长水稻品种先河。采用水稻超早育苗技术的地块，平均亩产可增加300多斤，这一项技术就为全市增加水稻产量6亿斤。

记者还采访了黑龙江省农委主任王忠林。他介绍说，黑龙江省在农业生产中，坚持把粮食高产创建贯穿粮食生产全过程，不断提高科技对粮食产量的贡献率。据实割实测，全省五大作物高产创建田平均亩产高出一般田21.6%，实现总产400多亿斤，用三分之一的粮食面积生产出了一半的粮食总产。

在黑龙江省农委采访，记者还了解到，该省作为农业大省实施了稳面积、夯基础、减损失三大工程，常抓不懈。在2009年遭受干旱、低温、寡照等罕见不利气象条件下，三大工程为全省粮食稳产、高产提供了可靠支撑。

据黑龙江省农委主任王忠林介绍，稳面积，就是充分调动农民种粮积极性，稳定增加粮食播种面积。2009年中央1号文件出台后，黑龙江省本级共安排农业生产性资金22.2亿元，比上年增加8.2亿元。为把各项补贴资金在春耕前发放到农民手中，黑龙江省在国家项目资金未到的情况下，由省财政垫付下拨了粮食直补、农资综合补贴、良种补贴资金，对增加农民春耕投入发挥了重要作用。一系列惠农政策的落实，激起了广大农民种粮的积极性，一些长期外出“打工”的农民主动回家种田。全省农作物播种面积达1.8亿亩，粮食作物播种达1.65亿亩。

记者从黑龙江省水利厅了解到，夯基础，就是加强农业基础建设，提高粮食综合生产能力。2008年秋冬到2009年春耕前，全省新打抗旱机井1.3万多眼，重点开工建设了10处灌区工程、5个大型排灌泵站、19处大型灌区续建配套与节水改造等一批大型水利工程。

农机化是实现农业先进生产力的支撑，2009年全省共投入农机化建设资金70.3亿元，购置大中型农机具12.7万台（套），新增100马力以上大型拖拉机2800台。此外，黑龙江省财政还安排7500万元深松补贴资金，加大深松整地推进力度，为2009年农业生产创造了适宜的土壤条件。

黑龙江省农委副主任王兆斌介绍说，减损失，就是全力防灾减灾，确保粮食生产安全。面对2009年黑龙江省干旱、洪涝、低温、寡照、病虫等五灾俱全的严峻形势，全省打了抗旱保苗、战低温冷害、防控病虫、促早熟增粒重4个夺丰收战役。省农委先后抽调120多名干部组成12个工作组，每人平均下基层超过80天，深入一线组织农民加强田间管理，虫口夺粮近100亿斤。

记者从黑龙江省农委了解到，增产难增收、农民“卖粮难”问题曾在多年困扰黑龙江农民。在受到金融危机冲击下，黑龙江省通过增加农民卖粮收入、提高农民组织化程度和积极开展农村劳务输出等措施，农民人均收入超过5000元，再创历史新高。

黑龙江省粮食局农村处处长吕朝文介绍，国家在黑龙江省启动的大豆、玉米临时收储政策及水稻最低保护价，解决了农民“卖粮难”问题。仅是2008年的临储政策，就让黑龙江农民卖粮收入增加近70亿元。2009年国家临储政策出台后，黑龙江省粮食价格应声上涨，一些品种市场价格已经高于国家临储价格。

为帮助农民应对市场风险，黑龙江省积极培育壮大涉农龙头企业群体，推进农业产业化经营。2009年，全省龙头企业牵动基地面积8000多万亩，带动农户240多万户。此外，黑龙江省还大力发展农民专业合作社，省级财政安排2000万元专项资金，对农民专业合作社进行重点扶持。全省农民专业合作社已发展到7700个，入社农户90多万户，有效带动了农民增收。

作为劳动力输出大省，黑龙江省针对金融危机对不同区域的影响，适时调整了劳务输出的重点区域。据黑龙江省农委农村劳动力转移工作处处长侯立宏介绍，为扶持农民工返乡创业，黑龙江省各地研究制定农民工返乡创业需要的支持政策，提供相关服务。桦川县星火乡有十几户外出打工农民返乡创业，先后创建了星源米业、鹏飞彩印、民族特色饭店等十几个企业，吸纳周边村屯600多位农民就业。

请同学们根据以上材料写作一篇经验消息，既要依据借鉴原文事实，又不能照抄原文，把黑龙江省2009年克服不利气象条件，采取多项措施促进农业增产农民增收所取得的典型经验报道出来。消息标题采用双行标题，引题用虚题，正题用实题，字数在800字左右。

四、述评消息的写作

述评消息是以夹叙夹议、边叙边议的形式报道新闻事实，同时评点新闻事实，从而帮助人们认识新闻实质及其意义的新闻体裁。如：

分裂不得人心　台湾公投骗局收场

新华网北京（2004年）3月22日电　台湾“3·20公投”——陈水扁当局为分裂国家、挑衅两岸关系、攫取权力而精心设计的一场政治骗局，因投票人数未达总投票权人数的一半，极不光彩地以失败收场。当岛内民众用拒绝参加的方式，对这一既缺乏合法性又毫无正当性的公投说“不”时，陈水扁的骗术就现出了拙劣的原形。

为了推动这次公投，陈水扁可谓不遗余力。甚至在遭到包括岛内外以及国际社会的强烈质疑和反对时，他仍一意孤行。只要对陈水扁当局近期来的所作所为稍加了解，就不难看出其全力兜售所谓公投的用心所在。

在陈水扁那里，公投是他绑架岛内民意，挑衅大陆，进行个人政治豪赌的工具。用他自己的话说，就是要以此“向中国呛声”，是要用来包装他以“一边一国”对抗一个中国的行径。岛内媒体称他的这种行径是“将台湾人民推上对抗的第一线”。

事实上，民进党推动公投由来已久，民进党在其章程中就将公投与“台独”诉求捆绑在一起。后来民进党为了上台执政和上台后巩固个人权位，曾对此作过一些包装，但很快就露出原形。2002年8月，陈水扁在“世台会”年会上公开鼓吹“一边一国”，同时叫嚣要“公投立法”。为了一党一己之私，陈水扁不断地操弄和利用公投议题。

去年5月，陈水扁公开提出要就台湾加入世界卫生组织一事进行公投，目的在于“对大陆说NO”，9月他明确提出“台独时间表”：2004年“公投”，2006年“公投制宪”，2008 年正式实施“新宪法”。在短短半年多的时间里，陈水扁不断玩弄公投议题，从“咨询性公投”，到“防御性公投”，到“防卫性公投”，再到“和平公投”……如此等等，不一而足。

“3·20 公投”是陈水扁“台独时间表”的重要一环，其目的是要为最终进行“公投台独”铺路，创造条件。虽然陈水扁对“3·20 公投”作了各种各样的包装，但改变不了其“台独”分裂本质，掩饰不了其挑衅大陆、挑动两岸对立、制造两岸紧张的险恶用心。清楚了这一点，就不难理解为什么国际社会普遍反对台湾当局所谓的公投。

为了将台湾民众绑在他的“台独”车子上，陈水扁当局少不了要为他们的真实意图披上一件华丽的外衣。正是在这样的考虑下，“民主”就自然而然地成为了陈水扁当局用以遮羞挡丑的物件。其实，明眼人都明白，被一片反对声浪所包围的，却仍要执意搞公投的陈水扁何曾真的尊重过民主，被他挂在嘴边的“民主”，充其量不过是他政治骗术中的一件道具。分明是挑衅性公投，却被说成“防卫性公投”；分明是在制造分裂、带来危险，却被冠之以“为了和平”“带来安全”；分明是遭到国际社会的普遍反对，却要谎称“世界都在看”……

陈水扁当局执意举办的“3·20 公投”遭到多数台湾民众否定的事实再次证明，分裂不得人心，“台独”没有出路。想借公投把台湾引上某些人臆造出来的“台独路线图”最终必遭失败。

这篇消息报道了“台独”分子陈水扁举行“3·20 公投”，因大多数台湾人拒绝参与，结果以失败而告终的事实。与此同时，该文以大量的篇幅批驳了陈水扁以“民主”“和平”为幌子，违法举行“台湾全民公投”，其实质是推行“一边一国”，企图把台湾从祖国分裂出去，把台湾人民绑上“台独”的战车，推上无尽的灾难的无耻行为。陈水扁的丑恶嘴脸和罪恶行径被揭露殆尽。读者阅读这篇消息后对“台独”有了更清醒的认识，“台独”不得人心！

写作要领：

（1）寓评于述，述评结合。述是传递新闻信息，是评论的基础；评是新闻事实的评价和深化。写述评消息要做到以叙述为主，述和评结合，避免只述不评。

（2）观点鲜明，针对性强。述评消息既要传递信息，又要根据社会现实需要，选择有意义的事实，更要表达作者独到的思想见解，发人深省。

（3）评述精要，言简意赅。评述要切中时弊，有的放矢，分寸把握得当，不要写成泛泛而论。只有言短而意深的评论，才具有吸引人、感染人的力量。

[写作实训]

美国总统奥巴马提出会见达赖，海外华人社团致信美国总统奥巴马强烈反对会见达赖，然而美国总统奥巴马一意孤行会见了达赖。以下是海内外记者采访回的美国总统会见达赖和中国政府、海外华人表示强烈不满的相关材料。

（1）美国总统奥巴马扬言要见达赖。美国南加州华人社团联合会（2010）2 月 16 日就发表致美国总统奥巴马的公开信，抗议其会见达赖。

公开信说，中国政府对于达赖的立场是非常明确的，涉藏问题是中国的国家核心利益。美国总统接见达赖，必将触及美中两国关系中最敏感的核心焦点。在中国传统佳节春节期间，总统会见达赖，不可避免造成了对中国政府和中国民众的刺激，给美中两国关系发展带来负面影响。

信中指出，全美华人社区均希望见到一个健康友好的美中关系。美中两国的战略合作和相互支持才最符合两国的共同利益。我们希望总统先生慎重考虑与达赖会面后将产生的后续影响。只有美中两国的合作共赢，才符合美中两国的国家根本利益，也更符合两国人民的共同期待。

(2) 日前，旅居西班牙的华侨华人社团代表向美国驻西班牙大使馆递交了给美国总统奥巴马的一封公开信，表示强烈反对奥巴马会见达赖。

公开信说，我们旅居西班牙的华侨华人对奥巴马要会见达赖深感不解。涉藏问题是中国的内部事务，任何外国势力借达赖问题做文章都是对中国内政的粗暴干涉。旅西华侨华人完全和坚决支持中国政府关于“祖国的统一、领土的完整、民族的尊严是中国人民的最高利益所在，在这些问题上，我们在任何时候，在任何地方，对任何人都不会做丝毫退让”的立场。

公开信说，达赖自从1959年逃往外国后，言行上从来没有停止过分裂祖国的行为。他一方面宣扬“非暴力”，另一方面却策划反对中央政府和分裂祖国的暴力活动，充分暴露了他的虚伪性。

公开信说，西藏和平解放以来，特别是1959年百万农奴解放和中国改革开放以来，西藏人民的生活一天天提高，经济发展，社会稳定，藏传佛教和传统文化得到有效保护。希望总统先生多听听到过西藏的人们的叙述。

公开信表示，希望奥巴马以中国人民的感情为重，以维护世界正义为重，多做有利于中美友好关系的事情，不做类似会见达赖这种令人遗憾的事情。

旅居西班牙的华侨华人社团的侨领还在马德里举行座谈会，强烈抗议奥巴马等美国领导人会见达赖。

(3) 18日，美方无视中方多次严正交涉，执意安排美国总统奥巴马在白宫地图室会见达赖，美国务卿希拉里·克林顿也于同日会见。美方的行为严重干涉中国内政，严重伤害中国人民的民族感情，严重损害中美关系。中国外交部副部长崔天凯已召见美国驻华大使洪博培提出严正交涉。

西藏是中国领土神圣不可分割的一部分，西藏事务纯属中国内政。中方坚决反对任何国家的领导人和政府官员以任何形式会见达赖，坚决反对任何国家、任何人以任何借口利用达赖问题干涉中国内政。达赖几十年的言行表明，他不是一个单纯的宗教人士，而是打着宗教旗号长期从事反华分裂活动的政治流亡者。美方允许达赖窜访美国并安排领导人和其他政要会见，严重违背国际关系基本准则，违反中美三个联合公报和《中美联合声明》确定的原则，违背美国政府多次重申的承认西藏是中国一部分，不支持“西藏独立”的承诺。中方对此表示强烈不满和坚决反对。

中国政府和人民捍卫国家主权和领土完整的决心是坚定不移的，任何人企图利用达赖问题干涉中国内政都是不会得逞的。中方要求美方认真对待中方立场，立即采取有效措施消除恶劣影响，停止纵容和支持“藏独”反华分裂势力，停止干涉中国内政，以实际行动维护中美关系健康稳定发展。

请同学们根据以上采访材料写一篇述评消息，标题自拟，报道美国总统奥巴马会见达赖的可恶行径，激起中国政府、海外华人强烈反对，做到叙议结合，批驳奥巴马会见达赖严重损害中美关系和中美人民感情的行为。

第八章　通讯的写作

通讯是新闻工作常用文体之一。如果说消息是不施粉黛的素描，那么通讯是多姿多彩的工笔画。掌握通讯的写作知识与技能是大学生记者必备的功夫。

通讯是采用叙述、描写、议论等多种写作手法报道最近发生的典型事实的一种新闻体裁，是新闻记者常用的报道新闻事实的一种方式。

通讯与消息的区别在于：

(1) 通讯比消息时效差。一件新闻事实发生后，往往先以消息形式尽快见报或播报，然后再以通讯的形式进行全面、具体报道。如，汶川大地震发生后，新华社等多家媒体以简讯的形式向世界报道了四川省汶川发生了7.8级地震。半个月后，长篇通讯《挺起不屈的脊梁——四川抗击特大地震灾难纪实》才在《人民日报》刊登。

(2) 通讯比消息手法多。消息一般只是平铺直叙地报道事实，不作过多的描写、评论等进行精雕细琢，而通讯则常采用描写、抒情、议论等手法，还可适当运用比喻、拟人、象征等修辞手段，进行精心构思，再现事物的全貌。

(3) 通讯比消息更具体生动。消息只要求报道所述的事实，内容较简单，是粗笔勾勒；而通讯则渲染环境，描写细节，评论事实，报道事实的来龙去脉，满足读者的求知欲望，是工笔细描。

通讯的特点：

(1) 新闻性。通讯和新闻一样也是报道事实，不允许作者进行虚构或“合理想象”，写作材料必须经过采访，来源于现实，写作时要忠于事实。

(2) 评论性。作者在文中常对新闻事实进行评论，表明自己的观点和主张，直接对读者施以影响。

(3) 文学性。通讯不是文学作品，不能使用文学的联想和想象等塑造人物形象，编造故事情节。通讯的文学性是指其语言和表述方法所具有的文学特征，在叙述新闻事实时善于刻画人物的思想活动，描写生动的场景，渲染环境气氛，表现曲折离奇的情节，还可用比喻、拟人、象征等修辞手段。

通讯根据所报道的内容可分为：人物通讯、事件通讯、工作通讯、概貌通讯和新闻小故事；按形式分为一般记事通讯、访问记、小故事、纪实、见闻、特写、速写等。

第一节　人物通讯的写作

人物通讯是以记载人物言行、事迹，反映人物思想境界为主要内容的通讯体裁。如，《百姓心中的丰碑——追记公安局长的楷模任长霞》（《人民日报》2004年06月03日第5

版）。

人物通讯具有如下特点：

（1）展现人物个性。只有个性才有生命力，人物通讯注重选取人物不同与他人的言行、观点、典型事迹，进行刻画。

（2）表现矛盾冲突。只有在矛盾冲突中，才能反映人物的性格特征，才能表现人物复杂的内心世界。因此，写人物通讯要善于抓住矛盾冲突。

（3）典型事迹印证。反映人物的思想面貌、典型业绩要有相应典型的事迹加以印证，“用事实说话”，不能空穴来风，只有实事求是的报道才能让人信服。

写作要领：

（1）抓住个性特征。不同的人有不同的性格，会说不同的话，作出不同的行为。写好人物通讯，就是通过记述人物对话交谈、衣着打扮、行为举止等具体生动的细节，进行刻画，以反映人物的性格和心理活动，反映其精神境界。

（2）选取典型材料。新闻报道是推出典型人物和事迹的工作。采访人物时就要注重选取能突出反映人物精神面貌的事迹材料，即，要有典型事实进行印证。

（3）反映时代精神。写人物通讯通过先进典型人物的精神风貌，揭示其所具有的时代意义，反映时代精神。

［点滴拾趣］

创业无贵贱　养猪又何妨

——“猪倌儿”彭良柱的创业路

本报通讯员　张志成

日前，河南省罗山县柱龙养殖合作社又传来喜讯，第 21 批生猪出栏销往郑州肉联屠宰场。该合作社今年已销售生猪 1400 多头，获利 20 多万元。说到这些，该合作社社长彭良柱喜上眉梢。

彭良柱 2007 年 6 月从湖北开放职业学院电子商务专业毕业后，像其他学生一样怀揣毕业证书四处找工作，求职简历印了一大摞，跑遍武汉三镇，东到浙江义乌，一份份简历投出去如泥牛入海——无声无息。刚走出校门就体味到找工作的艰辛，于是他萌发了回家开办养猪场，自主创业的念头。

回到河南省罗山县莽张乡尚家村，彭良柱把回家养猪创业的打算告诉了父母亲。父母亲看到儿子疲惫的样子，也没多说什么，先拿出 10 万元积蓄给儿子投资。当年 9 月，彭良柱自己动手设计了猪舍，跑完了征地手续，选择离村较远的荒坡上建养猪场。

他邀请一家建筑队建设养猪场，签订了建设合同。建筑队进场施工，他才发觉合同草草几条，施工质量、进度、工程款支付等都没作详细的规定，双方都难以履行职责。边干边学，他只得和建筑队再次协商，按照《合同法》的要求与建筑队补签了合同，在磕磕碰碰中增长了经验。乡亲们听说读完大学的“柱伢子”回家养猪，十分不解，有的冷嘲热讽："肯定是没学到什么本事，才回家养猪。"

"走自己的路，让别人说去。"彭良柱对此充耳不闻，每天吃住在工地，抓工程质量和进度，饿了就泡包方便面，没有开水就干啃，吃来吃去，看见方便面就想吐。经过3个月的努力，第一座养猪场建成。事不宜迟，他立马赶往县种畜场购回20多头"三元"猪崽，顺便带回几大本养殖书，还请来养猪师傅现场教混合饲料、给猪防疫，闲时抱着养殖书看，渐渐入了门道。

5个月后，8座养猪场和工作间初步建成，这一下子投入了60多万元。彭良柱更感觉到肩上担子之重，从县畜牧局买回良种母猪进行杂交繁育，从本村聘请了15名乡亲帮助养猪。他身体力行养猪之道，猪犹如人一样有感情，通人性。他一有空就呆在猪舍，给猪圈打扫卫生，坚持每天早晚二次，盛夏时节给猪冲凉，与猪渐渐建立起感情。天长日久，彭良柱一走进猪舍，猪儿听到脚步声，"嗷嗷"拥向猪舍门，摇头晃尾，跟主人打招呼。

2008年年初的一场大雪，养猪场笼罩在一片白茫茫之中，彭良柱足不出户与猪为伴，把两台取暖器放在猪舍给猪取暖，还是难以给这么多猪御寒。他干脆跑到县城买回60个浴霸装在猪舍顶上，让猪躺在浴霸下尽情享受"恩宠"。猪也十分争气，天天长膘。

当年6月，第一批60多头生猪出栏，彭良柱给前来运猪的3辆大卡车披红挂彩，热热闹闹，第一批猪就卖了8万多元。乡亲们争着来看热闹，他们眼中的"柱伢子"成熟了。

大学生回家当"猪倌儿"在十里八乡传开了，在县畜牧局和乡政府的支持下，当年底，彭良柱牵头带领30多家农户成立了罗山县柱龙养殖专业合作社，拟订了《柱龙养殖专业合作社章程》。彭良柱请来养猪能手黄德胜担任合作社技术顾问，对入社农户进行了技术培训，上门服务。入社农户纷纷投入养猪场建设，该合作社到今年4月建成统一规格的猪舍26栋，改建猪圈5间。他们统一选择"三元"杂交猪养殖，统一订购配送猪饲料，统一销售，今年就与郑州市生猪屠宰场签订了销售生猪1500头的合同，合同规定对合作社出栏生猪优价收购。村民彭良国在彭良柱的帮助下，去年5月建起了猪舍，养殖母猪20多头，生猪100多头，当年获利5万元。

彭良柱带领村民养猪致富，他自家的资产也像滚雪球一样越滚越大，他自家生猪现有存栏1250头，种猪150多头，资产逾400万元。他购买了一辆20万元的小轿车替乡亲们跑业务，正打算建立合作社的网站，利用所学的电子商务知识进行网上订货、销售，推介本合作社的品牌，同时筹办饲料加工厂，使合作社农户降低养猪成本，以此吸纳更多的乡亲参加合作社，力争把尚家村建成养殖专业示范村。

（《中国教育报》2009年7月15日8版）

大学生创业是既新鲜而又沉重的话题。作者抓住人物的个性特征，在就业困难时另辟蹊径，找到了新的发展空间。面对别人的不解，他埋头走自己的路，做自己的事，取得了成功不忘乡亲，成立养殖专业合作社带领乡亲共同致富，而且利用所学专业知识进行网上营销，带来了新营销理念。

文章故事情节简单，语言平实，不事雕琢，亲切自然。

[人物通讯写作实训]

同学可以采访国家奖学金获得者、勤工俭学典型同学等身边的模范人物，写一篇人物通讯。写作时做到：主题鲜明，有一定的现实意义；人由事显，采访的典型事迹要具体，有典型意义；层次分明，语言流畅。

第二节　事件通讯的写作

事件通讯是报道最近发生、具有典型意义事件的通讯体裁。如，2009 年入秋以来，我国西南五省发生了 60 年一遇的特大旱情。《光明日报》记者李金桀采写了《聚焦我国西南地区旱情》（《光明日报》2010 年 3 月 24 日 第 5 版），详尽地报道了云南、贵州、广西、重庆、四川 5 省（区、市）的旱情和成因，同时提出了长远结合，开源节流等措施；既要建设大型水利工程，也不能忽视小型水利工程，必须完善农田水利设施；抗旱应该从危机管理、应急管理向风险管理与常态管理转变，实现长期、中期和短期管理的有机结合。这是一篇优秀事件通讯，报道及时、分析透彻。

事件通讯的特点：

（1）典型性或突发性是事件新闻的重要特征。往往选取具有普遍意义的事件，如《气吞山河的历史画卷——一九九八中国抗洪抢险纪实》（《人民日报》1998 年 9 月 9 日头版）就是记叙发生在 1998 年全国广大军民团结一心、众志成城战胜长江流域、嫩江和松花江流域特大洪水的英雄壮举。

（2）有完整的事件。事件通讯要求全面报道所发生的有新闻性的事件，既要有完整的新闻要素，还要有完整的故事情节。如，《十四万考生名单被出卖之后》（《新华日报》2008 年 8 月 1 日 A5 版）就详尽披露出卖考生信息背后的利益链，并反映与此关联的招生市场的混乱，叙事完整、曲折、诱人。

（3）人物活动是事件新闻的活力之源。任何一件事离不开人物的活动。写好事件新闻，要对相关人物深入采访，写好主要人物的活动，突出其在事件中的重要作用，所写的文章才能有可读性。

写作要领：

（1）主题深刻，突出事件。写作事件通讯要从采访材料中提炼出所蕴涵的思想意义，清楚交代事情所发生的来龙去脉。

（2）写好人物，叙事条理。写好人物是写好事件新闻的关键，突出写好关键人物的言行、思想，使之与事巧妙结合，文章具体而生动，富有感染力。

（3）结构合理，情节曲折。写作时突出主线，巧妙安排情节，突出对重点场面和重要人物的记述，使文章脉络清楚，一目了然。

(4) 语言生动，可读性强。通讯的语言表达可使用描写、抒情、议论等叙事手法，可运用比喻、拟人等多种修辞手段，行文流畅，简洁明了，引人入胜。

[精品赏析]

挺起不屈的脊梁

——四川抗击特大地震灾难纪实

人民日报记者 龚达发 贺广华 郑德刚 胡跃平

一切突如其来，一切始料不及；

安宁祥和的天府之国，瞬间陷入前所未有的悲怆和困厄之中。

“5·12”汶川8级特大地震，迄今已造成6万多人遇难，3000多万人受灾，上千万间房屋损毁垮塌……

危难时刻，四川人民昂起头颅，挺直脊梁！

灾难面前，四川人民团结一心，众志成城！

关键时刻站得出来，生死关头豁得出去！15个不眠之夜，见证了四川各级党委、政府的坚强有力，考验了灾区党员干部对人民群众的无限忠诚。

快，到倒塌的学校去！

快，到灾情最严重的县市去！

快，到失去联系的偏远乡村去！

快，到一切需要救助的地方去！

党中央心系人民，快速反应，果断决策，举国动员，科学调度。胡锦涛总书记在第一时间作出重要指示。温家宝总理在第一时间飞赴四川指挥抗震救灾，解放军、武警部队在第一时间作出响应千里驰援。

四川各级党委、政府临危不惧，沉着应对。一切为了人民群众，一切服从抗震救灾。他们坚信：有党中央的坚强领导，有人民子弟兵的全力救援，有全国各族人民的倾情相助，没有克服不了的困难，没有战胜不了的灾难。

震后10分钟，在强烈余震中，四川省委、省政府紧急会商部署，一道道指令，迅速发往全省各地。

震后30分钟，省委书记刘奇葆驱车飞驰震中汶川。震后1小时，省领导分别赶往6个重灾市州坐镇指挥。一系列应急方案，快速启动；全省党政军民各路救援力量迅速集结，火速奔赴灾区。

震后5小时，通往汶川的公路因严重损毁中断，刘奇葆被迫折返。在都江堰市一个临时帐篷里，由刘奇葆任指挥长，省长蒋巨峰、省委副书记李崇禧任副指挥长的四川省抗震救灾指挥部，在滂沱暴雨中成立，下设8个工作组。四川各级党委、政府到各个部门、行业，抗震救灾庞大系统的每一个组成部分各就各位，开始高效运转，抗震救灾各项工作有序展开。

危难时刻，敢不敢站出来，能不能豁出去，是对共产党人的重大考验。四川各级党组织和广大党员干部挺身而出，冲锋在前；哪里有危险，哪里最需要，哪里就有党的旗帜、党的组织、党员的身影。

彭州市回龙沟景区与汶川县仅一山之隔，灾情非常严重。山摇地动时，共产党员干志军、谢正清没有独自逃生。他俩带领 13 名获救村民紧急转移。刚上路，又传来呼救声，他俩毫不犹豫地冲了过去，将两名被困游客救起；公路埋了，干志军走在最前面开路，谢正清则走在最后，不让一人掉队。翻山越岭，披荆斩棘，31 个小时后，终于走出死亡地带。

灾难面前，两位农村普通党员以他们的沉着勇敢，诠释了什么是党员的先锋模范作用，什么是人民群众的主心骨。

强震过后，都江堰龙池镇与外界交通、通讯完全中断。田德虎、刘启平等 4 名党员，挺身而出翻越大山，向上级党委、政府汇报灾情，寻求救援。一路上，急风骤雨，塌方不断，他们心里清楚，随时都有生命危险，为此 4 人成立临时党支部，商定拉开距离，分别突围，并相约“无论谁活着，都要把灾情信息送出去!”

灾难面前，这个在送信途中成立的临时党支部，以他们的“生死之约”，诠释了什么是无私无畏，什么是舍生忘死。

灾难发生时，北川县长经大忠正主持召开一个有 500 多人参加的会议，其中有上百名学生。慌乱中，经大忠大声吼道：“让学生先撤!”在场机关党员干部立即止住了本能逃生的脚步。

强震中，北川县委书记宋明正行进在返城的路上，山摇地动过后，他弃车越过塌方路段往县城一路狂奔；县委常委、组织部长王理效自挖通道从废墟中爬出时，浑身血痕、十指指甲外翻，他顾不上这些，跑了十多公里，拦上一辆农用摩托向绵阳飞奔，代表县委、县政府向上级报告灾情……

连日来，北川县所有幸存的党员干部，始终坚守在抗震救灾第一线。最初两天，经大忠几乎未曾合过眼，废墟中，他拼命扒出了 5 个孩子，而他自家房屋倒塌、4 个亲人遇难，却顾不上去看一眼。

灾难面前，一个残缺不全的县委班子，以他们的镇定坚毅，诠释了什么是战斗堡垒，什么是执政为民。

生命高于一切，责任重于泰山！8 万多从废墟中解救出来的幸存者，见证了四川人民的顽强意志；不断刷新的生命奇迹，是坚韧不拔精神的完全展现。

国歌，让孩子不再恐惧；

加油，让生者不再无助；

救援，让死神望而却步；

一切，只为夺回更多的生命!

生命不能等待。12 日，温家宝总理赶来了：“现在第一位的工作是抓紧时间救人，多争取一分一秒的时间就可能多抢救出一个被困者。”

16 日，胡锦涛总书记赶来了：“当务之急仍然是救人，只要有一线希望，我们都要千方百计地抢救。”并号令部队官兵向偏远乡村进军。

中央领导集体心系灾区，一路奔波，不离不弃，再一次彰显了以人为本的执政理念，极大地鼓舞了灾区人民的斗志，也感动了整个世界。

生命不能等待。那些在生死关头把生的希望留给他人的无名英雄，在与时间赛跑。

地震发生时，许许多多的教师，毫无保留地把逃生的一丝希望让给了学生。

汶川县映秀小学四年级语文老师严蓉，为组织学生逃生，在教室门口坚守到了楼房垮塌的最后一刻，等第十三个孩子跑出去后，她被埋了，留下一岁半的女儿不停地号哭。

无数善良的人们记住了这个28岁的美丽女性，她以自己的宝贵生命，诠释了什么是舍生取义，什么是为人师表。

为了灾区人民，逾10万人民子弟兵以空前的速度，从祖国四面八方奔赴灾区；冲锋舟破水而上，空降兵从天而下，更多的部队连续几十小时急行军，徒步向各个重灾县市区、各个重灾乡村突进。

人民子弟兵以无比的勇气和毅力，克服种种难以想象的困难与死神拼力赛跑，诠释了什么是铮铮铁骨，什么是钢铁长城。

生命不能等待。那些没日没夜为抢通生命线而劳碌的人们，在与时间赛跑。

此次汶川特大地震的几乎所有重灾区，都坐落在崇山峻岭深处，都被泥石流、塌方阻隔；通往汶川的4条公路，全部中断。

四川举全省之力，紧急调集数以千计的大型工程机械，昼夜抢修；兄弟省市区也纷纷伸出援手，灾区道路在机械和人力的顽强作用下，快速向各重灾区延伸。

15日，继理县到汶川的生命线打通后，各个专业施工队伍又一鼓作气打通了绵竹至北川的公路……一条条生命之路，让救援抢险人员、设备、物资等得以源源进入。连日来，四川省投入公路抢修人员多达近12万人次，先后抢通了8条干线公路。

这些专业施工队伍以连续奋战的过硬作风，诠释了什么是不畏艰难，什么是不怕疲劳。

有了生命通道，一个又一个救援的奇迹，在震后72小时“黄金救援”时间过后，不断传出。继震后216小时成功救出什邡市红白镇金河一级电站女工崔昌会，23日下午，绵竹市广济镇一位80岁的老人，在被困266小时后又从废墟中解救了出来。

生命不能等待。四川省广大干部群众，在与时间赛跑。他们日夜奋战在灾区的每一个救援现场，迄今已累计救出超过8.4万人。

强震中，天全县思经乡民主村党支部副书记徐洪浩自家房屋严重受损，但他更牵挂重灾区的手足同胞。乡党委紧急号召共产党员、青年民兵组成救援队去重灾区救人，他二话没说，摸黑挨家挨户走访动员。很快，一支由41名农民组成的救援队，冒着大雨和飞石危险连夜赶到了重灾区绵竹市。

没有挖掘工具，他们就拼命用手刨，手指磨破了，膝腿受伤了，没人吭一声。到13日下午，一夜未合眼的徐洪浩累得鼻血直流，用卫生棉球止血后，又马上投入救援。在中国人民银行绵竹分行救灾现场，徐洪浩和队友们用双手掏挖，从塌陷的废墟救出十余人。他说：“能多救出一个生命，再苦再累也值得。”

这一群主要由共产党员组成的农民救援队，以庄严的使命感，诠释了什么是心手相牵，什么是热心助人。

生命不能等待。那些被埋在残垣断壁下的幸存者，在与时间赛跑。他们在种种难以想象的极端条件下，顽强生存，令无数善良的人们感动惊奇。

几乎一瞬间，都江堰小学三年级的许中政和同学们被压在了废墟底下，一片黑暗。为驱赶恐惧，他下意识地想起了国歌，轻声唱了起来。28个小时后，他被成功救出。

9岁的许中政小朋友以他的歌声，诠释了什么是意志信念，什么是自强不息。

一个孩子，在歌声中学会了坚强；一个民族，在灾难中凝聚了坚不可摧的精神力量！这样一种力量，我们在胡锦涛总书记亲吻受伤女孩的慈爱中看到了，在温家宝总理蹲守在救援现场中看到了，在最可爱的人的行军中看到了，在全国人民大救援中看到了。

生命不能等待。生命高于一切！迄今，党和政府依然没有放弃，人民子弟兵依然在进行拉网式清理搜救；哪怕只有一线生机，依然不惜任何代价！

心手相牵，守望相助；齐心协力，同舟共济……四川人民迄今在灾难面前所表现出来的一切，无愧于这些动人的词汇

接送带路，让我上；

送水送饭，让我去；

献血帮忙，让我来；

灾区人民的创伤，让我们共同承当。

12日下午，成都市民即自发排起长队，缓缓向街上的爱心献血站移动；献了血的人们，面色略显苍白，却充满自豪；热心的出租车主，一听说需要车去灾区接送伤员，立即朝灾区奔去；一夜之间，贴着“抗震救灾、免费搭乘”标志的私家车，随处可见；随着外地驰援四川的抗震救灾车辆激增，在各个路口，不少志愿者主动在雨中站立路旁义务带路。

灾难无情，人间有爱。四川民众面对灾难，表现出了前所未有的热情、爱心、关怀和体贴，他们与灾区人民群众同呼吸、共患难，捐钱捐物，自发提供各种力所能及的服务，给这片满目疮痍的土地，带来蓬勃生机与希望！

在青川县木鱼镇初级中学救援现场，来自泸州医学院附属医院的一支几乎由清一色共产党员组成的23人医疗救援小分队，让所有在场的干部群众动容。

他们经过13个小时的长途颠簸，到达后立即投入工作，一刻不停地为伤者包扎、救治。两天时间里，他们只吃了两顿稀饭，睡了3个小时，却为100余名被营救出的伤员进行了及时救护。

现场群众不时以掌声表达对他们的敬意，但共产党员、护理部副主任顾琼道却说：“我们是医护人员，救死扶伤是我们的天职，同时我们是共产党员，为人民服务是我们义不容辞的责任！”

灾难无情，人间有爱。这支志愿救援队伍，以他们的模范行为，诠释了什么是敬业精神，什么是默默奉献。

都江堰市新桥村共产党员吴素华，已经81岁高龄了。她看到很多从大山转移出来的重灾区乡亲，就与村里人商量出点力做点事。这个村子不算富有，却在震后第二天踊跃捐出了2000元，“我们把这些捐款，换回大米和肉给受灾群众做饭吃！”

为让灾区群众吃上新鲜干净的蔬菜，“我们在菜地里都是挑选最好的，并要反复清洗很多次！”吴婆婆说。村民为这事有分工，做饭、炒菜、运送都有专人负责，做好后开着拖拉机直接送到安置点。有人问吴素华老人为什么要这样？她说：“灾区有难，不为他们

做点事，心里不安。”

帮忙搬东西、为灾区群众做饭……在绵阳市涪城区法院工作的曾晓春发现有许多人做着同样的事。细心的她，想为受灾群众做更细微贴心的服务。

因条件所限，灾区群众一时无法洗澡；许多人孑然一身，没有任何换洗用品。这是一个问题。于是，她为婴儿、孕妇、老年人这类特殊人群添置了防蚊水、爽身粉、硫磺皂、内衣裤、尿不湿、卫生巾等用品，一一分发到他们手中。来自北川灾区的袁本会是一位4个月孩子的妈妈，提起这事就有些激动：“我不知道她的名字，想得太周到了，真的非常感谢她。”

汶川大地震第七天，绵阳市10名志愿者先后在岗位上晕倒。16岁的陆艺，系绵阳七中高三学生，连日来一直在绵阳九洲体育馆做义工，又困又饿，终于撑不住了。

本来，不满18岁是不予登记的。但中学生还是不断涌来，谁喊他们走，他们就跟谁急。救灾志愿者组织者共青团绵阳市委只好反复广播“劝退公告”：为保障广大志愿者同志的健康，请18岁以下的志愿者朋友自动退出，回家休整，谢谢大家。

在地震灾区，像这样的志愿者多达10万！5月15日下午，在北川新城区，被埋3天后获救的谢守菊，才被救援队营救出来，因无大碍，稍事休息就义无反顾加入了救援队伍。

灾难无情，人间有爱。活跃在灾区的这些志愿者，以朴实无华的言辞，热情无私的举动，诠释了什么是公民义务，什么是风雨同舟。

百姓心里有杆秤。18日，成都军区某“红军师”前往茂县南新镇挨村挨户搜救幸存者，沿途群众自发送水、送食物；镇上的老百姓更是集中了所有人家留存的生鸡蛋，统一煮熟后送了过去。战士们知道灾区群众生活困难，不想要也不能要，老百姓却不答应。

灾难无情，人间有爱。人民子弟兵，始终冲在抗震救灾最前线，四川人民看在眼里，疼在心里，无论子弟兵走到哪里，送水送饭送慰问的灾区群众就会跟到哪里。

擦干眼泪，清理废墟；生产自救，重建家园。灾难压不垮灾区人民追求美好生活的希望，灾难更加坚定了他们自强不息的信心。

学校塌了，搭起帐篷继续上学；

道路毁了，举全省之力日夜抢修；

房屋垮了，紧急兴建过渡安置房；

抗震救灾，一切的一切都在有力、有序、高效展开。

5月19日14时28分，成都天府广场。当凄厉的汽笛响起，这里是悲痛的海洋。自发赶来的成千上万的年轻人，把森林般的手紧紧相握。默哀过后，他们的手仍然紧紧相握，高高举起，用四川人特有的加油方式高呼：“中国，雄起！”“四川，雄起！”一遍又一遍，响彻云霄。此刻，他们以紧紧相握的手，诠释了什么是众志成城，什么是希望和力量！

“5·12”特大地震造成大量房屋垮塌，500多万灾区群众无家可归。为安置灾区转移群众，12日晚，四川农大分校的大学生们，在风雨中抢搭爱心帐篷。雨越来越大，闻讯而来的人却越来越多，社区志愿医疗救助队赶来了，机关党员干部赶来了，更多的附近居民，源源不断把矿泉水、饼干等食物和被子送来了。他们说，不能让灾区群众再担惊受苦。

艰难的日子总会过去。绵阳市九洲体育馆是当地最大的受灾群众安置点，上万人一日三餐都能充足供应，老人、小孩还能领到牛奶、盒装方便面。为帮助灾民寻亲，现场指挥部还专门设置了寻亲登记点，并轮流在广播里播放寻亲信息。从14日开始，绵阳电信、联通等通讯部门就在安置点设置了数十部“平安电话”，供受灾群众免费使用。

让我们从头再来！社会各界无数热心的人们以竭尽其能的真诚帮助，诠释了什么是齐心协力，什么是万众一心。

大灾更要大干。连日来，本报30多名记者走进灾区一个个乡村，欣慰地看到，震后的尘埃尚未散尽，一块块党支部的牌子，在废墟中竖了起来；共产党员集结在党旗下，成为危难时刻的中坚力量，成为灾区的脊梁！他们擦干眼泪，清理废墟，生产自救，重建美好家园。

地震发生时，都江堰市南岳村共产党员唐海正在镇上办事。地摇山动过后，眼前已是一片断垣残壁，他立即参与救援。天黑时，才听说村子被泥石流冲毁了，一口气跑回来，立即组织群众转移。

生还的群众不能没有主心骨，村里党员推选他为临时党支部书记。连日来，唐海一直没闲着，白天，他带领村民生产自救；夜里，与大家轮流值班监控险情四伏的山体；废墟清理结束，又忙着防疫工作。村民说：“有唐海在，有党组织在，我们心里就踏实！”

没有迈不过去的坎。省委书记刘奇葆在接受本报记者专访时誓言：“山河可以改变，道路可以阻断，房屋可以摧毁，但摧毁不了我们抗震救灾的坚强决心，摧毁不了我们救助灾区人民的坚强决心，摧毁不了我们在废墟上重建美好家园的坚强决心。”

这是8000多万四川人民的心声。如今，灾区简易的帐篷小学陆续盖起来了，孩子们聚集在帐篷小学又重新开课；麦田里的麦子黄透了，油菜已经收割，走在灾区的田野上，到处是劳碌的身影。

日前，中央决定给四川下拨700亿元灾后重建资金，21个兄弟省市区对口支援灾区县市也已落实了具体目标。党中央和全国人民的大力支持，给仍处伤痛中的四川灾区人民以巨大鼓舞。

在伤痛中挺直脊梁，在战胜灾难中昂然雄起！这是四川人民的心声，也是全国人民的期待。四川人民深知，在他们身后，有13亿颗随着灾区一起跳动的心，有13亿双向灾区人民伸出的援救之手，他们有一万个理由要向世人证明：从来没有也永远不会被任何灾难压垮！

凝血的蜀川大地，必将劫后重生！

（《人民日报》2008年05月27日头版）

这是一篇重大灾害的报道。作者写活了人物，事件通讯不能拘泥于一时一事，事在人为，紧紧抓住关键人物进行精心刻画，一个个鲜活的人物跃然纸上。总书记的话语是那样亲切，对人民饱含了深情厚谊；牺牲者把生的希望留给别人，把死亡留给自己；幸存者擦干眼泪投入救灾和生产；志愿者舍小家，顾大家，争先恐后；解放军舍身忘死，冲锋在前，救人于水火。

抗震救灾波澜壮阔，从中央到四川各级党组织、政府、村组投入救灾，解放军争分夺秒率先进入灾区到。“一方有难，八方支援”，兄弟省份紧急行动，全国人民与灾区人民心连心，组成一幅抗震救灾的英雄画面。

文章荡气回肠，凝聚了全国人民的力量，号召广大人民挺直脊梁，战胜困难，投入抗震救灾，在灾难中重获新生。

[事件通讯写作实训]

下面是玉树地震救灾的系列材料，材料比较零碎。同学们可以根据材料的内容写一篇事件通讯。写作要求：仔细阅读，熟悉材料；依据材料，不得照抄材料；反映事实客观，记者的所想所感不得写入文章；标题自拟，篇幅在1000字左右。

玉树藏族自治州简介

玉树藏族自治州，是青海省下辖的一个自治州。总面积为26.7万平方公里，总人口为25.27万人（1999年），其中藏族占97%。农牧业人口21.7万人。自治州首府驻玉树县结古镇。简称玉树州。

玉树县位于青海省境南部、州境东部，东与四川省和西藏自治区毗邻。总面积13462平方千米。总人口8万人（2004年）。以藏族为主，占总人口的93%。县人民政府驻结古镇。

地形以山地为主，平均海拔4493米。通天河、扎曲、巴曲流经。属典型的高原高寒气候。全年无四季之分，只有冷暖两季之别，冷季长达7~8个月，暖季只有4~5个月。年均温2.9℃，1月均温-7.5℃，7月均温12.5℃。年降水量487毫米。有耕地5000公顷，可利用草原116.3万公顷，森林2.9万公顷。有虫草、川贝母、大黄 、羌活等400余种药材和百余种野生动物，其中16种被列为国家保护动物。经济以牧业为支柱，农牧结合。主产牦牛、犏牛、绵羊和小麦、青稞、马铃薯等。“西宁毛”为名特产品。工业不发达。与称多、杂多、治多、囊谦、曲麻莱五县和西宁市通公路。名胜主要有文成公主庙。

玉树发生强烈地震

2010年4月14日晨5时39分，青海省玉树县发生7.1级地震，玉树州府所在地结古镇震感强烈，大部分居民梦中惊醒，有人惊逃户外。

是日晨7时49分青海玉树再次发生7.1级强烈地震。由于处于震中的结古镇多数房屋都是土木结构，抗震能力极差，地震发生后除了少数的几栋新盖的楼房，剩余的民居几乎全部倒塌，全州停电。“地震发生时当地的气温只有-1.2℃，早晨7时许地震发生时，大多数居民正在睡梦中，因而这次地震的伤亡情况会比较严重。”玉树州广播电视台台长扎西巴介绍说。

据玉树州广播电视台新闻部副主任尕松尼玛描述，地震发生时，结古镇一个公园里佛塔塔顶整个倒塌。上午，玉树县城居民全部涌上街面，站在自己倒塌的房屋前。

玉树州有关负责人对记者说，地震造成州委办公楼部分倒塌，玉树宾馆被震裂。震区的食品、药品和水短缺。

据新华社青海分社记者杨寿德介绍，距离玉树县大约15公里的上游地方有一个水库，地震后该水库出现裂缝。有关人员正在采取放水等应急处置措施。现在水库周围人群已被疏散。据介绍，这个大坝属于玉树州的禅古电厂，而玉树是由当地的小电站进行水力发电。地震使电站受到影响，整个玉树州全部停电。

贺海滨是一名往返于西宁和玉树之间的班车司机。13日下午5时，他像往常一样，加班从西宁向玉树出发。行至14日上午9时，车上的一名乘客接到家人的电话，这才得知玉树发生了地震。

一路上，倒塌的民房、痛哭的灾民，让贺海滨的心沉到了底。车里也有乘客抵挡不住忧惧大放悲声。终于在早上11时，一行人到达了玉树汽车站。下车之后，眼前是已经成为一片废墟的候车厅。乘客们纷纷赶回家寻找自己的亲人。贺海滨开始在汽车站附近自救。饥饿是贺海滨面临的一大难题。街上的小卖部和饭店都已经关门，贺海滨一整天没有吃饭。

滞留在汽车站的还有一名姓赵的西宁人。赵先生买了14日早上8时30分从玉树回西宁的车票。地震时，正在等车的他到汽车站的对面买早点。突然一阵地动山摇，顷刻间候车厅在他的眼前轰然倒下。而汽车站的宾馆也随后垮塌。“宾馆突然倒了，人也不见了……”

地震救援全面展开

正在玉树地震现场参与救援的武警青海玉树州支队长石华杰称，地震现场仍有很多群众被掩埋，但由于缺乏大型的机械，大多数救援只能靠手刨。玉树州公安局局长潘志刚也说，玉树州没有大型挖掘机，自救完全靠徒手，救援人员听到垮塌房屋地下的呼救声，但无能为力。(据中新社)

昨日上午10时13分，当记者辗转数次后终于再次拨通吴勇的电话，他正在救援现场。

吴勇说，这个地方平房倒塌非常严重，需要救援的地方特别多，分区门前，一些藏族同胞也帮忙救援。现在整个救援工作，比较薄弱的是医务人员比较少，药品比较少，玉树这个地方房屋建筑都是小石砌起来的，倒塌下去比较彻底。

说话不到1分钟，吴勇的电话又因为救援位置的变化而中断。目前，玉树州地区的移动和固定电话的通讯状态时好时坏，大部分时间处于中断状态。(据中央人民广播电台)

武警部队已出动近4000名官兵赴青海玉树震区抗震救灾。

驻玉树武警部队600名官兵第一时间投入抗震救灾后，截至昨晚，已抢救被压埋群众、受伤人员3600余人。武警青海总队玉树州支队在机关大院开设了医疗救护站，救治受伤群众。与此同时，青海总队增派的40名医疗人员已乘机从西宁赶赴玉树。

据新华社电记者从中国地震局了解到的消息，目前中国地震局和青海、西藏、陕西、甘肃、新疆、宁夏等地震局已分别派出工作队赶赴青海玉树地震现场开展工作。

中国国际地震救援队14日下午4时许从北京南苑机场起飞，赶赴青海玉树震区。

据了解，震区现在余震不断，玉树州政府已组织军队、医院、政府等工作人员开展自救互救工作；中国地震局地震现场工作队已乘11时40分航班赴青海开展地震现场工作；青海省地震局地震流动观测队携4台（套）仪器赶赴地震现场开展地震现场流动观测工作，地震现场指挥系统车也随后开赴现场，截至目前，青海省地震局派出地震现场工作队两批，人员18人。西藏自治区已派40人紧急救援队、西藏地震局派5人地震现场工作队赶赴现场；陕西省地震局派8人地震现场工作队于9时出发赶赴灾区；甘肃省地震局派9人地震现场工作队赶赴灾区；新疆地震局派出3人地震现场工作队赶赴灾区；宁夏地震局派出8人地震现场工作队赶赴灾区。

吴勇说，我们玉树分区所在地就在结古镇。当时部队正在组织跑早操，震感非常强烈。我们看到对面山上一些老百姓的房屋在倒塌，武装部玉树分区营院里的一些老旧平房都在倒塌。分区院里面的平房瞬间倒塌了，三层办公楼，框架结构的也成了危房，里面门都挤死了。

昨日8时30分，在地震发生一小时后，民政部已启动国家四级救灾应急响应，但是随着灾情的发展，在12时，将响应等级提升至一级。一级作为最高级别的应急响应，主要针对特别重大的自然灾害或造成大量人员伤亡的突发公共事件。据悉，民政部紧急从天津、沈阳、郑州、武汉、西安5个中央救灾物资储备库向青海灾区调拨5000顶棉帐篷、5万件棉大衣、5万床棉被，帮助受灾群众解决生活困难。

玉树地震造成大面积房屋倒塌，不少人被埋。该县则热福利院院长李星陆女士向记者说，该福利院的30多名儿童当天因为上学迟到而幸运“躲”过一劫。

李星陆是一位志愿者，她于2003年到玉树县捐资建立了一所福利院，现收养30多个儿童。“孩子们住在福利院，在附近的学校上学。他们平时很少迟到，一般7点半到学校上课，今天也不知道什么原因，偏偏迟到了。地震发生在7时49分，他们当时还在路上。”

据介绍，李星陆所主持的福利院因为是新盖楼房，没有倒塌，而孩子们就读的学校房屋则在地震中倒塌。“当地老百姓住的大多是土房，地震后，大都跑到山上去了。”

14日地震发生时，李星陆在北京不断地打电话了解当地情况。她在电话中告诉记者：“现在打算一旦有条件便赶过去帮忙！”

困难群众补助将于十天之内兑现

据央视新闻报道，玉树地震发生之后，国家规定对灾区困难群众将提供每人每天10元的补助金和一斤成品粮的生活补助。记者从当地民政部门了解到，这项补助款物将在十天之内开始发放，为期三个月。

青海省民政厅孙林副厅长介绍，国家规定享受生活补助的灾区困难群众，是指因灾造成无房可住、无生产资料、无收入来源的重灾民。其他一般零星受灾的，通过自救可以自己恢复生产的轻灾民不在此列，而是给他们临时安置的补助费用，或是返乡的路费。

孙林表示，在确定救助对象之后，将发放玉树灾区生活安置卡，以后的生活补助还有长期的救助政策，包括以后的重建，都会通过这张救助卡就兑现去落实。据了解，由于震后群众居住分散，在紧急救援阶段结束后，当地民政部门正在组织力量走村入户核定受灾对象，进行精确统计。目前资金和口粮均已到位，一旦底数摸清，即可开始全面兑现。

中央领导对玉树地震作出重要指示

地震发生后，党中央、国务院高度重视。正在国外访问的中共中央总书记、国家主席、中央军委主席胡锦涛，中共中央政治局常委、国务院总理温家宝，分别作出重要指示，要求全力做好抗震救灾工作，千方百计救援受灾群众，同时要加强地震监测预报，落实防范余震措施，切实安排好受灾群众生活，维护灾区社会稳定。

为做好青海玉树抗震救灾工作，国务院已成立抗震救灾总指挥部。受胡锦涛总书记、温家宝总理委托，回良玉副总理已率国务院有关部门和军队、武警部队负责同志紧急赶赴灾区慰问受灾群众，指导抗震救灾工作。国家减灾委、民政部、中国地震局、卫生部、交通运输部、教育部、中国红十字会、中国气象局启动Ⅰ级响应。截至14日18时，卫生部已浮出青海、四川、西藏、甘肃共5支287人的医疗卫生救援队全携带医药物资赶赴灾区。青海省交通厅已储备应急客车150辆，货车45辆，紧急协调驻军部队落实应急车辆260辆。青海省开辟了救灾运输专用车道，救灾车辆一律免费通行。民政部紧急从天津、沈阳、郑州、武汉、西安等5个中央救灾物资储备库向青海灾区调节器拨5000顶棉帐篷、5万件棉大衣、5万订棉被，帮助受灾群众解决生活困难。公安部从全国急调600名消防特勤携带200台生命探测仪、破拆工具等救援设备，乘民航包机于16时起飞驰援灾区。中国红十字会紧急从宁夏红十字会备灾中心调拨100万元的救灾物资，预计15日夜抵达。

地震灾区开始恢复农业生产及早开展春耕工作

据新华社西宁4月26日电（记者何伟、王大千、钱荣）为确保不误农时，青海省农牧厅抗震救灾指挥部组织农牧技术人员深入田间地头，指导灾区群众及早开展春耕播种工作。目前，灾区正常的农业生产秩序开始恢复。

据青海省农牧厅厅长曹宏介绍，最近，青海省农牧厅抗震救灾工作组先后深入到玉树县巴塘乡当托村、结古镇代格村、称多县拉布乡得达村，指导帮助灾区农牧民开展恢复农业生产工作。同时组织力量对地震中损毁倒塌的1923栋温棚进行修复重建，目前正在以乡、村和户为单位实施受灾温棚的历史资料收集、取证和登记造册。

曹宏介绍，目前，玉树州14.53万亩粮食作物还没有播种，其中青稞面积约有12.75万亩。灾区农牧民积极做好春播备耕各项准备工作，已开始向田间堆积有机肥。各乡镇开始从县农牧局调拨青稞种子和化肥，近日将陆续发放到种植户。

为确保当前农业生产正常进行，地震中受损最严重的玉树县正加紧生产资料储备，目前已调运青稞种子60吨、马铃薯种子60吨、豌豆种子40吨、油菜种子2000公斤、燕麦种子150吨、化肥190吨。玉树县农牧局地震前筹备的30万元温室棚膜被埋废墟中，目前正在组织人员进行挖掘。

第三节　工作通讯的写作

工作通讯是通过具体、生动的事实报道工作中的典型业绩和取得的成就，总结工作经验，找出工作的得失，以指导和推动现实工作的通讯体裁。

工作通讯的特点：

（1）指导性强。工作通讯是报道典型工作经验，分析工作中存在的问题，对当前工作有一定的指导意义和促进作用。

（2）情理兼容。工作通讯注重用工作中的典型事实来概括工作中取得的成绩，总结工作经验，说明复杂的道理。工作通讯以情感人，以事明理。

(3) 形象具体。工作通讯不是工作总结，是对典型性的工作的报道，从形象化的事实中总结出规律性的东西，以促进面上的工作。工作通讯事实丰富，形象生动。

写作要领：

(1) 挖掘典型事实所具有的内在意义。写工作通讯时要搜集能表现主题的典型事实，进行反复提炼，从纷繁的事实材料中，找到其包含的思想真谛。

(2) 以事阐理，形成工作经验。工作通讯要选择事实，组合事实，从而阐明具有典型意义的工作经验。

(3) 不要写成工作总结。工作总结是单位内部材料，一般用第一人称，对某一阶段的工作进行回顾，使从感性认识上升到理性认识；工作通讯是面向广大受众的新闻报道，常用第三人称，通过深入地采访，找出典型事实，通过形象化的叙述，概括出具有一般意义的经验。他们的写作方法不一样，社会效果也不一样。

[精品赏析]

辽宁以沿黄海、渤海的五个重点发展区域和一条贯通全省海岸线的滨海公路建设为核心，实施对外开放的新战略——

“五点一线”兴辽宁

本报记者　皮树义　白天亮　许志峰

辽宁在哪里？辽宁在海边。

看看地图，整个东北地区就像一只下山的猛虎，辽西、辽南恰如昂扬的虎头。虎头依托黄海，又张开大嘴在渤海上咬了一口。东起鸭绿江口，西至山海关老龙头，辽宁陆地海岸线全长 2290 公里，占全国 12%。

辽宁 14 个城市中有 6 个在海边，全省 2/3 的面积在离海 100 公里内。辽宁发展的机遇在哪里？在东北老工业基地的振兴，也在依托沿海优势的对外开放。

跨入“十一五”，辽宁以沿黄、渤海的五个重点发展区域和一条贯通全省海岸线的滨海公路建设为核心，实施“五点一线”对外开放的新战略，推动老工业基地振兴。

西拥渤海，东挽黄海，辽宁敞开对外开放的大胸怀。

海风劲吹，虎虎生威，辽宁摆开经济振兴的新阵势。

转身向海：抓住两个机遇

曲曲折折，辽宁的海岸线走了一个“N”字形，丹东、大连、营口、盘锦，锦州、葫芦岛，6 个城市如同一颗颗闪亮的珍珠，镶嵌在蔚蓝色的大海边。

“五点一线”战略，具体是指重点开发建设大连长兴岛、大连花园口岸工业园、营口沿海产业基地、锦州湾产业园区、丹东产业园区这五个区域，建设贯穿黄渤海沿岸的滨海公路，形成沿海经济带，带动辽宁中部城市群，打造对外开放的新优势。总规划面积 482.9 平方公里。

“五点一线”战略的提出，折射出辽宁发展观念的转变。

身在海边不识海。过去，在很多辽宁人的意识里，沿海省份是指广东、福建、浙江等经济发达地区，很难和老工业基地辽宁联系到一起。六个沿海城市，除大连外，布局都朝向内陆。紧邻渤海的锦州，沿海不见海，市区躲在山后边。中心城市沈阳距营口港73公里，按照国际标准，海岸线100公里内都属于沿海地带，可沈阳一直被看作是内陆城市。根据国际经验，沿海地区大多是经济繁荣地区，但辽宁省走在前头的多是中部城市。“辽宁的振兴必须抓住双重机遇——国家振兴东北老工业基地的机遇和扩大沿海对外开放的机遇，努力跃入东部发达省份的行列。”省委书记李克强这样强调。实施“五点一线”战略就是抓住两个机遇的一个结合点，就是加快发展的一个突破口。

转身掉头向大海。沿海意味着交通运输方便快捷，意味着资源配置空间广阔，意味着商品生产的成本优势。经济发达国家和地区的崛起无不依托沿海，就在于沿海开放带来的时间效率和市场空间。

辽宁开始重新认识自己的沿海优势。

“辽宁发展外向型经济的条件一点都不差!”有绵长的海岸线，其中宜港海岸线1000公里，深水海岸线430公里；有优质的港口，大连、营口都是优良的不冻港，锦州港、葫芦岛港、丹东港都已形成规模；能充分发挥区域带动作用，大连等6个城市邻海，全省大部分地区距海都不远。辽宁沿海有广阔的腹地，可以为东北三省以及内蒙古东四盟提供最便捷的出海通道。

更重要的是，当一些沿海省份遭遇土地瓶颈时，辽宁沿海区域存在着大片废弃的盐田和荒芜的盐碱滩。“五点一线”建设，既不占用耕地，又成本低廉。

经过充分论证，2005年初，辽宁省委、省政府提出了“五点一线”发展战略。

“辽宁要转过身来，面向大海，背靠腹地，构建开放与发展新格局。”李克强反复强调“五点一线”战略对辽宁经济社会发展全局的牵动作用。现在辽宁上上下下统一了认识，要把“五点一线”建设成为辽宁乃至东北地区对外开放的前沿地带，使之成为外来投资的承接地、吸引国际产业转移的接续带。“五点一线”要成为发动机、增长机，带动辽西、辽东山区发展，推动沿海与内地的良性互动。

面向大海，抓住两个机遇，东北虎插上了腾飞的翅膀。

海潮阵阵：软硬环境俱佳

隆冬季节，辽宁天寒地冻，但严寒挡不住海潮阵阵，“五点一线”建设如火如荼。走进沿海，映入眼帘的是大片已平整好的土地，四通八达的道路，建设中的厂房，开工的企业。

一条25公里长的滨海大道穿山而过，连接了锦州市区和锦州湾。“过去南山阻隔，市区到海边开车要一个多小时。沿海的发展无法利用市区的成熟设施，市区的企业和人才也不愿到海边去发展。”锦州市委书记佟志武介绍说，要让海风吹进来！锦州市在南山开凿隧道，修建公路，把市区到海边的距离缩短到20分钟，也使港口与市区的铁路、公路、市政供水、供电、供暖连接起来。

新规划的营口沿海产业基地，机声轰鸣，一辆辆推土机正在忙碌着平整土地。“最早这里是盐场，后来产量低就荒废了，没什么人来。”基地管委会副主任肖力说。“80平方公里，平均每平方公里开发成本也就是3万多元，再难找到这么便宜、又离港口近的连片土地了。”

2005 年以来，辽宁“五点一线”地区基础设施建设已投入近 50 亿元，开发土地面积 77.21 平方公里，占起步区面积的近四成。

有了硬起来的硬环境，还要有很好的软环境。辽宁出台了包括免收涉企行政性收费、下放经济管理权限在内的 12 项优惠政策，支持“五点一线”地区加快发展。更重要的是改革政府管理方式，改进行政作风，提高办事效率，让海风顺畅地吹进来。

为更好地发挥沿海的带动作用，辽宁引入“飞地”概念——由沿海的锦州市和葫芦岛市分别提供 1 平方公里和 2 平方公里的“飞地”，作为离海较远的朝阳市和阜新市的沿海产业开发基地，享受特殊的优惠政策。

如果将“五点”看成五根手指，那么攥成拳头才有力量。统筹规划是避免重复建设、形成合力的关键。辽宁坚持规划先行，“要在一张白纸上画出最美的图画”。5 个工业园分别请了新加坡裕廊集团、北京大学和同济大学做园区规划，有的还请中国国际工程咨询公司作产业规划。辽宁省正在编制《辽宁沿海城镇带规划》《辽宁沿海经济带开发建设规划》，以形成对沿海开发的合理布局。

如今，各具特色的产业集群已在“五点”摆阵布点。大连长兴岛临港工业区以装备制造产业链为主，进而发展成新兴港口城市；营口沿海产业基地重点发展精细化工、新材料、微电子、生物工程和现代服务业等。辽西锦州湾沿海经济区锦州西海工业区重点发展重化工行业和石油化工产业链条的接续产业；锦州湾沿海经济区、葫芦岛北港工业区着力发展船舶制造及配套、精细化工产业。环黄海沿岸，丹东产业园区将重点发展装备制造业、电子信息产业、化工医药业、重化工业。大连庄河花园口工业园区重点发展高新技术产品项目、汽车零部件、新型材料、精细化工、新能源、农产品精深加工等。

优良的发展环境，完善的政策措施，吸引了国内外众多大公司的目光。如今，中冶京诚装备技术公司总投资 99.7 亿元的营口中试基地已开工建设；韩国 STX 公司总投资 4.1 亿美元的造船项目落户大连长兴岛……据统计，目前批准进区项目 151 个，总投资 491 亿元，其中外商投资项目 39 个，合同外资额 3.6 亿美元。在谈项目 147 个，总投资 1569 亿元。

蓝图令人振奋，更令人振奋的是依靠扎实的努力，蓝图开始变成现实。

海风清新：追求又好又快

黄海、渤海，涛声依旧，“五点一线”吹来的却是清新的风。

“五点一线”建设不单单是引来投资、承接产业转移，而是要探索一条新路——经济增长、统筹协调、环境友好、节能降耗，又好又快。辽宁省把“五点一线”战略的实施定位在科学发展上。

“五点一线”不是简单重复建开发区，开辟几个示范窗口，而是要高标准、高起点，真正形成产业带。

“虽然有大片的荒地可供开发，依然要惜地如金。”营口市委书记程亚军严肃强调严把用地关。营口市规定：除了高科技产业，投资额在 5000 万元以下的项目都不允许进入产业基地。为保证土地的有效使用，还要求项目的投资强度每 1 万平方米不能低于 2500 万元。

不仅招商引资，更要招商“选”资。辽宁省对外开放领导小组办公室副主任刘文介谈到，曾经有一个分解电子元件的外商投资项目要求落户，尽管投资额高达数十亿，但辽宁有关部门考虑到其有可能影响整个园区的环境，还是拒绝了这一项目。

我们看到一份《辽宁省“五点一线”报告书》。这份报告书在“五点一线”战略启动之初，就对沿海自然保护区、风景名胜区、湿地保护区、文物古迹等环境敏感区的环境问题及制约因素进行了认真分析，还初步判定了战略实施后环境变化的影响因子、影响范围、时间跨度和影响质量，系统地提出了环境影响减缓措施、环境功能区划与发展循环经济和优化产业布局的建议。现在，对环境的精心保护已经体现在“五点一线”每个开发基地的每一个细节。许多园区在项目进来之前就统一建热源厂，避免之后的工厂再建锅炉，减少对环境的污染。

“五点一线”建设不是沿海单兵独进，而是要带动腹地发展，沿海城市与中部城市群优势互补，互为依托，推动老工业基地振兴。

在营口鲅鱼圈，十几层楼高的高炉拔地而起，鞍钢来到海边——鞍钢500万吨精品钢项目进入施工关键阶段，这里将成为鞍钢精品钢生产的重要基地。现场项目经理介绍说，在这里建厂，进口的矿粉一到码头不需再装车，直接进入专用皮带输送到车间；加工好的热轧板、冷轧板也可以直接装船出口。“成本降下来，运输也更方便。”

沈阳是我国装备制造业的重要基地。沈阳正在着力打造沈西工业走廊，加快发展先进装备制造业。铁西新区接纳了从城里搬迁来的212家工业企业。沈重集团的开挖地铁用的13米大型盾构机在这里诞生，沈阳机床的有自主知识产权的数控机床在这里问世，华晨金杯新车型——骏捷在这里下线……一大批新产品增强了企业竞争力。规划总面积356平方公里的沈阳细河工业区，将为沈阳装备制造业提供更广阔的发展空间。建设中的沈西至营口港铁路工程通车后，将大大方便沈阳工业进出海。

站在营口港，放眼望去，只见一艘艘来自五洲四海的集装箱船正在紧张有序地装卸，滚装汽车码头、成品油码头、粮食码头、矿石码头一派热火朝天的景象。整个“五点一线”都是这样热气腾腾。

曾经一片荒芜，如今春潮涌动。“五点一线”充满希望！

（《人民日报》2007年4月4日1版）

这是一篇深入实地采访写成的工作通讯，向人们揭示了辽宁省在国家振兴东北老工业基地战略推动下，迅速转变观念，调整经济发展战略布局，实施“五点一线”沿海开放战略取得的显著成绩。

《五点一线兴辽宁》选题具有现实性和指导性。我国幅员辽阔，经济后进的地区怎样发展经济是个值得深思的问题。辽宁省在中央政策的指导下，适时调整经济发展战略，转身向海，发展外向型经济。辽宁省的做法具有现实性和指导性。

可行性的经验具有普遍意义。文中选用典型的事实具体而丰富，就事论理，说服力强，为其他省份发展经济提供了可供借鉴的经验。

[工作通讯写作实训]

某集团公司是我国著名企业，其售后服务颇有特色，为企业发展开辟了新天地，也为其他企业提供了有益的经验。为此，记者采访了该集团公司技术服务中心，得到了该公司先进工作经验的材料。请同学根据以下材料的内容和工作通讯的特点，撰写一篇工作通讯。写作要求：阅读一遍把握其思想内容，写作时不得照抄原文的内容；用形象的事实体现该公司的工作特点，写出新鲜的经验；标题自拟；字数在1000字左右。

某集团有限公司是我国大型现代化企业之一，是我国家电行业中最具规模的家电制冷设备和产品研发制造中心。该集团公司地处我国南方某市，注册资金85000万元，职工1万多名，拥有上海、广州、南宁、武汉、青岛、西宁六大生产基地。

该公司以“和谐共赢、造福人类”为经营理念，以“博采众长、务实超越”为企业精神，致力于打造世界一流的制冷企业集团，为人类创造健康、舒适、美好的生活环境。

该集团公司技术服务中心全体员工牢记“售后服务是企业的命根子”的指示精神，坚持“拥有××电器，享受一流服务”的宗旨和“一切为了使用户满意”的标准，发扬“同心多奉献，合力创一流”的企业精神，大力开展优质服务活动，扎扎实实地抓好售后服务工作，业绩连年攀升，创下一个又一个经营业绩。一年来维修合格率达99.8%，比去年上升了30.3%；维修返修率0.2%，比去年下降30.13%；用户来信处理率100%，全年未出现重大的维修质量投诉，赢得了用户和社会各界的好评，促进了系列产品的销售，促进了公司售后服务工作向服务质量标准化、服务网络体系化、服务管理规范化、服务方式多样化、服务经营一体化的方向发展。

该中心王经理接受了记者采访，介绍了他们的主要做法和工作经验：

一、优化网点建设，加强网点管理。经过多年的不懈努力，该中心形成了具有本公司特色的售后服务三级管理体系。为保证“拥有××电器，享受一流服务”的承诺落到实处，该中心年初提出了建立以“沟通”“指导”为原则的网点管理体系和以“激励”“扶持”为重点的积极保障体系的目标，扎扎实实地抓了以下几项工作。

(1) 开展网点升级达标活动。制订网点升级达标标准和考核验收方法，对网点进行定期考核和升级考评，促使网点管理初步达到制度化、程序化、标准化的要求。

(2) 开展网点调研考察。今年初，该中心组织了6支小分队，分别到广西、河南、山西、新疆等重点省（区）100个网点进行调研，帮助网点解决实际问题，进行工作指导和给予应有的支持。

(3) 合理调整网点布局，扩大维修服务的覆盖面。该中心根据产品销售分布流向和促销的需要，在海南建立了××电器海南技术服务中心，在西双版纳、深圳、珠海、新疆等重点城市及空白地区新建42个维修点，对19个维修部进行了调整优化，缓解了重点区域和边远地区维修难的问题。

二、调整售后服务策略，适应市场和用户需要。为了适应不断变化的市场形势和越来越多的用户，需不断调整策略，全方位优化售后服务，中心和各地维修部在这方面都作了认真的探索。

(1) 增加服务项目，扩展服务范围。该中心坚持行之有效的上门服务，还开创了具有自身特点的优惠服务。如特殊服务，对特殊用户给予特殊的服务；除了坚持按国家

"三包"条件办事外，对困难用户给予免费维修或更换；对于"三包"期外的维修、配件实行八折收费；更换箱体给予50%的优惠收费。各地维修部开展了超前服务、防患服务、跟踪服务等各具特色的服务项目。南昌维修部向用户分发《维修服务征求意见书》，倾听了用户对公司维修服务的意见，根据用户的要求，改变只维修本公司产品的售后服务为公司外其他产品的维修服务。如桂林维修服务中心公开服务电话，建立了网络服务平台，开展网上咨询，除了完成公司产品的维修任务外，还吸引来大量非公司产品的用户前来维修，上个月增收10000多元。

(2) 转换服务形式，提高服务水平。该中心的售后服务方式和方法也要根据市场变化作相应调整，满足用户的需求。去年，该中心成立了配件供应门市部，专供用户选购零配件，减少了过去用户到中心购买配件，先到配件部办手续、交款后到仓库提货的麻烦，极大地方便了用户。过去用户因质量要求退货，必须首先将产品运到广州，经审核认可后，再重新发运，这样来回需要一个多月时间。现在该中心根据用户的合理需要，简化手续省时省力。不少维修部还采取业务上门检修、无偿服务、免费咨询、免费发放维修技术资料等形式，为用户提供优质服务，大大提高了公司产品的声誉。

(3) 开拓服务经营一体化道路，增强自身实力。该中心在"以销促修，以修促销，以修为主，多种经营"的思想指导下，从实际出发，开拓服务经营项目。中心除设有市场服务部、制冷工程部等部门之外，还建立了广告装饰工程公司、汽车维修部、油料批发部等综合服务部，推行承包经济责任制销售公司系列产品；还利用多种渠道经营配件、油料、装饰材料和其他家电产品，对外承接制冷、汽车维修、广告制作等工程，搞活经营，为售后服务工作提供了物质基础，使中心逐步走向以销促修、以修促销的的良性循环。去年，福州中心、郑州中心、豫东商场维修部等维修中心和维修部，在开拓服务经营一体化道路方面取得了新的成果，不仅给企业带来良好的经济效益，也促进了售后服务工作的发展。

(4) 开展用户抽查，优化网点结构。开展用户调查，优化网点结构。针对网点管理的薄弱环节，他们增大了用户的抽查率。一年来抽查了5000用户，抽查结果：90%以上的维修部在服务态度、维修质量、收费方面受到用户的好评。抽查中，对个别管理不严、服务措施不力的维修部给予具体帮助指导，坚决纠正虚报维修项目、重复收费、损害用户利益的错误做法，调整个别不合理的维修部。如，2月份，该中心在用户抽查中发现某厂冰箱维修部弄虚作假，违规向用户收取维修费，虚报保修次数，遂派专班深入调查，对该维修部作出停业整顿的处理。

三、提高员工素质，深化优质服务。员工素质是现代企业的生命线，该中心采取多种措施不断提高员工素质，自办《售后服务》报纸对员工进行宣传教育，还十分注重对维修人员的技术培训。一年来在武汉、福州、南宁等地举办了10期公司系列产品培训班，参加培训的员工有400余人，有380获得了劳动部门技术资格证书。通过培训使他们系统地掌握了公司系列产品的维修技术，进一步提高了售后服务水平，增强了服务质量的意识。

四、开展“××电器百日维修服务质量无投诉”活动。一年来，该中心在集团公司领导的支持下开展了“维修质量百日无投诉活动”，引起社会的广泛关注。今年，该中心继续在全国范围开展维修质量百日无投诉活动。全国各地售后服务中心积极响应，中心加强指导和监督，每10天给网点打一次电话，了解网点开展活动的情况，还将组织五支小分队，分赴海南、广西、上海、南京、浙江、江苏、安徽、河南等省市进行巡查，及时解决各地优质服务中面临的困难和问题，保证“维修质量百日无投诉活动”深入持久地进行。

五、该中心强化规章制度的建设，做好“四个服务”，一是无论是“三包”期内还是“三包”期外的产品维修全部实行上门服务；二是全月每天开放服务；三是对特殊困难用户实行变通性服务，对军烈属、老红军、离退休干部、孤寡老人、残疾人以及受灾群众实行免费维修服务；四是全员服务，实行首问负责制，让用户放心进门、满意出门。在重大节日，派出小分队深入机关、厂矿、学校、医院、部门巡回咨询和上门检修。各地维修中心（部）根据自身实际创造性地开展工作，如广州维修部夏季组织免费上门保养清洗空调；河南豫东商场维修部开设了24小时预约报修的“昼夜服务”“急诊服务”；成都百货大厦推行责任到人服务跟踪到底的措施，提高了服务的效率和信誉。

今年是该集团公司事业发展史的关键一年，也是实现集团发展规划的决定性的一年。该公司必须进一步贯彻落实“售后服务是企业命根子”经营管理方针，坚持“一切为了使用户满意”的服务标准，把售后服务工作作为首要任务，为集团公司发展作出更大的贡献。

第四节　概貌通讯的写作

概貌通讯，又称风貌通讯，是报道一个地方、一个单位出现的新面貌、新气象，或报道某地自然风光、风土人情、文化渊源等的通讯体裁。

概貌通讯的特点：

（1）取材广泛，现场感强。概貌通讯囊及政治、经济、文化、自然景色、民俗风情等诸多方面，是作者身临新闻现场采写报道，有强烈的现场感。

（2）围绕主题，引线串珠。概貌通讯围绕一个主题，采写不同地点、不同人物、不同事件来表现同一个主题，“形散而神不散”。

（3）知识面广，可读性强。概貌通讯借鉴游记的写作手法，将所见所闻所感揉合在一起，涉及的知识面很广，语言清新，通俗地表达一个庄重的话题，具有诱人阅读的魅力。

写作要领：

（1）内容丰富，特色鲜明。概貌通讯涉猎很广，常包含历史、地理、人文、科技等方面的知识，反映报道事物所具有的特色，表现深刻的主题。

（2）点面结合，有动有静。写作时既要有“点”上记述，又要“面”上兼顾，既要写动态，以动诱人，又要写静的方面，以静凝神。作者左右逢源，表达细致，有利于读者深入把握作品表达的思想要义。

(3) 抓住特征，反映变化。写作者要抓住事物的突出特点，巧妙运用背景材料，通过今昔对比，写出事物的新变化，

(4) 情景交融，增加情趣。概貌通讯可采用多种表达手段，可写景抒情，还可适时评点，使之读起来妙趣横生。

[精品赏析]

不夜的香港

——民间万众欢庆回归

本报记者

有这样一个传说：香港太平山上的那只石龟会走路，什么时候走到了山顶，香港就会回到祖国的怀抱。

这个传说不知始于何时，但可以肯定，是在美丽的香港岛被侵略者占领之后；不知出自何人之口，但可以肯定，是生活在这个岛上的一位中国人。

一个动人的传说，一个缠绵的梦想，一个美好的愿望。

150 多年过去了，石龟仍静静地安卧在半山腰，然而人们日思夜盼的愿望今天终于实现了！

百余年的企盼浓缩在这一刻，百余年的激情迸发在这一刻：1997 年 7 月 1 日零时——

神圣的时刻

当神州大地所有的倒计时牌齐刷刷地亮出“1”字来的时候，全世界的目光一下子集中到了这里。

几十家电视台的镜头在这里聚焦。

川流不息的人群，登上最后一班飞机、轮船、火车直奔这里。

8000 多名记者摆开了决战架势。

此刻的香港，是多么的庄严神圣和令人神往。

薄雾轻笼，骤雨初歇。

那似海似潮般的灯光，表达了 600 多万香港人企盼回归的深情；耀目的五星，晶莹的紫荆，欢跃的中华白海豚，寄托着他们幸福的憧憬；满城的鲜花、满街的灯笼，诉说着他们不尽的欢欣。实行通宵服务的十几万辆的士、巴士、电车、地铁、轮渡、私家车，将人们送往广场、公园、剧场、礼堂、饭店、赛马场、体育馆……去度过那不眠的、难忘的狂欢之夜。

香港岛、九龙、“新界”、离岛……欢快的舞在跳，喜庆的鼓在敲，欢呼声此起彼伏。

150 多年，人们天天在等、在盼这一天，此时此刻，人们在用分分秒秒计算着这一刻的来临。

“10、9、8、7、6、5、4、3、2、1——”，全香港、全中国、全世界都在倒计时。当时针跳向零时，米字旗缓缓垂落，五星红旗冉冉升起，刚刚还是一片宁静的香港又掀起了

狂欢的浪潮，夜空中回荡着亿万人的欢呼。

数以万计的街头的士、港湾游艇的汽笛在一齐鸣响，是那般地洪亮和舒畅。

伴随着会展中心五星红旗和紫荆花区旗的升起，在催人奋进的国歌声中，一面面五星红旗和紫荆花区旗在湾仔、柴湾、上环、油麻地、荃湾等9大装卸区的趸船上升起，在沙田大围欢乐城升起，在港湾的条条渔船上升起。

随着午夜零时的钟声敲响，在港督府前执勤的警员迅速从衣兜里取出了新警徽，将制帽上缀有英国女王皇冠的旧警徽换下，前后用时不过5秒。新警徽上标有紫荆花图案和中文“香港警察”，中央是维港景色，一派香港特色。今晚在会展中心当值的2000多名警察，都在此时换上了新警徽。正在一入口处执勤的香港警察阮鸿翔，今年40多岁，谈起对香港回归的看法只有5个字：“香港回归好！”他摘下帽子，用手指着被汗水浸湿的头发，一字一板地对内地来的记者动情地说：“我的头发与你的一样，都是黑头发！”

千杯美酒今不醉，举杯同庆回归日。素有“美食之都”称誉的香港各大饭店，今晚相继推出“1997回归宴”，许多团体和家庭都纷纷来此共度佳期。

200对新人选择今天这个大喜的日子举行婚礼，永远铭记人生中这一重要的时刻。

“哇——”午夜零时，一个小生命诞生了，这是150多年来香港第一个诞生在回归祖国的土地上的新生命。母亲用慈爱的目光注视着自己的宝贝，医院向宝宝赠送了一块小金牌表示祝贺。

钟敲12下，刚刚出席完香港政权交接仪式，又将于一个半小时后就宣誓就职的临时立法会主席范徐丽泰说：“我很高兴，我有机会做历史的见证人，看见英国国旗落下，中国国旗升起来。”

钟敲12下，正在会展中心参加中英香港政权交接仪式的72岁的香港地区事务顾问尹庆常，眼里滚动着泪花说：“香港回归祖国，完全证明了毛泽东、周恩来、邓小平几位伟人制定的解决香港问题战略的英明和正确。现在他们虽然离开了我们，但我们会永远感激他们。”

钟敲12下，正在《龙的光辉——庆祝香港回归大汇演》晚会上主持节目的香港著名艺人曾志伟高兴地说：“我就盼着这一天早日到来。早来到，早安定；早来到，早发展。”

钟敲12下，香港最具欧美风情的兰桂坊一家取名“1997”的餐馆门前的倒计时钟下，围聚的人群发出欢呼声。置身于此情此景的香港辉煌集团有限公司董事长梁毅夫妇感叹地说：“过去人们在这里倒计时过圣诞，今天人们在这里倒计时迎接香港新纪元，香港的时代真的变了。”

此时此刻共回眸，百余年的沧桑，百余年的奋斗，一起涌上心头，献上优美的舞蹈，放开动听的歌喉，金龙飞舞，百狮腾跃，全世界瞩目着——

欢腾的香江

回归之夜的香港，是名副其实的舞之都，歌之城，乐之邦。

4000多名香港和内地的文艺工作者，怀着异常的激动和特别的兴奋，聚集到尖沙咀文化中心《龙的光辉——庆祝香港回归大汇演》、跑马地《万众同心大汇演》、新光戏院《庆回归京剧大汇演》三大晚会上，以天作幕，以地为台，演出了一幕幕动人的活剧。强大的电波将他们精彩的表演输送到全港无数个家庭。

这三台跨零时的晚会各有千秋，互为映衬，相得益彰，把香江之夜闹得红红火火，气势非凡。

《龙的光辉》晚会是一台由香港和内地艺术家联手创作的舞台精品。晚会既倒叙了香港人创业的艰难历程，又展示了香港明天更美好的辉煌前景。

大幕拉开，一组大写意的立体雕塑扑入观众眼帘。舞台两侧竖立着两座栩栩如生的、银灰色的浮雕群，56个民族的少女载歌载舞，一派祥和的气氛；北京天坛、人民大会堂，香港尖沙咀钟楼、中银大厦等标志性建筑，在万里长城的环抱中相互交错在祥云之中，象征着香港和祖国的血肉相连。舞台正面，是香港岛壮观楼群的缩影，富丽堂皇，大气磅礴。

此台晚会可谓名家荟萃。大会司仪为汪明荃、沈殿霞、曾志伟、郑丹瑞、陈百祥、陈欣健等，参加演出的香港演员有成龙、梅艳芳、罗文、刘德华、周华健、黎明、郭富城、叶倩文、彭羚等，还有来自沈阳、河北、上海、天津、成都、武汉、山东等地的近400名演员，著名钢琴家刘诗昆也参加了演出。

晚会的序幕气势不凡。一群身着海蓝色长裙的少女在台上舞蹈，如波浪起伏的海面，身穿黄色服装的一队小伙子似汹涌澎湃的黄河向“大海”奔去。香港钢琴家蔡崇力表演的钢琴协奏曲《黄河》，久久地回响在尖沙咀文化中心的大剧院内。

晚会的高潮在零点，当五星红旗升起来的时候，震天动地的威武锣鼓敲起来了，长长的中国龙翻腾盘旋地舞起来了，身着白色中式长衫的刘德华引吭高歌一曲《中国人》：五千年的风和雨啊藏了多少梦，黄色的脸黑色的眼不变是笑容……一样的血一样的种，未来还有梦我们一起开拓，手牵着手不分你我昂首向前冲，让世界知道我们是中国人。

舞，刚劲挺拔；歌，回肠荡气。心中充满的是身为中国人的骄傲与自豪。

与刘德华同台表演的是来自山西临猗县王申村的锣鼓队和河津市的花鼓队，都是农民，都是第一次来香港。红色的衣衫，红色的头巾，浑身透着喜庆。乍一看，那矫健的舞步似乎全部出自颇具阳刚之气的大丈夫，仔细辨认就会发现，里边还有不少巾帼英雄。

天涯共此时，全世界的炎黄子孙莫不人同此心。56个民族载歌载舞，情溢万水千山，因为我们都是龙的传人。成龙与千余名演员同唱的一曲《龙的传人》，使全场一片沸腾。

跑马地的《万众同心大汇演》是一场别开生面的晚会，在两万余观众的参与下，显得更加热气腾腾。

“啪——”

随着王义夫扣响的枪声，一支欢乐的队伍冲出帷幕，开始绕场巡游，观众席上掌声四起。在这支3000余人的队伍中，除王义夫外，还有世界乒乓球冠军邓亚萍和乔红、“体操王子”李宁，有的在表演艺术体操，有的踩着高跷，3条金龙和百头雄狮在翻飞舞动。

当零时的钟声响过，场地上空升起五彩的烟花，告别舞台多年的香港名演员徐小凤，身着一件精心设计的火焰装，在40多名香港小肥仔扮演的小熊猫相伴下，满脸喜色地唱起《喜气洋洋》：

齐鼓掌歌声放今晚开心唱，
请鼓掌。
齐鼓掌高声唱今晚开心唱，

请欣赏。

徐小凤的一番话道出了全体演职人员的心愿："我们一班人一定倾尽全力，在回归的晚上给大家留下一个美好的回忆。"

《超时代高跷时装表演》开始了。12位"亚洲小姐"和两位高跷领队穿着由14位时装设计师特别为本次演出设计的"回归"时装登台亮相，别有一番情趣。

创飞越黄河壮举的"亚洲飞人"柯受良，乘坐热气球徐徐上升，一曲《河》更是震撼人心。

邓亚萍和乔红这两位世界冠军今天接受了从未有过的挑战，要在一张"97"形状的球台上打球，看来让人忍俊不禁。

今晚北角新光戏院张灯结彩，丝弦齐奏。香港开埠以来最大的京剧汇演——《庆回归京剧大汇演》在此间开幕，千余名穿着节日盛装的观众将戏院挤得水泄不通。

香港的舆论界和专家用"历史性的汇演""世纪汇演""盛世元音"等美好的字眼形容这场京剧界的群英会。全国人大常委会副委员长王光英为演出欣然题词："雪我国耻，全我金瓯"。董建华也挥毫写道："弘扬传统文化"。

来自内地的名角梅葆玖、谭元寿、马长礼、刘长瑜、叶少兰、张学津、李维康等，与香港名票李龙婉云、谢许萍苏、钱江、丁蕾蕾等联袂献艺，8天连演10台戏。

汇演的筹办人李和声先生难以抑制心中的激动。他说，在回归之夜，用京剧艺术来展示我们港人的喜庆之情具有特别的意义。我们心向祖国，情系祖国传统艺术。内地京剧艺术赴港演出团团长尹志良也表示，京剧艺术是炎黄子孙特殊的精神纽带。我们很高兴能和香港艺术家同台演出庆回归，用京剧这朵民族之花装点回到祖国怀抱的香港。

全场观众观看电视转播的香港政权交接仪式实况，当五星红旗徐徐升起时，全场爆发出经久不息的掌声。此时，大幕重开，锣鼓又起，两地艺术家再度合演《红鬃烈马》中最后一折《大登殿》，把全场团圆、吉祥、喜庆的气氛推向高潮。

儿时随父亲梅兰芳在香港居住过的京剧名旦梅葆玖饰演《大登殿》中的王宝钏，演出的成功使他异常兴奋。他说，国家强大了，香港才能回归。作为一名演员，能够生逢其时、躬逢其盛，在港参加庆贺回归的演出，实在是一件非常值得庆幸、光荣的事。

这三台香港历史上从未有过的晚会的成功举办，标志着香港的文化在回归祖国之后，将会有一个新的飞跃。此时此刻，我们是那样的亲，心贴得是那般的近，一杯酒、一盏茶、一声问候，对亲人、对香港、对祖国都是——

真诚的祝福

一条通体金光闪闪的巨龙昂首向天，9条小龙环绕四周，尖沙咀文化中心广场上的这一"九龙戏明珠"灯饰，寓意九九归一，祝福祖国早日完全统一。

维多利亚公园欢声笑语一片，由香港妇女庆祝九七香港回归筹委会举办、81个妇女组织参与的"万家同乐庆回归嘉年华"上午10时就开始了，入夜后更是高潮迭起。

公园的入口处搭起了一座巨大的白塔，塔顶鲜艳的五星红旗高高飘扬，旁边是紫荆花区旗。悬挂的标语上写道："香港妇女携手，共创美好明天"。由各区妇女会搭起的一座座小棚里，都别出心裁地设计了许多与回归有关的游艺节目。

大会主席林贝聿嘉说："我们今天特别选用了'万家欢乐'来作这项喜迎回归活动的

主题，因为对每一个妇女来说，没有什么比家庭更亲切，而我们的社会就是由无数个家庭组成的。我们祝福香港的明天家家欢乐，继续繁荣。”香港人十分熟悉喜爱的粤剧演员红线女十分投入地演唱了专门为香港回归创作的粤曲《娱乐升平庆回归》。当她尽情地唱到：“普天同庆香港回归”“人在旗下把腰挺”“同创未来共创繁荣”等处，观众席中一再响起掌声。

全美中文学校协会会长王建军看着飘扬在夜空的五星红旗，激动不已。30日上午，他将一份来自美国的珍贵礼物送到了新华社香港分社：一面长15米、宽7米、重达几十公斤的五星红旗和一本“喜庆香港回归，遥寄一份真情”的万人签名册。他感慨地说，这是美国几十所中文学校的上万名师生的心意。3个多月来，东至纽约、波士顿，西至洛杉矶，南至休斯敦，北至底特律，无数个日日夜夜，人们聚集在全美几十个州的数十所中文学校的签名桌旁。年小的仅4岁，年长的80有余，怀着“庆贺香港回归”的同样心情，在签名册上留下了自己的心愿。

在喜庆回归的日子里，“新界”大埔酒店迎来了200余名原东江纵队港九支队的老游击战士，他们是专程从内地各省赶来与香港的老战友一起共庆回归的。一双双手握在一起，这是相隔50多年后的重逢。岁月的痕迹刻在额头，当年的乌发已如霜染，然而，老战士们盼故乡早日升起五星红旗的愿望始终未变。原广州市总工会主席梁超说：“时光如流水，岁月不留人。我们昔日是风华正茂的热血青年，今天都已是80岁左右的老人。能见证香港回归祖国，了却深藏心中半个多世纪的心愿，真是高兴啊！”

半世总为天外客，今朝同是故乡人。香港回归祖国前夕，33个国家和地区的300多位华侨、华人作为嘉宾，云集香江。他们身居国外，但心系祖国统一大业。他们日思夜盼的喜庆大事——香港回归祖国今天终于实现了！来自美国纽约的著名物理学家、美籍华人袁家骝博士，今年已85岁高龄，不顾年迈，来到香港。他说：“在有生之年，能见证香港回归祖国，我感到三生有幸。”法国巴黎华商陈克威先生曾于1961年来过香港，事隔30多年后再看香港，感慨万千。他兴奋地说：“近十几年、特别是祖国改革开放以来，香港取得令世人瞩目的成就。我相信随着香港回归祖国，生活在这片国土上的龙的传人更能施展拳脚，创造出更多的奇迹。”

东方曙色微露，新的一轮太阳即将升起。

今天我们圆了一个百年的梦，明天我们还要圆一个百年的梦：民族昌盛，四海安宁。

一个真诚的愿望，一个永恒的祝福。

（《人民日报》1997年7月1日5版）

这是经过精心策划的报道，香港回归，神州欢腾。一批记者被安排到香港不同的场所采访香港民间欢庆回归的盛况。

石龟情深——一个美丽的传说圆了香港人的梦想，结束了亿万中国人的期盼。比兴式的写法把人们带到香港庆祝回归现场。

文章由面到点，点面结合。神圣的时刻，全世界把目光投往香港，香港人民庆回归，花似海，歌如潮，新婚盛典，警察换颜；欢腾的香江，三大晚会在三个戏院同时上演，明星登场，农民献艺；真诚的祝福，尖沙咀“九龙戏明珠”，维多利亚“万家同乐庆回归嘉年华”，从 4 岁孩童到耄耋老人，从香港市民到海外华人，无不沉浸在欢乐的海洋之中，为香港献上深情的祝福。

文中自始至终洋溢着爱国雪耻、振兴中华的情怀，是一篇弘扬爱国主义的散文诗。

[概貌通讯写作实训]

下面是我校校报记者采访回的我校开展青年志愿者活动的材料，内容杂乱，请同学们仔细阅读，理清头绪，删繁就简，然后以《爱心无价——我校青年志愿者活动剪影》为题写一篇概貌通讯，字数在 1000 字左右。

志愿者是指志愿贡献个人的时间及精力，在不为任何物质报酬的情况下，为改善社会服务，促进社会进步而提供服务的人。志愿工作具有志愿性、无偿性、公益性、组织性四大特征。“志愿者”（英语 Volunteer），是一个没有国界的名称，在西方发达国家中，也有志愿者组织。在香港，志愿者被称为“义工”，志愿者行动叫做义务工作。参与志愿工作，既是在帮助他人、服务社会，同时也是在传递爱心和传播文明。

1993 年底，共青团中央决定实施中国青年志愿者行动。12 月 19 日，2 万余名铁路青年率先打出了“青年志愿者”的旗帜、在京广铁路沿线开展了为旅客送温暖志愿服务。

为推动青年志愿服务事业的发展，团中央于 1994 年 12 月 5 日成立了中国青年志愿者协会，随后，各级青年志愿者协会也逐步建立起来。到 2000 年，已初步形成了由全国性协会、36 个省级协会、和 2/3 以上的地（市）级协会及部分县级协会组成的志愿服务组织管理网络。

1998 年 8 月，团中央青年志愿者行动指导中心正式成立，负责规划、协调、指导全团的青年志愿服务工作，承担中国青年志愿者协会秘书处的职能。

我校青年志愿者在学工处、校团委的组织领导下蓬勃地开展起来。

今年 3 月 12 日，08 级财经系电子商务班 20 名在团员青年在班长王波的带领下，10 名同学们提着水桶、拿着抹布清洗火车站护栏，把护栏上陈积的污垢洗干净。其他同学帮助旅客上下车，扶老携幼，提送包裹。一位步履蹒跚的老大娘在 2 名大学生志愿者的帮助下，顺利地登上开往西安的列车。在站前广场，大学生志愿者方丽冒着刺骨的寒风一面为旅客发放今年春运列车时刻表，一面向过往旅客介绍当日列车的开行信息。

在车站候车厅，只见大学生志愿者李萌和杨新一同为旅客倒开水，提醒旅客看管好自己的物品。

在进站口，虽然旅客很多，但大学生志愿者李曼在铁路客运人员的带领下组织旅客进站却像模像样，检票、放行每一个环节都十分认真。

在站台上，大学生志愿者王杨主动帮助抱小孩的旅客进站、上车，为老年人拿行李，赢得旅客一致称赞。

服务过程中大学生志愿者充分发挥自身优势，在站前广场设置了“大学生服务台”，开展法律援助和提供信息咨询等。

在这次任务结束之时，大学生志愿者徐静深有感触地说：“我们志愿者一定会尽力完成这次任务，也希望更多大学生作出更多贡献回报社会。”

2017 年 11 月 10 日，机电系青年志愿者协会的同学们在民委会开展了与百度小桔灯项目组联合举办的“机电——百度，小桔灯爱心书汇”公益活动。活动以为贫困山区的儿童募集衣物、书籍，以及为贫困地区祈福为主要形式。

在活动现场，近二十名志愿者同学们不畏严寒，积极为到场的居民们进行耐心地讲解。现场，居民们踊跃地捐出了自己的衣物和书籍。一位年过花甲的老奶奶拿出了家里才刚刚买来的新毛衣，对志愿者同学们说：“一定帮我把它带到能用得到的地方去。”令在场所有的人都为之感动。也有的居民带着自己的孩子一同前来捐书，不但奉献了爱心，更给自己的孩子上了最生动的一课。

“机电——百度，小桔灯爱心书汇”第一期走进社区活动已圆满结束，第二期活动将于近日在我校礼堂内举行。

青年志愿者协会的同学们表示，希望广大师生能将闲置的书籍、杂志、衣物等交予他们，我们一定将机电同学的爱心传递下去。

据悉，小桔灯公益捐书活动是百度知道和百度百科共同发起的网络公益活动，旨在为贫困地区的儿童提供图书和学习用品，让那些信息不畅、地区偏远的儿童也能通过书本来获取知识。聚集百度千万网友的力量，共同将知识的种子和互助奉献的理念由线上延伸到线下。

今年的3月5日是我国第46个学雷锋纪念日，也是全国第10个青年志愿者服务日。我校开展了青年志愿者统一行动日活动。各级青年志愿者队的队员们在校团委的号召下，积极行动起来，奉行“节约和谐，从我做起”的活动主题，投身志愿服务，奉献爱心，将大爱播撒在校园内外。

校园广播站里播放着“落实科学发展，树立节约新风”的倡议，号召大家树立节约意识。校学生会组织开展了“弘扬文明礼仪，建设绿色校园——回收废旧电池”活动，同学们纷纷把用完的废旧电池投入环保箱，志愿者们在活动结束后把电池送到指定回收地点。校青年志愿者协会的志愿者在所有教室张贴“树立节约新风——勤俭节约”的倡议书，号召大家自觉养成节约的良好习惯，做到珍惜每一滴水，用完即关；珍惜每一张纸，正反两面充分利用；珍惜每一度电，人走灯灭；珍惜每一粒米，均衡饮食，禁止浪费；珍惜每一分钱，合理理财，杜绝攀比；珍惜每一件公共财物，正当使用，倍加爱护。志愿者们同时也积极行动起来，做节约资源的倡导者，在正则楼旁的小山坡草坪上捡拾落叶、清理杂草。

人文系青年志愿者以高涨的热情积极投入打扫图书馆活动。他们扫地、拖地、擦窗……一小时后，图书馆内焕然一新。艺术设计系的志愿者互相帮助，分工协作，帮助阅览室，将一捆捆厚重的图书搬运到图书馆，整个活动井井有条。旅游系志愿者带着自备的扫把、拖把、水桶等工具对校园附近学府路的公交站台进行了清洁，志愿者们挥汗如雨，用自己的实际行动实践着“奉献·友爱·互助·进步”的志愿服务精神。电子与信息系青年志愿者走进到区特教中心开展“学雷锋，奉献爱心”活动，通过给小朋友讲雷锋故事，介绍雷锋事迹，教小朋友画画、写字，开展雷锋知识问答等活动，使小朋友们充分感受到社会大家庭的温暖。管理系在六号楼广场前开展勤俭节约宣传签名活动，整个现场气氛异常热烈，过往同学纷纷在横幅上郑重地签上自己的姓名，表达将从生活的点点滴滴养成勤俭节约好习惯的决心。

在这个难忘的日子，市中心血站的采血车也来到校六号楼前。同学们踊跃奉献爱心，共有61名同学献血，有效缓解了市O型血的紧缺状况。

在东湖校区，基础部青年志愿者一行40人前往敬老院，开展主题为“和谐高职暖夕阳”的敬老院献爱心活动。志愿者们分组清扫地面，陪老人们聊天，帮老人们剪指甲、梳头，并现场表演了唱歌、跳舞等小节目。教师教育系青年志愿者来到丹阳凤凰新村居委会开展学雷锋志愿者活动，通过开展为社区居民打扫楼道、出黑板报等活动，弘扬雷锋精神。

雷锋时刻活在我们心间，雷锋精神永流传。我们相信，只要全校师生爱心永驻，奉献精神永随，雷锋精神必将在我们身上发扬光大！

4月3日至6日，我校青年志愿者协会和学生会开展了“迎世博，讲文明树新风——青年志愿者在行动”系列活动，意在以实际行动感召更多的青年投身志愿服务的实践，宣传世博会的主题和理念，宣传文明新风尚，传播文明礼貌，同时以3月5日“青年志愿者服务日”为契机，发扬志愿者精神，鼓励当代大学生积极参与社会活动，主动承担责任，为世博会顺利召开做一点力所能及的事情。

本次活动内容丰富，由各类宣传逐步深入至实际行动，分别为：4月3—5日，发放宣传资料，对世博会进行广泛宣传；4月4日和5日，进行“迎世博”短片展播及主题宣讲；4月6日，开展志愿者“太阳村”关爱行活动。

4月5日，青年志愿者协会和校学生会于校园内发放了相关宣传资料，旨在帮助同学们了解世博会的历史、发展及特点，宣传其对促进世界各国在平等的舞台上传播友谊、增进了解，展示科技文化成就和精神面貌的积极作用，从而普及三大盛会的主题和理念，提高公众对上海世博会的知晓度、关注度、支持度和参与度。

4月4日和5日，青年志愿者协会和校学生会在多媒体教室展播了介绍三大盛会的短片，随后以主题宣讲的形式，倡导同学们使用礼貌用语，文明观博、观赛等，使其提高自身的文明修养。其间穿插由学生会成员自编自演的话剧《彩车志愿者》，现场的气氛也因而达到高潮，使同学们在欢笑中体会付出为乐的精神。会前便有同学前来咨询展播内容，会后更有许多同学咨询世博会招募志愿者的方式，希望参与其中成为一名志愿者，由此看来本次活动收效良好，达到了预期的目标。

4月6日，青年志愿者协会的志愿者们进行了“太阳村”爱之旅行动，由前两日的宣传活动深入为实际行动，关爱特殊群体，帮助其打扫卫生，和小朋友们一起做游戏，既切实为需要者提供帮助，也使志愿者们自身得到了锻炼。返校后，志愿者们又自发组织去学校周边擦拭广告牌、清理污迹、发放宣传资料等，给这次的活动画上了圆满的句号。

第五节　新闻特写的写作

新闻特写是截取最有意义的一个新闻片断，集中笔墨形象化地描绘其中的人物和细节，再现新闻事实的通讯体裁。

新闻特写的特点：

（1）故事性强。采用明快的语言叙述故事的发生与发展过程，设置悬念或伏笔，增强报道趣味性，同时深化了新闻主题并强化了新闻传播效果。

（2）现场感强。作者身临新闻现场，耳闻目睹、亲身感受形诸于笔，把读者领进新闻现场，使读者如临其境，对所发生的新闻事实感同身受，再现大喜大悲的新闻场景，产生视觉、听觉、触觉、味觉等感官冲击和心灵感应，从而获得鲜明而深刻的印象。

（3）笔墨集中。新闻特写集中笔墨对某一场面、某一细节进行精雕细刻，刻画人物形象，表现新闻波澜起伏的情节。

写作要领：

（1）善于抓住典型片段。新闻特写犹如摄影师抓拍一个精彩的镜头，作者要善于抓住能反映新闻全貌的特征性场面、典型性细节，捕捉精彩的瞬间，“以一斑而窥全貌”。

（2）手法多样而不失真。新闻特写常用象征、比喻、拟人等文学手法，读来生动明快，但是不能违反新闻真实性的原则，必须如实描绘真人真事，保证每个细节都是真实的。

（3）再现现场，故事生动。写作时要用生动的细节描写和鲜活的人物对话来记述身边发生的故事，再现新闻现场，读者仿佛身临其境。

（4）结构精巧，语言简洁。新闻特写为了追求故事的曲折离奇，各种叙述方式灵活运用，常常制造悬念，不需要华丽的词藻雕琢，常用平实、浅易的话语叙述生动曲折的故事。

[精品赏析]

联合国风雨送加利

本报驻联合国记者　周德武

1996 年 12 月 31 日中午 12 时，按惯例是联合国举行记者吹风会的时候。然而今天的会议室却大门紧闭，联合国秘书长首席发言人福阿女士也没了踪影。当加利任期即将结束的时候，福阿是第一位宣布辞职的联合国官员。据说，她将利用一年时间撰写一部新著《尝试新生活》。

来到大厅一层，记者发现摄影和摄像的同行们早已把电梯出口处作为今天的新闻焦点。原来美国几家著名的电视台事先得到消息，加利秘书长下午 1 时离开联合国。他们便早早来到这里抢占有利位置，准备拍摄 1996 年联合国的最后一条新闻。门外，车牌为“外交 00008A”的加利专车和一辆警车在风雨中静静地等候。这是一辆由德国政府送给加利先生的“奔驰”防弹车。我好不容易挤到护栏前面，这时离加利出发还有 30 分钟。电台也正播出加利即将离开的消息。在大厦里工作的联合国雇员陆续来到这里，电梯周围很快就被挤得水泄不通，为的是争相目睹这位坚强斗士光荣退休的场面。1 时整，联合国副秘书长明石康、金永健等 10 多位副手先后出现，排在电梯两旁。不一会儿，保安人员宣布，加利乘坐的电梯马上到达，大厅里顿时响起热烈的掌声。加利身着一身浅色西装，风度儒雅。从他微笑的嘴角中，透出几分倔强。也许正是这种倔强使美国人觉得他难以驯服，决心把他作为美国国内政治纷争的替罪羊。也正是这种倔强，增强了他与美国霸权主义作斗争的勇气。

现年74岁的加利先生是第一位来自非洲的联合国秘书长，也是第一位没有获得第二任机会的秘书长。美国以加利“对联合国改革不力”为由，对加利的第二任期行使否决权。但明眼人都很清楚，是因为加利与美国在处理索马里、波黑问题上发生矛盾，对美国拖欠联合国10多亿美元会费提出严厉批评而招致美国的不满。但是加利并没有为美国的压力所屈服，依然宣布竞选下任秘书长，争取非洲人应当享有的权利。在僵局难以打破的情况下，加利先生从非洲大局出发，主动宣布暂停作为下任秘书长候选人资格，使得来自加纳的安南先生得以脱颖而出，从而最终实现了非洲人连任联合国秘书长的权利。

送行的人们带着钦佩的心情与加利握手道别。加利走到早已准备好的话筒前祝大家新年愉快，祝联合国取得成功，祝安南取得成功。他还告诉大家，他准备取道巴黎返回开罗，今后将继续以世界知名人士身份服务于联合国。人们目送加利迈出大门，一位工作人员迅速将一件大衣披在他身上。记者追至门外，突然发现秘书长首席发言人福阿正等候在汽车旁，最后一个与加利行吻别礼。随着汽车的关门声，加利乘坐的黑色奔驰车很快消失在风雨中。送行的人们久久驻足大厅，默默地为他祝福：愿好人一路平安。

（《人民日报》1997年1月2日第6版）

加利是前联合国秘书长，为世界和平与发展作出了重要贡献，深受世界人民爱戴。作者没有写加利在联合国废寝忘食力挽狂澜的情景，而是抓住了他离任送别的一刻。

文章一开头写联合国吹风会之日的冷清场面，而一楼大厅电梯口记者们严阵以待抢新闻。峰回路转，原来今天是联合国秘书长加利离任之日。开篇让人耳目一新。

继而写电梯周围挤满了争着前来送行的人们。对加利的描写寥寥几笔透露出刚毅和果敢，适时对加利未能连任的原因进行评述。为了顾全大局，加利隐身而退，让人对美国的霸权主义行径有了清楚的认识。人们目送加利在风雨中离开联合国，驻足在大厅里为他祝福。

文章语言朴实，顺序的结构方式，白描的写作手法，未作过多的铺陈，适时插入背景材料，叙评结合深化主题。仿佛把读者领进联合国，目睹加利离任那朴素而热烈、简约而隆重的画面。

[新闻特写写作实训]

同学们可采访一场校际友谊篮球赛或歌咏比赛决赛，或者采访勤工俭学活动，身临现场体验，然后写一篇新闻特写。

第六节　小故事的写作

小故事是通过写一人一事再现现实生活中的新奇片段的通讯体裁。

小故事的特点：

（1）篇幅短小。新闻小故事的篇幅都短小，长的也不过六七百字。

（2）情节单一。故事中的人物也不多，故事情节简单，常常是一人一地一事。

（3）故事完整。从人物出场，到故事的发生、发展、结局一线贯穿，故事来龙去脉清楚，叙事完整。

写作要领：

（1）从小处入手，大处着眼，以小见大。小故事往往撷取点滴小事，反复提炼主题，表现一个宏大的主题。

（2）写活生动的故事情节，以情感人。小故事篇幅不长，关键要抓住生动的故事情节，对主人公进行精心刻画，表现其个性特征，呈现感人的力量。

［点滴拾趣］

大学里的“万元生”

本报记者　王晶　通讯员　张志成

12 日、13 日，雪后初晴，武汉商贸职业学院学生陈墨和平常的双休日一样在武昌高校中穿梭，向学生推销电脑等产品。他靠勤工俭学买了电脑，配了手机，存款已攀上了 5 位数。

2003 年陈墨考上武汉商贸职业学院后，依靠经商的叔叔资助其上学。他不满足于“寄人篱下”的生活，总寻思着自力更生。去年他发现大学生对电脑的需求旺盛，这个电子商务专业的学生来到广埠屯电脑城，想寻求电脑代销业务。电脑城的经销商们开口便问要多少货，陈墨老实地说自己是学生，希望能代销电脑。许多经销商便不再搭理他。陈墨毫不气馁，费尽口舌终于说通祥丰电子公司同意现钱拿货，还给予一定的利润。

他把广告单贴到附近高校学生公寓，还发动同学帮助揽生意。有一天，湖北工业大学两位学生通过短信发来电脑配置单，询问价格。他立即回信，答应比商场同类型电脑便宜 100 元，包送货安装。他当即从祥丰公司提了两台电脑送到该校，“那次除去车费赚了 300 多元”。

初涉商海的惊喜使陈墨信心倍增，一有空就往其他学校跑，打听学生电脑的需求情况。本学期刚开学，他就卖出 5 台电脑、2 个 U 盘和 3 个 MP3。

他一边推销电脑，一边学习组装，同学的电脑有了毛病，他便成了好师傅，这样一来生意越做越广，经销商也愿意让他先赊货销售后还款。

目前，陈墨和同学合伙开办的武汉仆人拓展公司，正积极筹备“大学生创业网”，他们要把书本上的电子商务知识真正运用到实践中去。

（《湖北日报》2005 年 3 月 24 日 B1 版）

此稿是笔者采写的。一个家庭贫困的学生为摆脱困境，积极参与勤工俭学。笔者对其克服困难，自力更生推销电脑产品，带领同学开展创业的过程进行精心描绘。该文选择了一个典型人物和感人事迹，故事完整，不枝不蔓，短小精悍，新闻性强。陈墨同学奋发自强的形象跃然纸上。

[新闻小故事写作实训]

同学们可采访某位先进模范人物，如，劳动模范、国家奖学金获得者、优秀老师，撷取其中一段感人的事迹写一篇新闻小故事，符合新闻小故事的写作要求，字数500字左右。

第九章　新闻访谈的写作

新闻报道的写作中，消息以其扼要、快捷见长，通讯则以其细腻、广角而取胜。与消息、通讯相比，新闻访谈则以构思独特、接近实际、话语丰富、现场感强而崭露头角，为广大受众所喜爱。

广大新闻工作者在新闻采访活动中创造了许多经典的新闻访谈案例。《京华时报》访谈栏目《京华茶馆》以娱乐界明星作为访谈对象，让读者与明星互动，扩大了报纸的影响力。中央电视台《高端访谈》《面对面》等新闻访谈节目以人物解读新闻，记载社会发展，均获得了较高的收视率。

媒体在进行新闻报道过程中，对人物访谈进行精心策划，选择具有影响力的人物、事件、问题等进行访谈，以吸引受众的注意力，提高媒体的关注度。

新闻访谈是大学生记者学以致用，提高口语水平和社会交际能力的重要一课。高校校园日新月异，为大学生记者开展采访提供了丰富的素材。

第一节　新闻访谈的含义及特点

一、新闻访谈的含义

新闻访谈是就当前某一方面的问题、事件、热点采访有关人员，对有关难点进行阐释，表明自己的看法、主张和态度的新闻报道体裁。

新闻访谈在新闻传播活动中，以其现场感强、情景逼真、语言通俗和生动活泼而为大众所喜爱。

二、新闻访谈的特征

新闻访谈与其他新闻文体相比较，具有其独特性：

（一）现场感强

采访者亲临现场，被采访方围绕某一方面的问题，现场发表自己的意见。文中如实描述现场采访的情况。受众能从中了解到访谈的实情。

（二）口语陈述

参与访谈各方以交谈的形式表现自己的观点，通俗易懂。这也是新闻访谈区别于其他新闻文体的一大特征。

（三）各抒己见

在访谈过程中，受访者自由地表达自己的看法，“仁者见仁，智者见智”。

（四）主题集中

虽然在访谈中各方的看法不同，但是总是围绕一个主题展开。2018 年 6 月 15 日，《南昌大学报·毕业季》栏目，大学生记者访问了不同学院的多个毕业生，他们发表的意见都是围绕毕业后实现自己的理想抱负而展开。

新闻访谈在高校媒体中主要有新闻会谈、人物专访、问题专访和事件专访几种形式。

三、新闻访谈采访前的准备

（一）精心选题

新闻访谈涉及的受访者和观众较多，自然广受社会关注，为了达到传播最佳的效果，在选题上抓住社会的热点和难点，通过访谈释疑解惑。2018 年 11 月，深圳某高校副教授贺某发布世界首例基因编辑婴儿在中国诞生。此举震惊世界。中央电视台《新闻 1+1》以“基因编辑婴儿，为什么现在不能做?”为题采访了中国医学科学院和第二届人类基因组编辑国际峰会的科学家。峰会组委会主席、诺贝尔奖得主戴维·巴尔的摩，中国社会科学会哲学研究所高级研究员、中国生命伦理学家邱仁宗等纷纷指责贺某违反了科学伦理，贺某和团队凭什么在没有其他人类成员同意的情况下改变人类基因池。

（二）确定访谈对象

选题确定后要采访什么人直接关系到新闻真实性和客观公正。新闻访谈要根据选题性质选择突发事件的知情人、科学现象的权威人士、争议纠纷持中立态度的局外人，等等。他们是新闻事实的见证者，是访谈过程中澄清事实真相的责任者。采访者要正确地选择、确定访谈对象。2017 年，美国公然违反世界贸易规则向中国悍然发起贸易战。中美两国贸易关系将走向何处？中央有关媒体为此采访了中美智库资深专家，就中美关系的前景、贸易逆差的由来进行深入访谈，寻求中美贸易战的解决之道。专家访谈使广大受众了解到中美贸易战的由来和危害以及解决问题应有的举措。

（三）确定采访的时机

11 月是“全球肺癌关注月”。2018 年 11 月，《陕西日报》记者以此为契机，采访了西安交通大学第一附属医院肿瘤专家郭卉时，她欣然接受了采访，阐述了肺癌的病因和防治知识。

（四）营造现场谈话的氛围

新闻访谈，首在访问，重在谈话，受访者要说出自己的心里话，要有一个适宜的环境，采访者要为之营造谈话的气氛。2012 年，安徽广播电台记者韩锦采制“最美洗脚妹——刘丽”的新闻访谈。他在厦门生活近一周，陪同刘丽一起上下班，进行跟踪记录和采访，遂与这位安徽籍打工妹建立起乡亲情感。最后，韩锦和刘丽在工作间进行深入友好的访谈，摄像机前，清茶飘香，两人以心换心。刘丽把多年的辛酸、苦闷、憧憬一五一十地讲述出来。一个打工妹艰苦奋斗、热心助学的历程展现在广大观众面前。适宜的氛围能产生“知无不言，言无不尽”的效果。

第二节　会谈专访的写作

在大学校园中，中外著名专家常常举行学术讲座，或召开座谈会，讲授学术理论，或就某一方面的热点、难点、事件或现象进行解读，与师生展开互动。大学生记者经常采访这些活动，然后写出有分量的报道，客观地记载新闻会谈的情况。

一、会谈专访的含义及特点

会谈专访是以具有新闻价值的座谈会、交流会等会谈活动为题材进行采写，报道其思想内容的新闻体裁。

会谈专访的特征：

（一）专题性

会谈的主题是集中于某一个方面的问题或事件，而不是漫无目的地发表议论。在会谈中，大家的提问和发言都是围绕一个主题进行。

（二）群言性

会谈专访对会谈中各方的观点、主张都真实地呈现出来。如，2018 年世界艾滋病日，武汉大学真人图书馆举行“对话桂希恩”活动，主题是艾滋病防治。师生围绕这一主题与桂希恩教授互动对话。你一言，我一语，各抒己见。

（三）现场感

会谈专访是采访者在现场对专题会谈的采访，采访的现场性决定了写作过程中要体现来自现场的氛围。

（四）口语化

会谈的写作要如实记载对话的内容，呈现通俗易懂的口语色彩，如同日常会话。口语化是会谈专访的一大特色。

二、会谈专访的写作结构

（一）标题

会谈专访的标题有双标题和单标题。双标题，由正题+副题或引题+正题组成。《无人参选党主席？民进党遇大麻烦》（中央电视台“海峡两岸”2018 年 12 月 11 日）引题设问，引起观众注意，正题阐明民进党走“台独”路线所面临的现状；单标题《让企业成为外来工的家》（《深圳商报》2003 年 12 月），呼吁关爱外来工，开门见山点明访谈的主题。

（二）引言

简要介绍本次专访的目的、人物和主题，以便受众能迅速掌握本次会谈专访的基本情况，为下文的访谈作好铺垫。《对话桂希恩》事先简要介绍了武汉大学真人图书馆开展的一期活动——“对话桂希恩”，介绍了桂希恩的生平事迹。读者看了引言就对访谈内容有了最初的印象。

（三）主体

围绕主题如实记述专访会谈的情况。主持人要善于引导访谈人员谈自己的见解、主张，可以采用问答式，也可采用自由交谈式。会谈如有观众，应适时组织观众提问，参与会谈，使与会的专家能及时回答广泛关切的问题，以正视听。主体写作过程中要善于抓住细节，采访对象间精彩的对话，主要人物的富有特色的表情神态，从而使会谈专访情景再现，使人身临其境。

（四）结尾

访谈结束自然结尾，有的结尾对会谈进行回顾，有的则发出希望或号召，或提出建议。

［精品赏析］

对话桂希恩

防艾：I care，do you?

有这样一位长者，八十一岁仍坚守在临床一线；有这样一位医者，一年工作365天、数十年如一日；他是桂希恩。

学医到底是为了什么？如何做一个合格的医生？艾滋病真的那么可怕吗？如何看待艾滋病背后的伦理问题？理想之于人生的意义在于何处？

桂希恩，1960年毕业于武汉同济医学院。1960—1970年在青海省防疫站从事地方病防治工作。1971—1976年任青海省尖扎县医院医生。1976年后在武汉大学中南医院从事传染病临床、教学和科研。现任武汉大学中南医院主任医师、教授，湖北省艾滋病临床培训中心主任。认真参与了血吸虫病、流行性出血热、组织胞浆菌病及碘缺乏病等疾病的防治工作。在发现我国中部地区血源性艾滋病的流行及综合预防艾滋病、乙肝及梅毒母婴传播中发挥过作用。经常参加和从事公益活动，曾获“全国劳动模范”、白求恩奖章和“全国艾滋病防治先进个人”等。

今年12月1日是第31个“世界艾滋病日”，主题是“主动检测，知艾防艾，共享健康”。我们一起来回顾武汉大学微天堂真人图书馆的一期活动——“对话桂希恩”。

策划丨统筹：肖珊

撰文：颜雯迪、申艳

摄影：龙泉

出品：武汉大学微天堂真人图书馆

“医学的成就应该用来为老百姓服务”

▲案例分析

如果你的伴侣感染了艾滋病，并向你坦白，你会和他/她分手么?

面对这个敏感话题，同学们各抒己见。有人说“对方得了艾滋病自然没法生活在一起，肯定要分开”，也有人表示“如果对方是因为做了对不起自己的事而得病就不会原谅”，还有人坚持“因为爱情，宁可瞒着其他家人，也要一直陪着伴侣治病”，更有人觉得“决定陪伴或离开的，是对伴侣感情的深浅与对病魔恐惧的角力”。

“这不是一个好问题，因为没有标准答案。”桂希恩听了大家的回答后说道。曾经有一位患有艾滋病并怀孕8个月的孕妇，因被男方抛弃选择终止妊娠；也有患病的妻子向丈夫坦白后，没有被抛弃，后来还有了一个健康的宝宝；但仍然有一些艾滋病患者对自己的伴侣隐瞒真情。有些甚至希望伴侣也被传染，想以病来稳固家庭。

桂希恩说："我们每年都举行一些活动，帮助异性恋的 HIV 感染者组成家庭。艾滋病人有追求爱情的权利，但不能跨过故意损害他人生命健康的底线。我们要保护病人的生命健康，也要保护未患病人群的生命健康。一般人平均寿命是 70 多岁，艾滋病人好好治疗也能活到 70 岁以上。我们尽力帮助病人，但也要求他们不对医生及可能被传染的对象隐瞒病情。"

医生有权拒绝给艾滋病病人做高危暴露的手术吗？

广西是全国艾滋病第二高发地区，来自广西南宁市第四人民医院的吴医生发言说："即使不小心在给艾滋病患者的外科手术中把手勾破，也不会告诉家人，自己坚持吃阻断艾滋病的药物。尽管有很大压力，但是我们从来不会拒绝艾滋病患者就诊。"

话音刚落，大家都自发鼓掌，表达对吴医生也对所有抗艾医护人员的尊敬。桂希恩将《最年轻的科学——观察医学的札记》送给了吴医生，随后分享了自己的经历。

"2005 年我去耶鲁大学附属医院，传染科主任带我到病房，发现双人病房有一个患者是艾滋病人，另外一个不是。面对我的疑问，主任反问为什么不能让他们同住一个病房？我答不出来。因为两者不会交叉传染，没有不能住同一病房的理由。现在美国、法国、中国香港，艾滋病患者与非艾滋病患者可以住在同一个房间。但是我不主张中国大陆现在就这样做，因为非艾滋病患者可能会有意见，造成纠纷。"

曾经有通过母婴传播感染艾滋病的孩子，被学校发现，其他学生家长坚持要求开除孩子，即使政府、疾控中心的工作人员一再解释小孩子没有性行为、不献血、不吸毒就不会造成传播，但是家长不相信，班里 51 人，37 个都退学了。校长不得不让患病的孩子退学。有的人可能因为愚昧而恐艾。

桂希恩说，至 2017 年 12 月 31 日，武汉大学中南医院完成艾滋病患者手术 514 人次，中南医院的医疗条件并不是最好的，但是能够接纳这么多需要手术的艾滋病患者，还是源于一种医者的态度，"比能力更重要的是精神"。

▲互动对话

读者：我是右江民族医学院的思政教师，我们的学生有 60% 毕业后都扎根基层。希望桂教授对我们的学生说几句话。

桂希恩：你们学校我知道，前不久有学生给我写信，说是受了我的影响走上了学医的道路，将来也希望回到基层工作，但是身边的同学都准备读研究生，如果自己不读研，担心前途会受影响。我告诉他，我在青海工作了 16 年，如果说我今天做了一点应该做的事，那也和我在青海的经历分不开，没有青海对我的教育，就没有今天的我。

读者：桂老师，请问您会害怕吗？是否担心病人有报复行为？

桂希恩：我是 1960 年毕业的，到现在我也没有得过大病，活到了 81 岁。我没什么害怕的。关于艾滋病，我们应该尊重感染者，他们的学习、工作、生活和医疗都受到法律的保护。我们应该尊重他们的权利。"To live and let live"，你活着也要让别人活着。我们一方面会帮助艾滋病人，希望他们配合医生治疗，好好活着，但也会提醒病人要有责任感，不要把艾滋病传染给其他人。

青年学生防艾工作是全社会防艾工作的重要组成部分，全球的新感染者在减少，但是中国的新感染者一年比一年多，这是我们要面对的现实。我国 2017 年感染 HIV 的青年学生达 16307 人，较 2008 年增长 2 倍。我国累计报告 HIV 感染者超过 107 万人（2018 年 6 月），按 1.1‰推算，大学生 HIV 感染者可能超过 3 万人，虽然低于流行水平，但人数众多，危害大。得病的大学生主要源于性传播。宣传教育是最好的疫苗，要让师生掌握 HIV/AIDS 基本知识和青春期知识。

艾滋病病毒发现者蒙塔尼尔教授说过："全世界艾滋病研究者正在尽力寻求治疗艾滋病的药物和预防疫苗，但如不改变人们的行为，我们的斗争终将失败。"我们要学会说不：对毒品说"不"，对不安全性行为说"不"，筑起抵御 HIV 的长城，为艾防工作做出贡献。

▲后记

活动结束时，桂希恩问："防艾：I care，do you?" 回应的是全场读者整齐划一的声音和潮水般的掌声："Yes，I do!"

2 小时 45 分钟的活动时间里，81 岁的桂希恩大多时间都是站着讲话，他很少谈到自己，但是每个病例、每个故事都有他的身影。他说自己是一个"笨人"，只能专注做医生这一件事情，没有什么专长。多年前，桂希恩的姐姐送给他一把小提琴，一直闲置着，后来送给了一位身患艾滋病的孩子，这孩子在全国比赛中还拿了银奖。

但"只能做一件事"的桂希恩却做到了"聪明人"做不了的事情。因为专注，他执着地走在病患最需要的路上，即使有再多阻扰，也没有迷失方向；因为专注，不理身边纷繁芜杂，对所做之事始终坚持；因为专注，不畏惧困难，不计较得失；因为专注，他比很多人走得更远。

（《武汉大学报》2018 年 11 月 30 日 1484 期 3 版）

点评：这是一篇大学生记者的作品。这次会谈专访起于武汉大学真人图书馆的"对话桂希恩"交流活动。参会除了邀请防艾专家桂希恩教授外，还有医生、老师和在校大学生。对话的主题始终围绕防治艾滋病进行。引言部分简要介绍了桂希恩教授的生平事迹，以及开始本活动的背景，从而使读者对本次活动有了初步的了解，激起阅读的兴趣。

座谈过程中，围绕设置的"你的伴侣得了艾滋病，你会和他/她分手吗?" "医生有权拒绝给艾滋病病人做高危暴露的手术吗?"议题而展开。在学生们的谈论之后，桂希恩和一位防艾一线的医生循循善诱，以切身经历分别进行解答。

在互动环节，讲台下的读者有老师，也有学生，纷纷提出自己的看法或问题。桂希恩结合自己的从医从教的经历，给青年学生解开心灵的谜团，帮助指明人生方向。

文中记述点面结合，上下互动，现场气氛活跃，使深奥的艾滋病防治知识在轻松的对话中得到诠释，易于领会。

美中不足的是，案例分析前缺乏对现场情景的描述和对议题设置的导入，读起来让人感到有些唐突。其次，"互动对话"部分，桂希恩回答第二个问题的三段引语显得松散，让人觉得是不同人讲述独立的三段话。

第三节　人物专访的写作

日常生活中，人与人之间常常互相串门访问，嘘寒问暖，建立情谊。同样，在我们新闻工作中，新闻工作者就某条新闻线索、某个社会热点或疑点等新闻事实对新闻人物进行有目的地采访。

2018 年 11 月，中共中央总书记、国家主席习近平对西班牙、阿根廷、巴拿巴和葡萄牙四国进行国事访问并出席二十国集团领导人第十三次峰会。《人民日报》等中央媒体记者对四国领导人、驻华大使进行了一系列专访。这些人物专访表明了中国的外交方针和“一带一路”倡议取得的辉煌成果。

在新闻采访报道活动中，人物专访是目标最明确、手段最直接的采访活动。它不同于突发事件的采访，也不同于新闻一般随机采访。突发事件让人防不胜防，采访临机而动，现场随机应变；人物专访是有备而来，不愠不火，采访从容自如；一般采访是对新闻线索进行筛选后进行的新闻事实采集，人物专访则是对专人专事指向明确的采访。

象牙塔内是精神文明的代表。“长江后浪推前浪，世上新人超旧人。”校园风流人物竞相涌现。他们中有皓首穷经、著作等身的教授，也有诲人不倦、爱生如子的名师，还有刻苦学习、勇攀高峰的青年学子……他们来自大学工作的各个专业层面。无疑，他们是大学生记者追逐报道的对象。在大学新闻工作中，人物专访是大学生记者的一项日常采访活动之一。

一、人物专访的含义和特点

人物专访是采访者对具有新闻价值的人物进行目标明确的采访后，根据采访的思想内容而撰写的新闻报道文体。

人物专访不同于其他新闻文体，具有以下特征：

（一）针对性

人物专访是针对特定的新闻背景的人物和事实进行采访，以获得具有新闻价值的报道材料。

（二）对话体

人物专访是采访者对采访对象精心准备的采访，受访者根据采访者提出的问题进行回答，阐明自己的见解和主张，文章常常以对话体呈现。也有的人物专访对受访者的思想内容进行概括性的表达，只是没有写出采访者的提问而已。

（三）直白性

采访者在采访中根据问题直接表明自己的思想观点和态度，话语直白，直抒己意。

二、人物专访的注意事项

采访前，要充分了解、熟悉采访对象的情况，做到有的放矢。倘若对采访对象不了解，采访就会陷入僵局。事先了解受访的职业、成就和个性特征，采访提纲的拟订就有了依据，采访安排就稳妥了。

提问要精心策划，做好准备。国家支持民营企业发展。《贵州日报》设立了“民营经济在贵州，支持民营企业在行动”栏目，记者采访了省税务局、省财政厅、省检察院等部门负责人。采访前，记者根据各个部门的职能和在支持民营经济发展中所具有的作用，精心设计了提问。记者采访该省税务局局长时问道：“省税务局将采取哪些措施支持民营经济？”采访省高级人民法院院长时问题是“贵州法院将如何发挥审判职能保护民营企业的合法权益”，等等。记者问到了实处。

要如实记录采访对象的话语，体现其语言特色。人物专访要认真地记录人物的谈话，在写作过程虽根据记录内容进行整理，原汁原味，保留其话语风格。

通过对话表现采访的目的意图和思想内容。人物专访在写作过程中要适时交待采访的目的和意义，并且通过记载人物对话表现专访的思想内容，使读者明确本次专访的意义和思想真谛。

三、人物专访的写作要求

（一）标题的写作

有双标题的形式，正题加附题，例如，《“一带一路”提供难得发展机遇——访巴拿马国际问题研究专家塔皮尔罗》（人民日报 2018 年 11 月 29 日 21 版）；或单标题，即只有正题，《中国在 G20 的角色非常独特且日益重要》（人民网强国论坛 2018 年 12 月 3 日专访上海国际问题研究院院长陈东晓）。

（二）交代采访的对象和缘由等因素

人物专访写作中要开门见山交待本次采访对象的情况，采访的目的，采访的地点，等等，使读者一眼就明确了本次采访所具有的现实意义，能抓住读者的注意力。2018 年 12 月 13 日是第五个南京大屠杀死难者公祭日。国家公祭日举行升旗仪式国歌嘹亮，庄严肃穆，纪念馆门前水池一组雕塑——“无声的呐喊”深深地吸引了人们的目光。为此，《光明日报》记者采访了侵华日军南京大屠杀遇难同胞纪念馆扩建工程组雕创作者——著名雕塑家、中国美术馆馆长吴为山，从而交代了采访的对象和缘由。

（三）着力呈现采访问答中的亮点，发掘其精神实质

采访中的问题有轻重主次。《广州日报》特派香港记者岳瑞贤、李颖在香港回归 10 周年之际采访了香港特别行政区立法会主席范徐丽泰，就特别问道：“你是香港前总督尤德一手提拔的，却因回归与现任总督彭定康争吵，并当场辞去职务，为什么要这样选择？”“辞职后却又重返政坛毅然加入预备工作委员会，是出于什么考虑？”范徐丽泰为香港回归将个人利益置之度外的爱国情怀从一问一答间展现在人们面前。

（四）适当描绘采访现场的情况，勾画出受访者神态

采访现场是人物专访的背景，在写作中应适当描绘。受访者接受采访的举止神态也显现着他对问题的态度和性格特征，专访中进行适当的描述有助于受众对专访思想观点的

领悟。

[精品赏析]

李洱谈二月河：他把帝王当成普通人来写

著名历史小说作家二月河（2018年12月15日）去世，留下500万字的浩瀚作品。其对帝王如康熙、雍正、乾隆的描写，让很多人从近似日常的角度，了解了这些帝王。关于二月河的写作特点、日常生活，我们采访了著名作家李洱。

新京报：二月河的历史小说写作有哪些特点？

李洱：他早年研究《红楼梦》，研究清史，后来写小说的时候，把帝王当成普通人来写，既有帝王气象，又把他们放在日常生活中去表达，这是他很大的一个贡献。他成就最高的，应该是写雍正。

新京报：与另一位著名历史小说作家凌力相比，二月河的写作有哪些不同的地方？

李洱：二月河写他的作品时，已人到中年。他带着中年的心态，本人也历经人世沧桑，所以他可以写出人在历史沧桑中的周折。

新京报：二月河的历史小说也被改编成了电视剧，对大众认识这些帝王产生了不小的作用。但是历史小说和史实之间的出入，应该如何去看待？

李洱：这里有两个层面的问题。我们现在所知道的清史或者历史，也是经过选择的历史。历史一旦形成书写，它和历史最早的原貌是有差异的。这是其一。

其二，他根据这些史实，包括民间传说来写，历史小说是允许虚构的。曹雪芹的小说也是有虚构的，里面的菜名，你是无法还原的。这是小说家的权利。后人想要知道清史的话，你要去读清史，不能通过小说去了解清史。

新京报：日常生活中的二月河是怎样的一个人？

李洱：他虽然写帝王，但本人的生活还是很平民化的，喜欢喝粥，住在南阳一个小院里面，穿布鞋，是个非常朴素的一个人。

新京报：你如何看待他的离世？

李洱：我对二月河先生是很尊重的，也读过他的小说，主要是看的《雍正王朝》。我早年当编辑的时候，他的小说也在河南的《莽原》杂志发表。我跟他接触不是很多。我到南阳看过他，他来郑州开会的时候我们也有见面。有时候一些外地的朋友要他的签名书，我就通过南阳的朋友拿到他的签名。有一个细节是，外地作家要签名书的话，我记得不是很清楚，好像是这个书的一部分钱，会捐到青少年的一个基金会里，说明他对青少年的成长还很关心。听到他去世，我也是很震惊。但是作为一个作家，他已经完成了自己，没有什么遗憾。

（作者：《新京报》记者，张进，编辑：沈河西，校对：吴兴发）

点评：该专访有问有答，追忆二月河的文学成就，让读者从中了解到二月河的人品、简朴的生活，以及对事业孜孜不倦的追求。专访如数家珍，娓娓道来，不事雕琢，当是初学者的好范文。

第四节 问题专访

问题专访也是一种常见的新闻访谈文体，对问题的采访与解答，给人以启迪或深思。

一、问题专访的含义和特点

问题专访是针对人们反映比较突出、迫切需要解决的问题采访有关人员，进行解答，寻求解决问题之道的新闻访谈文体。

问题专访还经常以系列报道的形式出现。问题专访具有以下特点：

（一）问题导向

问题专访抓住人们普遍关心的生活、工作中遇到的普遍关切的问题，采访有关专业人士或者知情人、利益相关方，使问题产生的原因、发展及应对之策呈现在人们的面前。

（二）解答疑难

发现问题，回应人们的诉求，最终当然是促成问题的解决。问题专访就是解答这些疑难问题，寻求解决问题之道。《肺癌：一个亟待重视的公共健康问题——访西安交大一附院肿瘤专家郭卉》在分析了癌变发生的原因的基础上，陈述了预防和治疗肺癌的技术方法，使人们对肺癌防治有了比较深入的认识。

（三）指导性强

《小区养狗之争》通过分析养狗伤人的现状，采访小区居民、政府官员，摘录网友意见，邀请专家说法，提出了政府加强立法，规范养狗行为，促进居民文明养狗，共同建设和谐文明社区。该专访对全国小区养狗问题具有一定的指导意义。

二、问题专访的写作注意事项

写作的标题、主体、结尾与其他专访具有高度的相似性。这里不再赘述。

写作要交代采访的背景，呈现该类问题或社会现象产生的原因、发展过程以及带来的社会后果。在采写过程中，需要围绕问题找到适宜的解决办法。还可以采用连续采访报道的形式，使庞大的问题化整为零，步步深入，逐个解决。

[精品赏析]

小区养狗之争（节选）

现今都市生活中，养狗已经成为不少人生活的一部分。但养狗也可能造成一定的安全隐患。(广东省惠州）市疾控中心提供的数据显示，近两年我市犬伤暴露监测数据每年4万多人次。在小区业主群和网络问政上，呼吁市民文明养狗、政府加强管理的声音也频频出现。事实上，惠州市在8年前就出台了《惠州市区养犬管理办法（试行）》，并于2010年7月1日正式实施。但如今该办法已经过了5年有效期，失效3年。对此有部门和专家建议，尽快完成惠州市养犬立法工作，以更好解决现时养犬管理难的问题。

现状

近两年我市犬伤暴露每年 4 万多人次

在惠州，狗咬人、伤人的情况也不容忽视。市疾控中心传染病预防控制科副主任医师刘雪梅介绍，目前我市犬伤暴露监测网络覆盖到乡镇级及以上医疗机构接种门诊，近两年我市犬伤暴露监测数据为每年 4 万多人次。

每年 4 万多人次犬伤暴露，从另一方面也说明狗在我们身边随处可见。东时记者从惠州市动物卫生监督所了解到，2017 年惠城区乡镇犬只存栏数为 31945 只；狂犬疫苗发放数量是 40700 头份；全区乡镇犬只狂犬免疫注射数为 24323 头份。至于没有登记在册的犬只到底有多少，谁也说不清。

走访

小区居民：养狗不卫生还可能扰民伤人

近日，东时记者走访了部分小区，每个受访者对于这些随处可见的狗狗都有想说的话。不养狗的市民谈得多，他们认为狗只影响小区环境卫生、犬吠声扰民和担心被狗伤害。

家住市区江北双城国际小区南区的王女士提到小区的宠物狗就是一脸的烦恼。"我小孩每次看到小区居民拉着狗出来就会害怕，有时候还会被吓哭。"王女士说，去年有只流浪狗跑进小区把一个 1 岁多的小孩咬伤，流浪狗则被家长当场打死。还有一次有个老人带着孩子在小区溜达，突然一只小狗跑出来直奔小孩面前，把小孩吓到直哭，老人也是吓得不轻。王女士说，每当想起这件事情就觉得害怕。

王女士说，平时小区内也有不少居民养狗，有的宠物狗娇小可爱，有的宠物狗则像狼狗一般高大凶悍，有的宠物狗有绳子拴住，有的则没有，"小区内很多小孩在玩耍，看到没拴住的宠物狗到处跑，我真担心这狗突然兽性发作，咬伤孩子怎么办。所以每次看到宠物狗，我都把孩子抱得远远的"。王女士希望小区物业对宠物狗加强管理，同时也希望宠物狗主人文明养狗、文明遛狗。

与王女士有相同烦恼的还有家住市区江北海伦堡小区的蓝先生。他告诉东时记者，在他们小区，也有不少居民饲养宠物狗，"居民养宠物狗我不反对，但是狗主人还是要遵守社区管理规定，文明养狗"。

爱狗人士：有养狗的权利　但要做好相关工作

养狗和爱狗人士也有自己的想法。

市民秦女士从 2012 年开始养狗，一直养了 6 年。她告诉东时记者，养狗这么多年来，她从未接到过居民的投诉。"养犬人要善待宠物，除了要给宠物狗打好疫苗，注意卫生之外，同时还要注意喂养方式，对待宠物最好不要圈养，否则宠物狗容易性情狂躁。"秦女士说，市民有饲养宠物狗的权利，但在行使权利的同时也要注意做好卫生工作，每次宠物狗拉屎后要包好带走。另外，每次遛狗时要注意考虑到其他市民的感受。

呼吁

市民文明养狗　政府加强管理

养狗之争还延伸到网络上和微信群里。近日，市区江北伟豪都市印记小区的业主们就因为"狗"引发了热烈的讨论。该小区居民"欣然"吐槽"小区养狗人缺乏教养，狗在电梯里拉尿，草坪里到处是狗屎”。

“羊羊得宜”更是直言：小区个别邻居养狗问题已经严重影响到小区的环境卫生和危及人身安全，如狗的排泄物没及时清理，出门没套狗绳口套等。

在今日惠州网东江论坛上，对于狗狗的讨论也长盛不衰。随着讨论的深入，东时记者发现，许多帖子除了各种吐槽之外，更多的是呼吁养狗者文明养狗，政府有关部门加强管理。

管理

惠州出台养犬管理办法已失效3年

针对如何有效管理养犬行为，惠州市在8年前就出台了《惠州市区养犬管理办法（试行）》并于2010年7月1日正式实施。

管理办法已失效3年

那么《办法》实施情况如何呢？市区江北海伦堡小区物业经理赵思雨的经历或许可以从侧面反映。

“我们物业也时常接到小区居民关于宠物狗乱拉屎拉尿、不文明遛狗的投诉，小区也曾发生过宠物狗咬人、扑人的情况，但物业没有执法权，只能从中调和劝说。”赵思雨说，为了做好小区文明养狗工作，物业也做了不少工作，比如对每个养狗家庭进行统计，对宠物狗进行拍照留档以便发生狗咬人时能及时找到狗主人，在电梯处张贴文明养狗温馨提示，在小区内开展文明养犬杜绝高空抛物签名活动，加大宣传力度，同时还对狗主人做思想工作，让业主遛狗时注意安全，及时注射疫苗、办好相关证件等。

作为《办法》主管实施部门，市公安局表示，在《办法》实施期间，该局积极主动与相关部门进行沟通协调，强化部门联动。

东时记者在今日惠州网和市政府网络问政里搜索发现，最近几年，市公安局也多次回应网友关于管理办法实施情况，所回答的内容与上述回应大同小异。但2016年之后，市公安局的回应里则多了一个内容：“《惠州市区养犬管理办法（试行）》从2010年7月1日起实施，有效期5年。完善与更新的工作迫在眉睫，必须尽快在市政府的统筹下，相关部门研究制定新的养犬管理办法，使我市养犬管理办法持续有效。”

疑问

失效规定能否续期？

《惠州市区养犬管理办法（试行）》至今已失效近3年的情况也引起了网友的关注。最近就有网民在网络问政上提出疑问：“失效的规定还续不续期？”

5月8日，惠州市法制局对网友的提问进行了回复。惠州市法制局在回复中提到，犬类属动物的一类，其饲养和管理以及相关政府部门的监管职责，《中华人民共和国动物防疫法》《中华人民共和国传染病防治法》《中华人民共和国治安管理处罚法》《广东省动物防疫条例》《广东省爱国卫生条例》《广东省犬类管理规定》等有关法律、法规、规章作了相应规定，政府有关部门应按照法定职责各司其职，加强对养犬行为的监督管理。政府有关部门主要是依照上述有关规定对养犬行为进行监管，而《惠州市区养犬管理办法（试行）》只是实施上述规定的补充，该办法失效后并不影响政府有关部门对养犬依法履行法定监管职责，并非无法可依。

建议

人大立法管理犬只

《惠州市区养犬管理办法（试行）》自行失效后，实施部门为何没有提出修改并重新发布呢？这一点，网友“业主”于5月15日也在网络问政上进行了追问。

5月23日，惠州市公安局作出了回应。惠州市公安局在回复中首先分析了当前存在的问题。从全国范围上看，犬类管理多由地方立法，国家立法滞后。

市公安局在回复中还谈到了下一步工作措施。就是积极主动与相关部门进行沟通协调，尽快完成惠州市养犬立法工作。

专家说法

养犬立法迫在眉睫

“养狗管理难题成因从来都不是单一的，立法滞后只是原因之一。”市政府法律顾问、市律师协会会长、广东卓凡律师事务所主任杨择郡接受东时记者采访时分析，一方面，从立法技术看，《广东省犬类管理规定》过于笼统，处罚较轻，难以起到有效的规范作用。另一方面是地方政府重视不足，目前《惠州市区养犬管理办法（试行）》因有效期届满已失效，但新的规定没有及时出台，造成地方管理规定空白。第三是物业管理理念陈旧，缺乏养狗便民设施。他称，传统观念中物业是为住户服务的，没有顾及住户新的“成员”—— 宠物，如小狗小猫。很多小区没有设置宠物粪便收集箱，导致宠物随地便溺缺乏收纳……

2018年度的立法计划中并没有城市养犬管理的内容，接下来是否对此立法还需看各方提出的建议再作研究论证。

（东江时报2018年6月28日 A06版）

点评：该篇问题专访具有以下特点：一是抓住了全社会普遍关注的社会问题。小区养狗带来小区环境卫生和居民安全等一系列问题，为此整个社会争议不断。二是采访面广，受访者上至政府官员，下到小区居民、网友，代表了社会各个层面和各利益相关方。采访各方观点真实可信，具有代表性。三是逐层深入，形成了指导的意见和建议，力促问题的解决。

第五节　事 件 专 访

“坐地日行八万里，巡天遥看一千河。”我们身边大大小小的事情无时不刻不在发生。许多事情影响着我们的生活和工作，在悄悄地改变世界。我们新闻工作者有必要对重要事件进行访问，发现其新闻意义。事件专访当然是访人，但谈论的是事，是关乎我们社会生活和工作的重要事情。

2018年，陕西省委、省政府积极贯彻落实习近平总书记关于秦岭保护的重要批示指示精神，打响了秦岭保卫战，开展全省秦岭北麓违建专项整治工作。陕西日报高度重视，精心部署，多角度、高密度进行报道，采访了著名专家和政府负责人，连篇累牍刊发事件专访，起到了很好的宣传效果。

一、事件专访的含义及特点

事件专访是通过采访新闻事件的有关知情人等，了解事件发生、发展和结局，记述事件的思想内容，澄清事实真相，反映其具有的新闻意义的访谈文体。

事件专访不同于事件通讯。事件通讯记述的是当前发生的新闻事件，记述的时间跨度不大，材料较详尽；事件专访重在与受访者的对话，对材料时间要求不严格，材料可有历史的，也有现实的。

二、事件专访写作注意事项

事件专访通过访问有关人员，重点是了解其知晓的事件真相。因此，选择合适的受访者是成功的关键，应选择对事件非常熟悉的人；涉及政策性、技术性较强的事件专访，应选择有关的权威人士。陕西省开展秦岭环境保护专项行动，是中央关注的一项工作。《陕西日报》首次采访了中国科学院院士、著名构造地质学家张国伟，写成《秦岭是中国大地的脊梁》。此后，又采访了政府部门负责人、秦岭保护研究会秘书长和其他专家，从多个角度阐明了秦岭保护的必要性。

[精品赏析]

保护大秦岭 守好“中国芯”

——访省林业厅副厅长、省林科院院长、大秦岭研究院院长党双忍

本报记者 李蕊 见习记者 刘印

当前，陕西省委、省政府积极贯彻落实习近平总书记关于秦岭保护的重要批示指示精神，打响秦岭保卫战。9月4日，就秦岭生态治理与保护相关问题，本报记者专访了陕西省林业厅副厅长、省林科院院长、大秦岭研究院院长党双忍。

秦岭到底有多大？

面积接近两个陕西

莽莽秦岭，横亘在中国版图坐标中心，被誉为中华民族的“父亲山”和“世界生物基因库”，是中国第一座立法保护的山脉。

秦岭到底有多大？怎样去理解一座山？

经过考证，党双忍认为“秦岭”的最早出处应在班固的《西都赋》，其中用“睎秦岭，睋北阜，挟酆灞，据龙首”来描述长安的地理环境，用“秦”字命名大秦帝国都城的南山——秦岭。

党双忍指着秦岭全域图告诉记者：“大秦岭东西连绵1500余公里，南北绵延200多公

里，面积有40多万平方公里，接近两个陕西省的面积。大秦岭是中国腹心山脉，不仅统领着中国的南北，也统领着中国的东西。从大秦岭到阿尔卑斯山，构成了亚欧大陆的脊梁。巍巍秦岭，不单单属于陕西，更是一道横亘在欧亚大陆上的中央山脉。”

既要防止“穷破坏”

更要整治“富破坏”

秦岭对于中国的意义是什么？为什么要对秦岭实施最严格保护？

党的十九大报告指出，人与自然是生命共同体。在党双忍看来，中华民族与大秦岭是水乳交融、永不分离的生命共同体。对于陕西而言，秦岭为三秦大地构筑起了一道绵延千里的绿色生命线。大秦岭进入关中平原后，形成了一个“半月形地带”，这就是秦岭“关中弯”。西安正处于“关中弯”的核心。“秦岭，不仅是西安的生态屏障，更是西安的生态根脉。保护大秦岭就是保护大西安的根脉，修复大秦岭就是永葆大西安发展的生机与活力。”党双忍说。

“必须认识到破坏秦岭生态的严重性，既要防止‘穷破坏’，更要整治‘富破坏’。”党双忍说。

“穷破坏”是指人们迫于生计，由农户自发毁林垦殖，破坏了秦岭森林植被，伤害的是秦岭的“皮肉”；而“富破坏”则是有组织、大规模地开发秦岭矿产资源、乱建乱盖，破坏的是秦岭的地貌样态、山体结构，伤害的是秦岭的“筋骨”。“如果说‘穷破坏’的生态修复需要数十年，那么‘富破坏’的生态修复需要上百年，甚至是数百年时间。”党双忍表示。

还秦岭以宁静和谐美丽

如何能够更长久地保护好大秦岭？

党双忍认为，最有效的办法是“三引入”：第一，引入黄河、长江治理机制，设立“国家秦岭生态建设委员会”。为了治理好两大母亲河，国家设立了两个副部级专门机构——黄河水利委员会、长江水利委员会，这起到了很好的示范作用。第二，引入“三江源”国家公园机制，秦岭所在相关县（区）政府，加挂“秦岭生态保护站”牌子，县（区）政府与“秦岭生态保护站”一套人马，合体运行，夯实秦岭生态环境保护的责任。第三，引入生态保护工程机制，实施“国家绿芯工程”，主动作为，巩固生态修复成果，加快生态修复进程，提升生态修复水平。

在党双忍看来，大秦岭是丝路“中国芯”、地理“中国芯”、生态“中国芯”、人文“中国芯”、美丽“中国芯”，各省市的力量不足以担起秦岭生态建设的重任。因此，希望国家设立“国家秦岭生态建设委员会”，全力实施“国家绿芯工程”，建立健全以国家公园为龙头，以自然保护区为主干，以森林公园和湿地公园为两翼，以天然林保护为基础，特色鲜明的秦岭保护地体系，集合周边6省1市的力量参与，真正推进秦岭生态建设全面进入新时代。

（《陕西日报》2018年9月14日3版）

点评：该专访的受访者是陕西省林业厅副厅长和省林业科学研究院的院长，是行政和技术的双重权威，懂政策、通科技、知情况，是秦岭保护的积极实施者。专访让读者了解到秦岭保护的意义以及建立保护秦岭的长效机制。专访层次分明，让人一目了然。

［专访写作实训］

学校每年大量涌现助人为乐、刻苦学习、尊师爱生、社会实践等典型人物，他们活跃在学校的各个层面为学校两个文明建设贡献应有的力量。他们的一言一行影响着师生的心灵，是广大师生员工学习的榜样。

请同学们选取其中一个人物，以此为题材进行采访，写一篇人物专访。要求：采访目的明确，事先拟订采访提纲，精心设计采访问题，写作格式规范，中心突出。

第十章　新闻评论的写作

新闻是报纸的主角，新闻评论则是瞭望镜，使受众有了明亮的双眼，阅读新闻，分析时事，洞若观火，正本清源，提高了思想境界。各大报纸都开辟有自己的新闻评论专栏，甚至专版，如《人民日报》设有评论版和“今日谈”“人民论坛”等新闻评论栏目，中国教育报在二版设有“中教评论”版，各地方报纷纷推出自己新闻评论精品。中央电视台、人民广播电台也有自己的新闻评论专栏。高校校报新闻评论则是薄弱环节，往往注重报道新闻，却把新闻评论忽视了，社论、评论员文章、专栏评论欠缺。

新闻评论是舆论引导的旗帜，鲜明地表明编辑部，甚至党委对时局的看法，对当前工作的部署，以及对某一问题的见解与主张，帮助人们消除心头的疑惑，破除落后的思想观念，抵制腐朽思想的侵蚀。每每在关键时刻，党报党台的新闻评论使人们认识当前的形势和任务，为人们指明了方向，明辨是非，凝心聚力。2015 年 12 月 13 日，中央在南京举行 2015 年南京大屠杀死难者国家公祭仪式。《人民日报》头版报道这一盛会，同时《今日谈》栏目刊发了《牢记历史才对得起胜利》，5 版评论专版发表《国家公祭，凝聚起世界共识》，一方面让人民缅怀历史，珍惜和平，同时有力地回击了企图掩盖和篡改暴力与恐怖罪行的日本右翼势力，号召世界人民反对侵略战争，捍卫人类尊严，维护世界和平。

新闻评论是新闻媒体对最近发生或将要发生的新闻事实进行评论、提出自己的见解和主张，澄清事实，释除疑问，以指导当前工作，引导舆论的新闻体裁。新闻评论是议论文的一种。作为大学生记者掌握新闻评论写作知识与技能是一项不可缺少的业务技能。

新闻评论的特点：

（1）新闻性。新闻评论是就当前的新闻事实进行评论，事实新鲜，观点新颖，及时传播。因而，新闻评论具有一定的新闻性。

（2）针对性。新闻评论善于抓住现实生活中比较突出的问题进行剖析、评述，见解深刻，一针见血，有助于问题的解决。

（3）议论性。评论属论说文体，是针对当前的新闻事实发表议论，表现意见，针砭时弊。议论性是新闻评论的基本特征。

新闻评论的主要种类：

（1）社论，在广播、电视台常称作“本台评论”，是新闻媒体就重大问题、新闻事件、新闻典型而发表的具有指导性、权威性的意见。它是体现媒体鲜明的政治主张、立场、观点的旗帜。各级党报的社论则代表了同级党委的思想观点和政治立场。社论在新闻评论中的等级最高。2016 年 3 月 3 日，全国政协十二届四次会议开幕。《人民日报》发表社论《为决胜全面小康汇聚力量》，回顾过去人民政协事业取得的卓越的成就。展望未来，政协工作应围绕“十三五”发展献计出力，增进共识，增强团结。期望政协委员加强调研，参政议政，为全面建设小康社会贡献力量。该社论充分肯定了人民政协取得的辉煌成绩，以及在全面建设小康社会中的重要作用，为全国政协十二届四次会议的召开营造了团结鼓劲的社会氛围。

（2）评论员文章是仅次于社论的新闻评论的体裁，取材较广泛，篇幅较短，可独立发表，也可配合新闻报道发表，常以“本报评论员文章、本报特约评论员文章、观察家文章”的名义刊出。2015 年，习近平总书记受邀出访和出席重要国际会议，向世界传递了中国全面深化改革和外交方针政策。11 月 23 日，《人民日报》发表了评论员文章《用行动传递中国信心和力量》，对习近平总书记出访成果进行解读，帮助干部和群众学习和领会习近平总书记的指示和精神，凝聚人心，增强了干劲。

（3）短评是一种篇幅短小、内容简约、针对性强的新闻评论体裁。笔者发表的《创业与学业孰重孰轻》（见《中国教育报》2011 年 6 月 20 日 6 版），是对大学生创业热的冷思考，告诫学子们正确处理创业与学业的关系，珍惜青春，不要荒废学业。

（4）专栏评论是指报纸在固定版面上开设专门的栏目发表相关的评论。如《人民日报》头版《今日谈》是新闻评论的著名栏目，短短几百字吸引领导、专家、教授或普通民众积极为之投稿。

（5）编者按语是编辑根据新闻报道或有关文章所作的简要的评论，点明文章的典型意义，以帮助读者正确理解文章的精神实质。编者按语常有文前按语、文中按语和编后。

新闻评论写作的三要素：论点、论据、论证，新闻评论是议论文体的一种，毫不例外离不开这三要素。

论点是新闻评论所要阐述或证明的观点和主张，是文章的中心思想。在全国党组织深入开展“三严三实”专题教育活动的重要时期，2015 年 12 月 30 日《人民日报》发表《全党要向中央看齐》的评论员文章，经过分析论证，最后提出了“中央政治局率先垂范，全党向中央看齐，各级领导干部带头改进作风、带头践行‘三严三实’、带头提高工作水平，就一定能让我们的党更加团结统一，凝聚起亿万人民的磅礴力量”的中心论点。

论据是作者写文章时用来支持、证明文章论点的事实、公理、材料。《人民日报》2015 年 11 月 23 日评论员文章《用行动传递中国信心和力量》引用习近平总书记的讲话作为证据回答了对中国经济怎么看、我们的信心怎么来、中国与世界的关系会怎样等世界普遍关心的问题，深入浅出，层层递进，表明了中国负责任大国的光辉形象。

论证是用论据证明论点的方法和过程。笔者撰写的《群众呼唤诚信招生》（见本章第二节）先摆出招生欺骗的事实，然后分析其危害，对建立诚实守信的社会寄予殷切的期望。

由于社论和评论员文章都是媒体组织评论员撰写的新闻评论，根据文章的实用性和写作的共性，本章把社论和评论员文章列入一节进行讲授。

第一节 新闻评论的选题与立论

新闻评论的选题是新闻评论的起点。犹如工厂要生产，首先要选择加工材料，把好材料的质量关。我们要写作新闻评论，首先要选择评“什么”的问题。选题是对变幻万端的现象或新闻事实进行认识的过程，判断其蕴藏的新闻价值。新闻评论的选题是一个细致、漫长、艰辛的过程。选题正确的路，评论写作能顺风而就；选题出现偏差，评论写作则“胎死腹中”。

一、选题的依据

世界瞬息万变，乱花渐欲迷人眼。面对纷繁复杂的素材，当如何进行选题，选什么样的素材进行评论。这些问题即涉及新闻评论选题的依据。在此，我们谈谈新闻评论选题的依据。

（一）结合当前形势任务、时势动态、舆论动向开展选题

媒体是人民利益的代言人，新闻评论要坚持正确的舆论导向，为全党、全国工作大局服务。

高校媒体是校党委和学校的耳目、喉舌。对于高校媒体工作人员、大学生记者来说，新闻评论的选题应紧紧围绕学校的重点工作、典型经验、校园新风进行选题报道，为学校改革与发展凝心聚力。

2017 年全国掀起了学习著名科学家黄大年精神活动的高潮。北京大学按照全国的统一部署开展学习活动，《北京大学报》发表了评论《用行动诠释爱国报国——论学习黄大年精神》（2017 年 7 月 5 日 1 版）追忆黄大年舍弃国外优越的条件报效祖国，刻苦攻关取得重大科研成果的光辉事迹，激发广大师生弘扬北大爱国的光荣传统，视祖国利益高于一切，从自己做起，从本职岗位做起，肩负起自身的职责和使命，沿着黄大年的足迹前行。

该篇新闻评论选题是对全国学习黄大年活动的有力响应。评论是对该校学习活动的部署和鞭策，推动了该校学习活动有条不紊地开展。

（二）抓住社会热点、疑点、难点进行选题剖析，回应社会关切，化解社会矛盾

当前，大学生创业是校内外共同关注的热门话题。一些大学生为了创业，忽视了学业。笔者以此为题在《中国教育报》发表了《学业与创业孰重孰轻》（2011 年 6 月 20 日第 6 版）奉劝创业学生要珍惜宝贵的学习机会，正确处理好学业与创业的关系。

（三）来自典型的新闻事件、新闻人物

典型的新闻事件、新闻人物是社会舆论关注的焦点。2018 年 3 月 22 日，美国总统特朗普签署行政备忘录，将对中国进口产品征收数百亿美元关税。美国违反世界贸易规则的行为引起全世界的愤慨。《人民日报》发表《美国须为无理莽撞之举担责》（2018 年 3 月 24 日 2 版），批驳美国霸权主义，置各国共同利益于不顾，肆意破坏全球贸易秩序和世界经济秩序的错误行径；奉劝美方悬崖勒马、慎重决策，不要把中美双边经贸关系、全球贸易和世界经济拖入险境，更不要低估中方捍卫自身合法利益的决心与能力。该篇评论抓住了世界为之瞠目结舌的重大事件。

（四）来自日常生活点滴，以小见大，微言显大义

老百姓的日常生活中，柴米油盐酱醋茶关系到老百姓的切身利益，是社会生活状况的真实反映，值得一议。发表在《人民日报 · 今日谈 》的《让后厨有阳光的味道》（2017 年 11 月 05 日 1 版）就抓住人们普遍关注食品卫生的心理，表扬了一些餐厅直播后厨的做

法，为食品卫生安全鼓与呼。日常生活点滴小事的短评，也是读者爱看的题材。

二、立论的要求

确定了新闻评论的选题，接着怎么写呢？评论的论点怎样确定呢？立论是根据获得的选题材料，确定评论的论点和主张，提出解决问题的思路和办法，是对选题进一步深化。选题与立论是新闻评论具有因果关系的两个环节。选题过程中要反复比较，同样立论过程中也要对自己确立的论点或主张、论据材料进行反复思考、比较。

立论的具体要求：

（一）针对性

立论要根据所掌握的材料，针对当前社会或工作中某一方面的问题、新气象、新举措，确立自己的论点和主张，说理议论注重解决问题，指明努力方向，弘扬社会新风，引导社会舆论，要求具有实效性。《减负令不“打折”须筑牢笼子》（《中国教育报》2018年5月1日2版）就是针对教育部等部门联合开展治理校外培训机构，切实减轻中小学生课外负担之举进行立论，分析了校外补课之害，指出“良法得到利用，才会真正成为善器。徒法不足以自行，减负令不容打折扣，这就需要筑牢笼子，针对各种违规行为和投机现象，加大打击和惩治力度”，保证“减负令”的落实。

（二）新颖性

立论要做到富有新意，看问题具有独到的眼光。论点新颖，见解独到，论据充分，发人所未发，言人所未言。《一流大学要有一流体育》（《南京大学报》2018年4月28日3版）是校报开展“双一流大学建设大讨论”的一篇言论稿，直指中国大学对体育的重视程度和认知水平与世界一流大学相比是有差距的，片面向人才培养、科学研究等环节倾斜。大学体育竞争力不足，甚至被边缘化。体育精神是人类社会赖以健全和发展的基本精神。文章追忆南京大学光荣的体育传统，争创“双一流”必须重视体育，加强体育师资建设，应深入研究支撑大学体育发展的学科体系和理论架构，以一流的体育学科做支撑，切实提升体育学科的研究水平和实力，走“小而精、有特色”的学术发展之路。

体育是学校的“小儿科”。该言论却立意较新，一针见血地指出建设“双一流大学”存在体育的短板。结合本校实际，指出一流体育在建设“双一流”中的地位和作用，发出体育强校的希望和号召。

（三）正确性

立论正确是选题与立论的根本。如果立论错误，会误导读者和整个社会，将产生十分严重的社会后果。正确性要求论点和论据符合党和政府的方针政策，做到为人民立言，为社会立德，为建设伟大的“中国梦”立功。正确性还要求立论符合科学规律、社会伦理和人们的认知习惯，等等。还要实事求是，一切从实际出发，以理服人。

（四）前瞻性

这是新闻评论立论的又一要求。指的是选题立意站得高、看得远，发现旁人未发现的问题，并能找到解决问题的思路和措施。立论只有具有前瞻性，文章才能给人以启发、思考，明确努力的方向。《让老房子“开口讲故事”》（《解放日报》2018年5月1日1版）从保护与发展的关系出发，指出让历史建筑融入城市，每栋建筑都有自己的气质和定位，将合适的功能和业态匹配进去，引入市场机制对其进行更长久的呵护。立论能帮助人们和古建筑保护工作者开创新思路，促进下一步保护工作。

第二节　社论与评论员文章的写作

社论是报社、广播电视台等媒体在显要位置或时段发表的代表编辑部，甚至同级党委意见和主张的权威性新闻言论。它是表明新闻媒体政治立场的一面旗帜，在媒体言论中地位最高，对实际工作具有指导性。

评论员文章在新闻言论中的权威性仅次于社论的重要新闻评论。它与社论没有严格的界限，都是编辑部撰写、编发的具有鲜明政治导向的新闻言论。本节对它们的写作方法和技巧进行共同讲解。

写作要领：

(1) 把握时局，高屋建瓴。社论和评论员文章是代表编辑部乃至同级党委发表的权威性言论，是集体创作的结晶。文章写作要求正确地认清当前的形势和任务，联系工作实际，辨别是非、真伪和美丑，从全局出发，阐明重大问题、重大工作的指导思想和原则及其方法、手段，要求写作者要有正确的政治立场和敏锐的政治鉴别力，剖析透彻，说明深刻，观点鲜明、正确，对现实工作具有指导性。

(2) 观点正确，旗帜鲜明。社论和评论员文章社会影响力较大，舆论导向作用明显，要求作者正确地宣传党的路线、方针、政策，反映社情民意，有力地抨击落后和错误的思想观点，努力把舆论引导到正确的方向上来。

(3) 条分缕析，论证有力。社论和评论员文章写作紧扣主题，层层深入；论据充实，说服力强；论证严密，逻辑性强，富有感染力。

(4) 语言庄重，平易近人。新闻评论要面向广大受众，不是下达行政指令，也不能使用生硬的套话。社论和评论员文章语言表达严谨、朴实，取自群众生活中生动活泼的语言，反映生活，反映现实，化深奥的道理为浅显平易，让人感到亲切爱读。

[精品赏析]

万众一心　众志成城　战胜特大地震灾害

本报评论员

昨天下午，四川汶川发生 7.8 级地震，波及范围之大，30 多年来罕见。面对这场突如其来的特大地震灾害，党中央、国务院和省委、省政府高度重视，在第一时间就抗震救灾作出部署。胡锦涛总书记指示尽快抢救伤员，保证灾区人民生命安全。温家宝总理在当天即赶赴灾区指导抗震救灾工作。

省委书记、省人大常委会主任刘奇葆在第一时间作出批示，要求灾区各级党政干部要在抗灾第一线组织党员干部群众进行抗震救灾工作，并对抗震救灾各项工作提出具体要求。当天下午，刘奇葆和省委副书记、省长蒋巨峰赶赴灾区指导抗震救灾工作。中国地震局、国家减灾委、民政部、解放军总参谋部、成都军区等紧急行动，支援灾区抗震救灾，保护人民生命财产安全。灾区各级党委、政府正全力以赴投入抗震救灾。

这一切充分表明，党和政府与灾区人民心连心；这一切充分表明，党和政府抗击灾害、战胜灾害的信心和力量；这一切充分说明，我们的应急保障能力正在增强。

地震是一种常见自然灾害，破坏性地震会对震区人民生命财产造成严重伤害。30多年前的河北唐山、四川松潘大地震，至今令人们记忆犹新。同样令人难忘的是，在唐山的废墟上，崛起一座现代化的新唐山；一度千疮百孔的松潘，也早已旧貌换新颜。是什么力量使被当时的一些舆论认为已经死去的地方在更高的层次上新生？是党和政府与灾区人民同呼吸、共命运的坚强决心，是社会主义国家强大的社会动员能力，是非灾区人民无私支援灾区的团结协作风尚，是灾区人民不屈不挠、奋起自救的自强不息精神。在30多年前的物质和社会条件下，我们尚且能战胜巨大的灾难，在经过30年改革开放的伟大实践、综合国力有了历史性提升的今天，在以人为本为核心的科学发展观被确立为经济社会发展重要指导方针的发展新阶段，还有什么样的难关不能越过、什么样的灾难不能战胜！

一部中华民族发展史，从某种意义上来说就是一部抗击灾难、战胜灾难，从而生生不息的历史。灾难本身不是好事，但是每一次战胜灾难的经历，都成为我们成长、壮大和无往而不胜的宝贵精神财富。历史无数次证明，面对灾难，唯一值得恐惧的是恐惧本身。面对这场罕见的灾害，最重要的是镇定、信心、勇气和强有力的指挥。在党中央、国务院和省委、省政府的坚强领导下，广大军民团结一致，众志成城，我们一定能够战胜这场特大地震灾害。

战胜这场特大地震灾害，各地党委、政府要把抗震救灾作为当前的头等大事和首要政治任务，立即启动突发公共事件应急预案。党政主要领导要亲临一线，靠前指挥，周密部署，迅速组织力量投入抗震救灾工作；要迅速行动，全力保护人民群众生命财产安全；要及时准确公布灾情，最大限度地降低和消除群众的恐慌情绪，全力维护社会稳定。

让我们在党中央、国务院和省委、省政府的坚强领导下，万众一心，发扬不怕牺牲、不怕疲劳、连续作战的作风，夺取这场抗击特大地震灾害的胜利！

（《四川日报》2008年5月13日A2版）

四川汶川特大地震发生后，震区与外界失去了通信联系，一时谣言四起。该篇评论员文章发表及时，凝聚了民心。在《四川日报》刊出后，把党和政府的抗震救灾的决策部署传递到巴山蜀水，让外界听到了党和政府的声音，让震区群众看到了新生，维护了社会稳定。

该篇评论鼓舞了士气，在第一时间报道了从中央到地方各级党委、政府与人民同呼吸、共命运、心连心，唤起受灾群众团结起来投入救灾、重建家园的信心和决心。

[评论写作实训]

下面是关于山西王家岭特大矿难的报道，请同学们认真阅读后写一篇评论员的文章。要求：深刻地分析引起安全生产事故的原因，阐明安全生产的重要性，对做好安全生产工作进行部署。文章篇幅保持在800字左右。

山西王家岭发生特大矿难

2010年3月28日13时40分，山西华晋公司王家岭煤矿在施工过程中发生透水事故，153名施工人员被困井下，生死不明。

矿难发生后引起党中央和国务院的高度重视，从有关单位调集专家和业务骨干开展救援。

王家岭矿在山西省临汾市乡宁县境内，为中煤集团与山西焦煤集团合作组建的华晋煤业公司所属。事故原因初步判断为小窑老空水淹井。

国家安全监督总局局长骆琳接受采访时表示，这个事故初步分析反映出王家岭煤矿目前存在一些问题，按照规定应当先探水然后再掘进，但是探水工作没有做到位，在施工过程中，安全责任及工作面施工组织有问题，另外，疏散过程时间过长。骆琳局长表示将会向全国发文要求各个有关单位针对这起事故深刻总结，自查自纠。

而在对这件事故的总结上，矛头直指赶工期。据了解，该公司2010年奋斗目标是产值6亿元，利润3000万元，成巷进尺39000米。在这个目标下，公司对于各个施工单位实行“进尺考核制”，掘进的多了受奖，少了则会受罚。王家岭矿难抢险总指挥、山西省副省长陈川平说：“王家岭矿难就坏在这个‘勇争第一’上。”

在王家岭煤矿的一份内部简报上：3月26日，华晋公司总经理周压东在王家岭指挥部常务副总指挥宋建国、工程部部长贾剑勇的陪同下，深入王家岭碟子沟风井工地视察时，听完施工进度汇报后，明确提出，工期是必保的、安全更是必保的、质量也是必保的。

第三节 短评的写作

短评是一种篇幅短小、议论内容单一、运用广泛的新闻评论体裁。在新闻评论中，它的地位低于评论员文章。短评有署名和不署名。署名的短评以个人的名义发表，群众参与度高，代表个人的观点和主张。随着专栏评论的发表，署名的短评逐渐纳入专栏评论之中。不署名的短评代表媒体编辑部发言，配合当前实际工作，或者紧跟新闻报道，发表自己的主张和看法，明辨是非，以推动当前工作。

写作要领：

（1）热点热议，论题具体。写新闻短评要抓住当前社会普遍关心的热点和难点问题，常常根据新闻报道有感而发，抓住其中最有特色之处，一事一议，畅谈看法，解疑释惑，吸引广大读者的注意力。

（2）主题集中，以小见大。新闻短评往往从大处着眼，从小处入手，深入浅出，表明作者对问题的态度、观点和看法，赞成什么，反对什么，让人清楚明白。

（3）长话短说，要素齐全。新闻短评一般篇幅短小，短的二三百字，长的不过七八字，但是论点、论据、论证要素齐全。

[点滴拾趣]

让百姓多感受公平

张志成

据报道，武汉市汉阳区取消了辖区41所小学的“借读费”，9514名“打工仔”的子女顺利进入了公办小学就读。取消“借读费”，给外来“打工仔”子女平等接受教育机会，有利于人员自由流动，社会资源共享。

市场经济呼唤公平竞争的环境，然而现实生活中却有这道沟那道坎阻挡人们前进的步伐。有的地方对外来“打工仔”收取诸如“借读费”之类的费用，对外来车辆施以莫名其妙的罚款，对外来客商任意刁难，设置障碍，致使当地发展环境不佳，外资引不来，项目无着落，人才留不住，影响了经济发展。努力创造公平、公正的社会环境是市场经济的内在要求，也是老百姓的深切愿望。当前，改革正深入推进，阻碍发展的不合理因素正待清除。汉阳区取消“借读费”给了我们有益的启示：要加快改革发展的步伐，就必须拆除阻碍社会发展的樊篱，加大环境治理力度，整治“三乱”，惩治腐败，改革不合时宜的制度，让老百姓自由选择适合自身发展的空间，无忧无虑地、公平地参与社会竞争。只有创造公平、公正的社会环境，社会资源才能实现优化配置，发挥出最大效益，老百姓才能真正感受公平。

（《黄石日报》2002年10月10日1版）

这篇短评是作者阅读《湖北日报》一篇报道后有感而发。作者没有拘泥于报道内容，而是对报道内容进行扩展、补充、深化，借题发挥，提炼出一个简单而且普遍的道理——让百姓感受公平，使文章源于报道而又超越报道。

[短评写作实训一]

同学们可根据自己日常生活学习中观察到的现象写一篇短论，篇幅500字左右。

[短评写作实训二]

以下是某报关于还建房面临拆迁的报道，请同学们认真阅读，然后围绕文章内容写一篇短评。要求既不能脱离报道内容，又要超越事实，表述一个深刻的道理，字数在600字左右。老师批阅后，选取质量较高的稿子推荐给有关媒体。

400多套还建房没几年面临拆迁引争议

某报报道：武汉市洪山区洪山街道办事处马湖村400多套还建房于2003年建成，大量业主尚未入住，（2010年3月）突然被通知再次拆迁还建，这让不少人觉得有些匪夷所思。

昨日下午，记者前往马湖新村小区采访，站在500米外的南湖大道上，就能看到该小区一排排崭新气派的“联体别墅”，让人不禁眼前一亮。小区内，井字形的水泥路便利畅通，路边行道树、绿草地都透出一种舒适之感。一排排房子都是三层，占地面积 80 或 120 平方米，每套房子建筑面积为 240 平方米或 360 平方米。一些房子已经简单装修出租，一些仍未装修尚无人居住，也有少数装修华丽，业主即将入住的。小区内还有配套的休闲运动场所。

在小区二期公告栏上，记者看到了征地文件及安置告示，显示小区即将整体拆迁。小区内，一些居民聚集在一起，谈论着搬迁之事，多数人对再次搬家表现出极不情愿。

好好的房子还没住就要拆，为什么？记者采访了洪山区洪山街道办事处相关人士。据介绍，2003 年左右，湖北省高科技创业园及东湖高新技术开发区高科技项目相继在马湖村实施，征用了大片土地。当时为了安置出让土地的村民，项目开发商兴建了马湖新村，即现在的马湖新村小区一、二、三期的数百套“联排别墅”，大大改善了村民的居住环境，村民也很乐意。

2007 年前后，马湖村纳入武汉市城中村改造计划，要对村民的居住问题进行统一规划。这位人士称，本来新建的马湖新村小区的房子可以保留，但大量土地被征用了，现有土地无法解决全体村民的居住问题，只好将小区二、三期拆迁，另选在附近的武商量贩店边还建，建高层居民楼，安置全体村民。

拆迁后的马湖新村地块将如何利用？记者了解到，武汉润城天地房地产有限公司已经进入，着手开展拆迁工作。洪山街办这位人士证实，将由地产商进行商业开发。这位人士说，马湖村的村民失去了土地，没有了生活来源，村里还要做出适当的安排。

“两次还建，都不要村民出一分钱，全部是开发商承担拆迁还建费用。”这位人士说，再次拆迁，会保证房子质量等问题，让村民满意。

而不少村民认为，这样翻来覆去搞建设，不仅让居民倍感折腾，对社会资源也是很大的浪费。

陈师傅是二期业主，于 2006 年 8 月入住，他的房屋面积是 300 平米，一楼出租，二楼、三楼自己住。他说，老房子拆除还建后便搬到了这里。当时因老房子面积不够 300 平米，收新房时补交了 8 万元，装修花了 10 万元。“借钱装修的，刚刚安顿好，现在又要搬，我家经不起折腾啊！”望着安置公告，陈师傅一脸无奈。

“小区入口和这里的房子建成不久，还没来得及住进去，就要拆了，可惜啊！”住了 20 多年老房子的程先生不停摇头叹息。他怎么也搞不明白，这好的房子为什么要拆掉。有业主称，有的人花了近 20 万元刚搞完的精装修，不知找谁索赔去。

采访时，有业主希望记者帮忙呼吁，不要拆掉这些新房子。但在小区三期，记者看到，拆迁办人员已经进驻小区，大量人员正在开展工作。工作人员称，动员拆迁会上周已召开过了。

“马湖新村处在三环线内，建三层的房子，浪费了土地，为了节约土地才拆迁还建的。”街道办事处的这一说法，很多市民不能理解，“当初为什么不建高楼，怎么就没想到要节约土地？”

“现在搞城中村改造就拆房子，早期怎么没有好的整体规划，这不是在浪费社会资源吗？”听说新建的小区要拆迁，许多市民认为，应该请有关部门进行科学论证，“想清楚”拆与不拆，哪个更有道理。“拆了建，建了又拆，翻来覆去，浪费的不是自己的钱，都不会心痛。”市民对马湖新村的拆迁还建非议很多。

对于村民的不解，洪山街办有关人士说，即将进行的拆迁还建，也是开发商承担所有费用。市民质疑当初为何不建高楼，这位人士解释，当时地价很低，又不能向村民集资，项目开发商肯定是想用最少的钱将村民安置好，所以就建成了三层。那时，建三层并不违规。

“更主要的是，人的目光看不到那么远，难免在设计时不周全。”洪山街办一人士说，计划赶不上变化，纵观马湖新村小区建设的前后，说不上是浪费资源。

第四节　编者按的写作

在新闻评论中，编者按是依附新闻报道而进行的评论、批注、说明。其篇幅短小，离开了新闻报道，编者按失去了存在的必要性和可能性。

写作要领：

紧扣文章，超越文章。编者按对所评的文章的依附性非常强，要求根据所评文章组织材料，提炼观点，表达见解。无所评论的文章，也就没有编者按。“青出于蓝胜于蓝”，编者按对所评文章内容补充、解释和升华，做到评论事实，超越事实。

观点正确，针对性强。编者按针对一时一事发表议论，畅谈看法，指明方向，所阐述的观点必须正确，有说服力。

文字简练，给人启发。编者按写作受篇幅所限，言简意赅，能给人深刻的思考，为读者提供有益的借鉴。

[精品赏析]

阳新铜精矿屡遭抢劫请有关部门迅速查处

编者按：本报创办舆论监督版以来，读者积极参与舆论监督，来信反映了许多较重要的紧迫问题，由于记者力量有限，很难立即逐一调查；如果转到有关部门调查处理，我们又难以及时收到查处结果。为了督促有关单位更加重视读者反映的情况，加快来信的查处过程，更好发挥舆论监督的作用，我们决定开辟《公开督察》这个新栏目。读者在为本栏目赐稿时，希望做到客观公正，事实准确；也希望本栏目刊出稿件所涉及单位的上级领导部门，能及时调查处理并回复我们，以便我们编发见报。

今年4月10日，阳新县李家湾铜矿司机石川、申奇兵驾驶装载铜精矿的两辆汽车，运往大冶有色金属公司冶炼厂。中午12时许车行至106国道大冶市大箕铺镇街段，被该镇柳林村村民曹衍灯等人强行拦截，挟持司机把车开往大冶叶花香铜矿。他们把司机和随行人员共5人拉下，关进山上一间小房子里。曹衍灯等人把两车铜精矿共16.17吨（价值达11.5万元）洗劫一空后，才放出关押达6小时之久的该矿5位职工。

案件发生后，李家湾铜矿派人前往大冶市政府陈述案情，要求缉拿罪犯。市政府副市长批转市公安局查实处理，公安局又转往大箕铺派出所。所长黄风鸣说：“罪犯跑到深圳去了。你们回去，找到了罪犯和铜精矿后再通知你们。”

无独有偶，阳新县欧阳山铜矿一车铜精矿于 2 月 15 日也曾被曹衍灯等人抢光，一直没有得到处理。

4 月 17 日和 5 月 3 日，阳新县政府、公安局、冶金局主要领导带领两家矿山负责人两次前往大冶市政府、公安局交涉，仍无满意的答复。

光天化日之下，国道屡屡发生抢劫大案，致使两家矿山损失惨重，铜精矿不敢外运，积压如山，职工工资一拖再拖。笔者强烈呼吁大冶市有关部门迅速侦破此案。

（张志成）

（《湖北日报》1995 年 6 月 12 日 8 版）

编辑在编发这篇稿子时采用了说明性按语，说明了开设《公开督察》栏目的目的与意义，对读者投稿、反映问题提出了要求，同时对涉及的有关单位和上级领导部门提出了殷切的希望——对群众反映的问题能及时进行处理。

［编者按写作的实训］

下面是一名身患绝症的张仲培同学顽强抵抗病魔、坚持写生命日记的事迹报道，请同学们认真阅读，然后给这篇报道配发编者按。要求点明报道的目的和意义，发出号召，催人奋进，篇幅在 200 字左右。

武汉大学生“生命日记”感动中国

本报讯（记者万建辉）　今年初，湖北开放职业学院 07 级学生张仲培被协和医院的诊断书吓哭了：鼻咽癌晚期。这对于这位内蒙古农村女孩，无异于晴天霹雳。

几个月过去，回到家乡的张仲培以自己特有的方式与命运顽强抗争，她的故事感动着身边每一个人，感动了内蒙古当地媒体、央视、新华社的全国观众和读者。

记者昨日拨打张仲培手机，手机关机。4 日报道张仲培的新华社内蒙古分社记者张丽娜告诉记者，张仲培的手机是她全家与外界的唯一联系方式。呼和浩特市托克托县，两间小土房、一个大炕加上散落在地上的玉米，患有肺气肿的 66 岁父亲，78 岁高龄的母亲，这就是张丽娜眼中张仲培的家。

湖北开放职业学院员工张志成说，张仲培从小被父母抱养长大。获知张仲培患病后，学校教职工为她捐款 1 万多元，张仲培随后回家乡内蒙古医学院附属医院放疗、化疗。20 岁的张仲培与深圳市红十字会签下身后捐献眼角膜的志愿书。

由于治疗费用耗尽，张仲培坚持出院回家休养。她在日记中的记述表明，她相信乐观的心态是治疗癌症的手段之一。

5 月 19 日至 20 日，央视道德观察栏目先后用 4 个时段播出题为“生命日记”的专题报道，“在医院接受治疗的日子里，张仲培写下厚厚一本日记，记录着一个女孩对爱和奉献的深刻理解”。昨日，新华社发表长篇通讯《一个癌症女孩的生命日记》。

“癌症算得了什么，再大的困难，我也能克服。倒下的是脆弱的人，而我要勇敢地站起来。”

“虽然爸爸、妈妈的年纪和我相差四五十岁，但我知道他们很疼爱我。我也想让他们过着快乐的生活，不让他们再为我忙碌，我想要让他们的晚年也能享受到和别的老人一样幸福，现在我能做的就是不给他们增加烦恼。”

——摘自张仲培的日记

（《长江日报》2009年6月5日4版）

第五节　专栏评论的写作

一、概述

报刊等媒体都设有固定的栏目刊登或者播报评论作品，如《人民日报》头版《今日谈》《经济日报·财经观察》《湖北日报·灯下漫谈》《新华日报·新华时论》，等等。这些评论专栏是报刊等媒体根据自身定位和特色发表言论，紧密地配合了时势宣传的需要，对政策进行解读，澄清人们心头的疑惑，指明工作努力的方向。

专栏评论是报刊等媒体在固定的版面或时间段在设定的专门栏目里发表的评论文章。具有以下特点：

（一）时势性

专栏评论根据当前时事政治和工作需要，结合媒体自身定位和办刊特色，有针对性开展评论，宣传当前的形势和任务以及专业领域方面的动态，指导某方面的工作，为受众释疑解惑。

（二）稳定性

专栏评论附属于指定的栏目，栏目版面和出版周期固定，并且根据栏目的性质和定位撰写相关内容，写作风格相似。

（三）群言性

专栏评论不局限于某一类人，既是媒体专业作者的写作任务，也是群众作者发表言论的阵地。专栏评论以其较短小的形式深受广大群众的欢迎，成为广大群众投稿的主要方向之一。

专栏评论的种类有专栏小言论、论坛评论、经济漫谈等。本章以高校校报经常使用的专栏小言论和论坛评论为例进行讲解。

二、专栏小言论的写作

专栏小言论是一束芳馨的百合花，清香而意长，以其短小精悍而深受广大读者的喜爱。如《人民日报·今日谈》是该报名栏目，刊登了大量基层作者的言论作品。这些基层作者遍布各行各业，言论代表了社会各方面的心愿。

专栏小言论篇幅短小，博采众长。如，《今日谈》坚持开门办报，发动基层群众撰稿，各叙其事，各谈体会，情理交融，征稿要求不超过500字。

专栏小言论的写作方法：

首先，要从大处着眼，小处入笔，以小见大。小言论往往选择身边生活的小事作为素材，提炼主题，阐明事理，发人深省。如，《包装垃圾莫成网购代价》（《人民日报·今日谈》2016年02月27日01版）取材于日常生活中熟视无睹的小事，网购包装产生大量的垃圾，告诉人们肩负起环保的责任，珍惜资源，畅通回收渠道，变废为宝。

其次，以事实为依据，围绕论点集中笔墨进行议论，切忌泛泛而谈。《职务有顶 事业无巅》（《湖北日报·灯下漫谈》2004年1月3日）描绘了县乡换届众生病相。各级组织要祛除这种“换届病”，同时奉劝干部要正确对待个人进退，处理好当干部与干事业的关系，立志干出一番业绩。有道是：“职务有顶，事业无巅。”寥寥数笔，不偏不倚，直中要害。

[**点滴拾趣**]

群众呼唤诚信招生

张志成

高考刚过，招生烽烟已起。各地大中专学校派出强大的招生队伍深入到县、镇中学招生，一些招生中介也忙乎其间赶场子。有的为了达到“拉生源”的目的巧舌如簧，或以成教冒充普通高校，或以分校充当本部，或轻易许诺“专升本”。家长们气愤地说：“想不到学校招生也有陷阱”、“假种子只误一季，假招生害人一世”。

招生不诚实的行为，使建立诚信社会受到严峻挑战。作为教书育人的学校不讲诚信，又何以为人师表，引领社会新风呢？招生不讲诚信，招来的学生又怎能安心学习呢？

诚信招生关系到百姓的切身利益，是倡导诚实守信的最有力宣传方式。诚信招生是对学校和教育工作者的基本要求，是净化社会风气，建立诚信社会的重要内容。

在我们大力倡导建立诚信社会的时候，群众希望广大学校和教育工作者诚信招生、诚信育人。广大学校和教育工作者应自觉践行师德师风，诚实守信，严格执行国家招生政策，以自己的模范行为影响学生，赢得学生的信服，招来切实可靠的学生，为学校发展打下坚实的基础，在全社会树立崭新的形象。与此同时，有关部门应加大对违规招生行为查处的力度，规范各类学校的招生行为，还广大学生一个清净的求学环境，维护诚实守信的市场法则。

（《长江日报·一家之言》2004年6月15日11版）

这篇短评来自笔者的感同身受，是发自笔者的肺腑之言。语言通俗，“假种子只误一季，假招生害人一世”，正是群众的心里话。其次，笔者没有就事论事，而是把诚信招生置于建立诚信社会的高度，阐明广大教育工作者带头讲诚信在建立诚信社会中的意义，号召人人参与诚信社会建设。

三、论坛评论的写作

论坛评论与专栏小言论一样以作者个人的名义发表，但又不同于专栏小言论，议论的深度和广度比小言论要大得多，篇幅较长，是对专栏小言论的延伸。

论坛评论又不同于报刊的社论、评论员文章，它不代表编辑部的观点，是对社论和评论员文章的补充，贴近实际，能解决群众普遍关注的实际问题。论坛评论产生了许多精品栏目，如《人民日报·人民论坛》是中国新闻名专栏。

论坛评论的写作要求：

首先，选取社会生活中具有全局性、典型性的问题进行剖析。《像对付贪官一样对付“官混子”》(《解放日报·解放论坛》2018 年 5 月 7 日 2 版）取材于人们司空见惯的事，“官混儿”头戴乌纱，为官不为，是隐蔽的腐败，当引起重视，采取措施清除这类腐败。评论选题新颖，引经据典，针砭时弊，代表了人们的心声和愿望。

其次，视野开阔，观点正确，针砭时弊，说理透彻。《对“体制内”的成见该改改了》(《北京日报》2018 年 5 月 4 日 2 版)，以人们对体制内的偏见为由头，以事实为依据，奉劝一些持偏见的人：

工作认真与否根本无关体制内外，秉持怎样的人生观、事业观，更多与理想信念、职业素养有关。兢兢业业的人，不论身处什么性质的单位，都会尽力把手头的工作做到臻于极致。反过来，那些擅长推诿的“老油条”，无论到哪里都是甩手掌柜。和其他群体一样，公务员队伍中也会存在个别得过且过的懒汉，但这个群体中的绝大多数，都是在基层岗位上勤勤恳恳尽职尽责的无名英雄。收入不高、活儿不少，还时不时面对外界舆论的误解。我们呼唤身处“围城”之外的人们，能够摘下有色眼镜，更理性地看待公共事务，更客观地认识公务员群体。少一点刻板印象，多一点换位思考，就是对这一群体最好的慰藉。

再次，体现激扬向上的正能量。论坛评论立论高屋建瓴，激浊扬清，扶正压邪，具有正确的舆论导向。如，《封别人的门就是堵自己的路》(《人民日报》2017 年 12 月 15 日 4 版）批驳了贸易保护主义，强调开放包容，合作共赢，共同构建人类命运共同体。此文为维护世界政治和经济秩序起到了正本溯源的作用。

新闻评论写作既是一门理论高深的学问，同时是实践动手能力很强的“技艺”。同学们在学习过程中要不断实践，积极投稿，使“技艺”日臻成熟。

第十一章　广播新闻的写作

高校校园媒体中，广播和电视是不可忽视的宣传力量。相对于校报，高校广播和电视的力量较为薄弱，一些规模较小的高校没有电视台。大学生记者按照分工有广播站记者和电视台记者，分工不一样，承担的职责也不一样。由于不同媒体的性质和传播方式不同，他们文本的写作方式也大不一样。

在前几章中，我们学习了消息、通讯、言论的写作，主要是校报的新闻写作，这为我们学习广播、电视新闻写作打下了良好的基础。

广播是通过传播声音，作用于受众的听觉，从而让受众感知获得的信息。声音的线性传播，不像报纸那样反复阅读。广播的听众也不像报纸读者那样，要达到一定的文化程度，广播听众非常广泛，不分男女老少，不论文化知识的多寡，都是传播的对象。广播新闻稿要求通俗易懂，尽量使句子口语化，符合人们的听觉习惯。因此，写作自有内在的特征。

第一节　广播新闻的写作要求

一、用词的要求——选用适合听的词

（一）多用双音节词

现代汉语以双音节词见长。双音词音节长，发声较长且响亮，适合听众聆听、分辨。而单音节词由于汉语同音字较多，在听觉中很容易发生混淆。因此，在写作广播稿时应尽量使用双音节词。

在广播稿的编辑中，编辑常将易发生听觉错误的单音节词改为双音节词，帮助听众正确理解广播传达的内容。如：

现——现在　看——看见　买——购买　曾——曾经　写——写作　等——等待　阅——阅读

又如：我等久游此河，桃花四起，人面映红，河畔垂柳，风随我动，帆桅互从，日兴而夜不能寐，朝去而夕不得归。

我们浏览这条河很久，看见桃花四处盛开，人们的面庞映得红扑扑的，河边柳树垂下柳枝，风儿跟随着我在吹拂，船帆和桅杆互相跟从，太阳出来了而到了夜晚睡不着觉，早晨出去但是到了夕阳西下也不能回家。

（二）注意同音字意义的区别

汉语的同音字众多，我们在口头传播中，稍不小心，就会出现误会。例如，阿姨隔壁

住着小李，两人来自遥远的南北方。一天，娃娃哭闹，阿姨哄着小孩喊道："削梨，别淘气!"门外头，小李连声答应："么事？我没有讨吃的!"阿姨拉着娃娃，忙不可迭："哟，尿湿裤子。"小李一听，"鸟死哭子"，什么意思，一头雾水。

在写作广播稿时，要注意区分同音不同义的字，避免造成误听误解，使每句话意思明确，不至于产生歧义。一般来说，记者编辑在写稿编稿时会对着稿子认真地读一遍，如果出现同音易混淆的词，定会改过来。

（三）慎用规范简称

在日常生活工作中，人们通过使用简称去代替一些字数很多的名称或术语，使句子简约、明晰，使用方便。如，"中国共产党"常用"中共"简称，"北京大学"常用"北大"代替。在广播稿中使用简称，一定要注意这个简称是否约定俗成，为广大民众所接受。如一些简称是小范围使用的，写稿编辑时应加以完善，使用规范的名称或术语。如，"广电"应写全读准"广播电视"，否则听众会听为"光电""逛店"；"人大"应写全"人民大学"，否则人们会把"人大"误听为"全国人大"。

广播稿的简称要使用人们熟悉的，约定俗成的，为广大听众所认可的。而对于一些地域性或行业性很强的简称，对于大多数听众而言听不懂，要尽量使用全称，尤其不要自行编造简称。

二、造句的要求——多用口语化的句子

书面语一般句式结构复杂，关联词较多，附加成分多，对于听众来说较深奥难懂。而口语句子较短，结构简单，词汇耳熟能详，听众能够迅速理解。广播稿要写得通俗易懂，能吸引听众听下去。

（一）多写简短的陈述句

陈述句是叙述一个事实的句子。"什么人""什么事""是什么"，陈述句子结构简单，通俗明了。在写作广播稿时，要多用比较简单的陈述句。

（二）多写短句，少用长句

长句字数多，所包含的内容也多，听了后面，忘了前面，易发生意义错乱；短句字数少，较浅显易听，不易混淆。在写作广播稿时，也要多写短句，少用长句。

（三）避免使用被动句

被动句将句子的施事者置后，受事者放在主语的位置得到强调。但是被动句往往使听众找不着重点，影响对广播内容的理解。因此，在广播稿中很少使用被动句。

（四）避免使用倒装句

倒装句把人们表达的通常语序进行倒置，以突出人们需要强调的内容。但是在听觉语言中，倒装句不符合人们的听觉习惯，应尽量避免使用，编辑时有必要将倒装句改过来。广播稿应按照事件发生和发展的先后顺序进行叙述。

三、标点符号的要求——使之表意明确

标点符号既表示停顿，又能表示一定的意义，一点一符，当慎重待之。标点符号在报纸书刊中，让人一目了然，但是在广播语言中，有的仍能表示一定的意义，但是有的标点

符号则在听觉中失去了作用，有的还会造成误会。

一般而言，逗号、句号、问号、顿号、感叹号在广播语言中仍能表示它的应有作用，使听众能分辨它应有的意义。

但是有的标点符号在广播话语中，失去了它应有的表义作用。如：冒号、括号、间隔号、破折号、省略号等在广播话语中就无法表达。为了避免这种情况的发生，编辑就有必要将标点符号转换成文字，使之符合广播播报的要求。

（一）括号的使用

括号内的解释说明成分，有的可以除掉括号，与正文一样播出，不需要读出的可省略掉。如：

“东方之星”号客轮翻沉是由突发罕见强对流天气（飑线伴有直击暴）带来的强风暴雨所致。此句可将括号删除，改为：“东方之星”号客轮翻沉是由突发罕见强对流天气带来的强风暴雨所致。这种突发罕见强对流天气是指飑线伴有直击暴。

（二）引号的使用

引号在表示引用的内容或人物说话不会引起误会，可通过语气的变化来表示。但是在表示讽刺、反义等意思时，播音就不能表达其真实的意思。这时可直接将引号的意义转换为文字叙述，如在引号前加上“所谓”“说什么”“鼓吹”等词加以表述。

（三）顿号的使用

表示并列词语之间的停顿，一些词语在播报中由于顿号停顿时间短会出现语意的混淆。如，上、下，前、后，左、右，大雾天进入深山弄不清自己的位置和方向。在编辑此句话时，最好可将它改为“上与下，前与后，左与右……”用连词代替顿号将这些词语连接起来听起来就很清楚了。

（四）连接号的使用

连接号在标示时间、地域的起止，如，北京—上海特别旅客列车。可将之改为“北京至上海特别旅客列车”；沈括（1031—1095），宋朝人。可将之改为“沈括生于1031年，死于1095年，是宋朝人。”

（五）书名号的使用

广播稿中的书名号易造成误解。如，“《我的中国心》感动了很多人”。口语播出时“《我的中国心》”会被一些听众误以为说话人对国家的赤子情怀。因此在编辑此稿时宜将它改成“张明敏的歌曲《我的中国心》感动了很多人”。这样就将书名号的意义确定下来了。

（六）省略号的使用

省略号在口语中是无法体现的。在播出新闻稿中，可将省略号改成“等等”，让听众心中有数。

总之，标点符号的使用在广播中要符合广播语言的习惯，根据听觉规律对标点符号进行适当地改造，添加文字或用文字代替，是最常用的方法。

四、名字——使用有技巧

名字是指新闻中的人物姓名或单位的名称，业界常说：“名字构成新闻。”正确地使用名字，能增强新闻真实性和感染力。

名字的广播技巧：

（一）突出名字的头衔

突出名字的头衔，可让听众当即知悉人物的身份和地位，可以增强新闻的权威性，使新闻更加可信。

报纸：赵大程在法制日报社调研座谈时强调，以习近平总书记重要讲话精神为指引为全面依法治国营造良好舆论环境。（法制日报 2016 年 3 月 17 日 3 版）

广播：司法部副部长赵大程——让高品质免费法制午餐惠及更多人。（中央人民广播电台 2016 年 3 月 15 日《新闻纵横》）

报纸：银行卡刷卡手续费将大幅降低。（新华每日电讯 2016 年 3 月 19 日 4 版）

广播：发改委、央行联合发文 降低商户刷卡手续费。（中央人民广播电台 2016 年 3 月 19 日《新闻与报纸摘要》）

广播稿就通过点明“发改委”“央行”说明了消息的来源，增加了可信度。

（二）巧用名字的亲近性

名人名家社会影响力大，在播报新闻时应尽量把他们的名字放在前面播，可以吸引听众的注意。与当地关系密切的名字，名人名家，要突出与当地密切的关系，

李克强出席博鳌亚洲论坛 2016 年年会开幕式并发表主旨演讲。（广东电台 2016 年 3 月 26 日七点新闻）

南京大学法学院邱鹭风教授在自媒体上向国家卫计委、国家食品药品监督管理总局隔空喊话，要求相关部门就群众关心的问题公开信息。（江苏新闻广播 2016 年 3 月 24 日）

石泰峰会见哈萨克斯坦国有铁路股份公司总裁马明。（江苏新闻广播 2016 年 3 月 18 日）

五、引言与出处——简明互补

引言就是广播报道中引用他人说的话；出处就是指引言的来源。广播新闻中，引言有直接引语和间接引语。直接引语，即广播的同期声，文稿出处之后要用冒号和引号标记；间接引语，就是对人物的语言进行概括总结的语言，文稿出处之后，一般只用逗号标记。

出处应在引言之前，开门见山地交待引言的来历，符合人们的听觉习惯，提醒听众注意收听，能充分地听懂播报的内容。出处应交代具体明了。如：

山西晋中、江西吉安昨天起成为全国首批实行每周 2.5 天休假的城市。所谓“2.5 天休假”，是指在每周 40 小时工作总时长不变的前提下，通过平时加班、调休、调剂带薪休假等方式形成“周五下午+周末两天”的休假新模式。晋中、吉安两地都采取措施，确保周五下午群众办事不受影响。

吉安市行政服务中心副主任熊涛：［出录音］我们也会相应地做一些调整和安排，做好相应的服务工作。比如说今天你要休息的话，我们就会轮班啦，调整值班窗口啊，调整值班人员。（中央人民广播电台 2016 年 4 月 2 日《新闻与报纸摘要》）

引言应简洁具体。广播稿中的引言不宜过长、过于复杂，应简洁，摘录能代表人物的思想风格的话语。引言复杂不便于听众理解把握人物所说的意思。

第二节　广播稿的结构安排合理

报刊新闻稿的写作比较自由，因为报刊文字是作用于个人的视觉，可以反复地看。报刊新闻写作讲求写作手法的多种多样，自由安排报道叙述结构，可以多条线索并存递进，灵活运用倒叙、插叙、分叙等多种叙述方式。一篇好的报刊新闻其写作手法的高超往往让人折服。

但是作为广播的新闻稿由于电波的直线传播，听众常处于半收听状态，对结构复杂、叙述多变的新闻报道难以整体理解其思想内容。

广播新闻的结构安排合理有以下基本原则：

（一）叙述的顺序与事情的经过相一致

根据广播新闻语言稍纵即逝的特点，作者或编辑在新闻稿的结构选择上一般不采用倒叙、分叙、插叙等叙述方式，让叙述的事件与听众的思路相一致，例如：

新闻动车组：36位志愿军英灵归国 烈士遗骸今天安葬

36位志愿军英灵归国，烈士遗骸今天安葬

昨天（31号）上午11点30分，一架中国空军运输机缓缓驶入沈阳桃仙国际机场跑道。飞机停稳后，工作人员在机舱内对装有36名志愿军遗骸的棺椁进行擦拭整理并覆盖国旗，最后由庄严的礼兵护送棺椁到烈士陵园进行临时安放。战士杜雨鑫今年第一次作为礼兵参加仪式捧着先烈的棺椁。杜雨鑫："既被他们为国牺牲、为民奉献的精神感动，也深深地感受到肩上沉甸甸的担子。"

今天（4月1日），这36具志愿军烈士遗骸将在沈阳抗美援朝烈士陵园举行安葬仪式。

（2016年4月1日中央广播电台新闻与报纸摘要）

第三批在韩志愿军烈士遗骸在沈阳安葬

据新华社沈阳4月1日电（记者徐扬、汪伟）　4月1日上午，第三批在韩中国人民志愿军烈士遗骸在沈阳抗美援朝烈士陵园安葬。36位曾长眠异国他乡的英雄魂归故里。

民政部、外交部、财政部、中央军委政治工作部和辽宁省政府、沈阳市政府的有关人员以及抗美援朝老战士、烈士家属和社会各界群众代表300余人，出席了安葬仪式。

仪式在陵园的下沉式志愿军烈士纪念广场举行。10时，仪式正式开始，礼兵护送着志愿军烈士的遗骸棺椁，缓步进入现场。全场人员高唱国歌后，向志愿军烈士默哀。悼念词毕，参加仪式人员向烈士遗骸三鞠躬。

伴着哀婉低回的《思念曲》，礼兵们护送着烈士棺椁缓缓进入安葬地宫。这是第三批在韩志愿军烈士遗骸在沈阳安葬。36位无名烈士，将和前两批的505名烈士一起，长眠于此。在这座陵园里，还安葬有邱少云、黄继光等战斗英雄。

“他们终于回家了。”82岁的抗美援朝老战士毕春芝是第二次到这里送别战友，“我看见战友的棺椁，就像看见亲人一样，眼泪止不住啊!”

接回在韩志愿军烈士遗骸，始终牵动着中国人民的心。3月31日上午11时30分许，搭载着36位志愿军烈士遗骸的军机，降落在沈阳桃仙国际机场。飞机进入中国领空后，空军两架歼-11战机升空护航，用空军特有的方式向志愿军忠烈致敬。

在停机坪棺椁整理区，摆放着36个棺椁桌，桌面覆盖着军用毛毯。礼兵护送着英灵安放在棺椁摆放区，同机抵达的还有三箱志愿军烈士的遗物。在机场迎接的各界代表全体肃立，向烈士遗骸鞠躬。简短的迎接仪式后，12时30分许，礼兵护送棺椁登上客车，驶向沈阳抗美援朝烈士陵园。

2014年入伍的杜雨鑫，此次在机场担任接迎烈士的持枪礼兵。“能执行这个任务感到很自豪，一定要为英雄们站好这班岗。”杜雨鑫说。

在中韩两国领导人高度重视和共同推动下，2014年和2015年已成功交接共505具在韩中国人民志愿军烈士遗骸。

据了解，现已确认的抗美援朝烈士共有197653名。其中，大多数烈士长眠在异国他乡。根据中韩双方达成的共识，将继续对在韩志愿军烈士遗骸进行发掘、鉴定，双方每年清明节前实施交接。

（《人民日报》2016年4月2日4版）

上述两篇稿子，广播稿采用顺叙的手法，没有像报刊新闻稿一样，把最近的事实写在前，然后倒叙，而是从昨天写到今天，自始至终采用顺叙，语言质朴、自然、贴切，言简意赅。

而《人民日报》的报道将最新的事实（4月1日烈士遗骸安葬）写在导语，然后再现了烈士遗骸安放情况，采用倒叙的手法把人们带到前一天接回烈士遗骸的现场，文章结尾两段交代了接回志愿军烈士遗骸的背景材料。报道语言庄重典雅，翔实生动，感染力强。

（二）句子之间的逻辑关系要清晰、简洁

广播稿写作要使用简洁明快、通俗易懂的句式，不要使用生僻字句，句子与句子之间联系紧密、关系清晰，让听众听得明白，很容易掌握报道中的内容。

90后女护士勇夺菜刀护患者

10月31日凌晨，汉中市中心医院发生了一起陪护人员用菜刀砍患者的事件。在这万分危急的时刻，两名90后护士听到呼救之后，毫不犹豫冲了过去，搂腰抱胳膊，力夺歹徒手中的菜刀，挽救了患者的生命。请听发来的报道：

凌晨时分，汉中市中心医院住院部骨一科病区的病人们基本都休息了，住在过道里的

患者徐某跟他的陪护姚某在说话，两个人看上去比较亲密，一切都很平静。凌晨零点五十二分的时候，陪护的姚某忽然拿出一把菜刀，对着徐某的头部一阵乱砍。受伤的徐某无力反击，只能大呼救命。

在听到病人呼救后，正在监护室工作的护士刘秋兰立即冲了出来，她回忆说：

出录音："（刘秋兰）他当时比较疯狂的状态，劲也比较大，拉着他的手，没拉开，最后拦腰（抱住）把他往后头拖。"

随后，护士邓琼月也冲了过去，直奔歹徒拿刀的手。

出录音："（邓琼月）挺害怕的，两腿都发软……刀还在上空挥舞着嘛，然后我想那要是其他病人伤着了，后果更严重，我就把他拿刀的手按住。"

最终，她们俩和现场的一名男患者及患者家属四人共同制服了行凶的姚某，搏斗中两名护士受了轻伤。

护士小刘今年21岁，小邓20，两位90后女孩的勇敢行为让受害者家属感激不尽：

出录音："特别感谢她（们），要不然的话，当天晚上把我侄儿都砍死了。"

目前，因交通事故产生医疗赔偿纠纷而行凶的姚某已被警方控制。

这篇广播消息反映发生于2013年10月一件激动人心的故事。记者采访深入全面，层次感强，信息量大，架构合理，录音制作精良。文章采用白描手法，以记者和采访对象的声音为载体，层层递进，为受众逼真地还原事发现场，真实，感染力强。

（三）段落层次上的衔接过渡相互照应

广播听众常处于半收听状态，为了吸引广大听众，广播稿在上下文的衔接上，往往会以过渡句、过渡词或片花等不同的手段，增强前后文字的链接。

青海冷水鱼飞到北上广

女声：水产品大部分靠外地供给的青海，终于有了向外省提供优质绿色水产品的能力，如今每天都有成吨的冷水鱼通过航空运输飞到北京、上海等地的餐桌上。请听青海台记者的报道：

（出渔船音响压混……）

男声：大坝锁黄河，高峡出平湖。1986年10月龙羊峡电站下闸蓄水后，形成了一座面积为380平方公里、总库容量为240亿立方米的我国最大的人工水库，从那时起，我省就开始了冷水鱼网箱养殖的探索。如今龙羊峡人工水库不仅是一个美丽的旅游景点，更成为了高原冷水鱼得天独厚的养殖场……

广播新闻稿上段女声介绍青海冷水鱼运到北上广，使用过渡句"请听青海台记者的报道"连接下文，以吸引听众的注意。

高原冷水鱼养殖是青海的新兴产业，所养殖的虹鳟鱼、白鲑鱼，不仅为省内沿黄库区的农民群众增收致富开辟了新的途径，也使得水产品基本靠外地供给的青海有了外销绿色高端水产品的能力。作品主题鲜明，文字朴实流畅，音响丰富、现场感强，广播特色浓，给人以身临其境的感觉。作品以点带面，从一个侧面真实地反映了高原特色种养殖业的发展进程。

[经典案例]

辽宁在全国首开“雾霾罚单”，八城市被罚

[导语] 昨天上午，辽宁省环保厅联合财政厅对环境空气质量超标的8个城市进行处罚。省级环保部门就空气质量问题向下级人民政府开出罚单，这在全国还是第一次。请听报道：

[正文]（出录音：本次罚款由省环保厅和财政厅联合操作，罚缴资金在年终结算时从下级财政资金中直接扣缴……压混）

在发布会上，辽宁省环保厅负责人表示，从去年5月到今年10月末，辽宁省空气污染超标的8个城市需要缴纳罚款共计5420万元。

（出录音：沈阳3460万元，鞍山780万元，辽阳500万元，葫芦岛300万元……压混）

近年来，全国各地多次遭遇持续雾霾天气，辽宁省的环境空气质量同样不容乐观。此次罚款，是依照《辽宁省城市环境空气质量考核暂行办法》中的规定，对造成雾霾天气的主要污染物进行监测考核，超标越多罚款越多。因此，这份罚单也被称作“雾霾罚单”。采访辽宁省大气污染防治管理中心主任孙鹏轩。

（出录音：我们是按照国家的标准，超过日均值一定幅度以内，我们是黄色通报各市，但超过一定幅度之后，我们才会采取这种罚款的措施来督促地方政府，加快治理，加强治理。）

在被处罚的城市中，省会沈阳的空气质量超标最为严重，单单是今年前三个月，沈阳的空气超标天数比例就超过了70%，空气污染程度创下近53年之最，沈阳也领到了最重的一张罚单。沈阳市环保局相关负责人坦言，面对全省倒数第一的现实，压力很大：

（出录音：我们是省会啊，各项工作在全省都是第一第二，在环保这个事我们被罚的最多，这种压力我们已经感受到了。只能更严格执法，更严格地监管，更有效地改善环境）

统计数据显示，12月前十天，全国超过70%的主要城市环境空气质量超标，雾霾已经成为困扰全国的普遍问题。辽宁省社会科学院低碳发展研究所所长毕德利表示，全国首开罚单，意味着辽宁的空气污染治理已经拿出了硬措施：

（出录音：这个罚单就是一种问责，他首先代表了一种责任，空气质量不好，我们的政府部门是要负责任的。另外就是空气治理不力，要受到处罚。而且，这种处罚是有法可依、有章可循的，这种实实在在的措施让我们看到了希望。）

据了解，这次罚缴的5420万元罚款将全都用于辽宁的大气治理蓝天工程。

这是第24届中国新闻奖广播消息一等奖作品。作品推荐评介认为：

这篇作品主题重大。近年来，日益严重的空气污染问题困扰国内很多地区，引发了全社会的高度关注。在这一背景下，这篇作品报道了辽宁省在全国率先开出“雾霾罚单”这一首创的问责方式，凸显了党和政府治理空气污染的坚决态度和有力措施，回应了部分人对环保部门治理雾霾“空对空”的质疑，对被处罚地区形成了舆论压力，督促被罚城市做好相关工作。

这篇作品结构清晰、广播特色突出。作品语言高度精练，音响典型，采访全面。涉及“处罚者、被罚者、观察者”等多个侧面，充分体现了以“短文章”呼应“大主题”的特色。

第十二章　电视新闻的写作

我们看电视既可以通过眼睛观察电视屏幕的画面和字幕，还可以通过耳朵聆听播音。活跃的画面，悦耳的声音，连续的文字，给人耳目一新的感觉。

第一节　电视新闻的语言符号

电视新闻不像报纸、杂志等平面媒体那样仅凭视觉，而是通过多种语言符号综合进行传播，促动人的多种感官，发挥着突出的传播效果。电视新闻的语言符号系统有声音语言符号和文字语言符号系统。

一、声音语言符号

声音语言符号是指电视新闻中传递信息的声音，包括播音员播音、新闻人物的言语对话以及新闻现场表现的其他声音。概括来说，声音语言符号就是播音语言和现场语言。

（一）播音语言

播音语言是电视新闻中播音员朗读电视新闻稿的电视语言。播音语言是电视新闻的主体。我们不妨一试，看电视新闻只听声音，不看电视画面，我们基本能了解电视新闻的意思。反之，如果我们只看电视画面，关掉电视机的声音，却如同看哑剧，电视画面让人充满了种种猜测。可以说，播音语言是电视新闻的主体。

（二）现场语言

现场语言是电视新闻记者手持摄像机和录音设备在新闻现场采访，新闻人物的讲话或记者现场解说等内容。

现场语言来自新闻采访现场，既是记者真切体验和新闻人物的现场发挥，也是观众耳闻目睹的场景，是对新闻内容的有力实证。现场语言能有力地避免捏造新闻。

但是现场语言一般而言是记者现场采访，没有经过事先准备，因此被采访人对记者一连串的提问难免显得仓促，语言不连贯。在后期制作过程中，编辑可适当删除记者提问，把采访对象的问答与播音稿融为一体，使现场语言比较紧凑、简练，观众能够迅速体会其中的思想内容。

二、文字语言符号

文字始终是电视语言的主角，电视屏幕出现的文字、播音稿等都是文字在电视新闻中的应用。现在我们对电视上的文字语言符号进行分类、解说。

(一) 画内文字

画内文字是电视屏幕画面上出现的文字。如重大活动现场出现的标语、横幅。记者不能为了拍摄而拍摄，而应目标明确，在拍摄过程中突出要报道的思想内容，无疑将这些文字拍摄进画面能够较好地说明现场活动的情况，“此时无声胜有声”，起到交代新闻要素的作用。如，学校举行新生开学典礼。大学生记者在拍摄过程中，着意把主席台上会标和会议席卡摄入。观众不用听就知道了会议的主题和出席会议的校领导。画内文字使这条新闻能在较短的时间内发挥出应有的效果。

(二) 屏幕文字

文字在电视屏幕上也是不可缺少的角色。我们每次观看电视新闻都可看到电视屏幕上出现编辑人员制作新闻节目时加上去文字。如，电视新闻的标题、播音员文字稿等起到加强画面和播音效果的作用，使观众通过多种感官了解信息内容，有助于记忆。

第二节　电视新闻写作的特点

电视新闻的写作不同于报纸杂志和广播的新闻写作。因为电视既不同于报纸视觉的传播，又不同于广播的听觉传播，电视新闻是“声画结合，视听兼备”的双通道的传播形式，能将人的各种感官最大限度地调动起来。

一、电视新闻的特点

(一) 可听性与可读性相结合

电视新闻播音员根据画面内容播报，新闻内容除通过声音传播外，还在电视屏幕上显示新闻稿的文字内容，观众既可听，又可阅读屏幕上的文字。

可听性在于，写作电视新闻稿时，要做到文字符合口播符合口播和听力的要求，这一点电视新闻与广播新闻有相似之处。在写作时，尽量选择用符合听的词，选用简短的句式，整篇文章力求短小精悍。

可读性在于，电视新闻放映画面和播报的同时在屏幕上显现文字内容。如新闻标题，新闻人物的言语文字，甚至满屏文字。这些文字的写作要充分体现新闻内容，做到简约、新颖、生动。能让观众在较短时间内看清内容，明白其意思。

(二) 声音与画面相结合

电视新闻的特点是放映摄像画面的同时，播出声音对画面的内容进行解说，声音与画面融为一体，互相补充、应证，充分调动了人的视觉与听觉器官。

电视新闻口头播报与广播新闻十分接近。加上现场采访拍摄的影像，使播音效果得到进一步充实完善。

没有声音的画面，观众会不知所云，没有画面单纯播音，则播音失去了影像的支持，新闻的趣味性会降低，观众对新闻的真实性会大打折扣。

二、电视新闻声音与画面的关系

电视声音与画面是电视新闻报道中思想内容的重要组织。声音可以是采访摄像过程中同时形成的同期声，也可以是在新闻编辑制作过程中添加的解说词或播音员播报，声音与画面的组合应影形相伴，有声有色。这就构成了新闻声音与画面的特定关系。

（一）声画合一

声画合一是指声音与画面的内容高度一致，声音随着画面的流动而解释画面、补充内容、教育感化。声画合一主要有两种方式现场录制同期声和为画面配音。

新闻联播《为读者 为时代 做中国好书》（2016 年 4 月 24 日）

画面：北京万圣书园
　　　商务印书馆
　　　中华书局
　　　三联书店
　　　中国出版集团

在北京万圣书园，由商务印书馆刚刚出版的《琉善哲学文选》，登上了 2016 年新近一期图书畅销榜。回望 1905 年严复翻译出版的《天演论》，这套为中国读书人所熟知的"汉译世界学术名著丛书"，从孕育到成熟，已经跨越了一百多年的时间。以中文出版黑格尔、卢梭、克罗齐等西方大家的著作，为中国人推开了世界文化的大门。

仅仅在中国大地上播撒世界文明的种子还不够，更要让中国人自己的优秀文化思想开花结果、走向世界。1898 年，商务印书馆在建馆的第二年，就出版了第一本由中国学者撰写、具有现代思想的学术著作——《马氏文通》，此后，王国维的《宋元戏曲史》、梁启超的《中国近三百年学术史》、钱穆的《国史大纲》等著作陆续出版，并在 2010 年，以中华现代学术名著丛书的形式首次系统集结，获得了国家出版基金的资助。

让中国优秀文化走出去，"中华现代学术名著"丛书不仅收录了多种中国学者的英文著作，还通过与国外出版机构合作的方式，进行全球发行。

守正更要出新，不断探索创新时代所需的出版方式，与商务印书馆携手同行的，是中华书局、三联书店等一批在世界图书市场拥有品牌影响力的中国出版机构。兼顾知识性与可读性，让社会学、自然博物学、历史学以更易于理解和接受的方式，走进当代读者，也为这支中国出版的国家队迎来了国际市场的认可。目前，中国出版集团海外业务遍及 130 多个国家和地区，并连续 3 年入选"全球出版业 50 强"，位居前 15 位。

（二）声画对位

声画对位是指画面的内容与声音并不相一致。随着画面的流动，播音员朗读新闻稿，新闻稿的内容尽管与画面不一样，看似"花开两朵，各表一枝"，实则殊途同归，声画围绕报道的主题展开。

新闻联播《安理会强烈谴责朝鲜发射潜射导弹》（2016 年 4 月 25 日）

画面：联合国大厦
　　　朝鲜平壤街头
　　　发射潜射导弹

联合国安理会会场

联合国安理会24日发表媒体声明，强烈谴责朝鲜日前再次发射潜射导弹，指出朝鲜此举再次严重违反安理会相关决议，并且加剧了地区及更大范围的紧张局势。

声明说，朝鲜应避免从事违反安理会相关决议的活动，全面遵守决议，包括中止所有与弹道导弹项目有关的活动，并重新做出暂缓导弹发射活动的承诺。安理会敦促联合国会员国全面执行安理会所有相关决议中的措施，特别呼吁各国加强对涉朝问题第2270号决议的执行。

声明说，安理会重申维护朝鲜半岛及东北亚地区和平与稳定的重要性，表示将致力于通过和平、外交的政治方式解决当前局势。安理会表示将继续密切关注局势，并可能采取进一步措施。

朝中社24号报道说，朝鲜日前再次成功发射潜射导弹。报道没有提及发射时间和地点。韩联社23号援引韩军方消息报道说，朝鲜当天在朝鲜半岛东部海域从潜艇发射一枚弹道导弹。

今年3月2号，联合国安理会一致通过涉朝问题第2270号决议，谴责朝鲜进行核试验和使用弹道导弹技术发射卫星，决定实施一系列制裁措施遏制朝鲜的核、导开发计划，并呼吁恢复六方会谈。国际社会普遍支持安理会通过涉朝决议，敦促朝鲜放弃核、导计划，通过对话解决朝鲜半岛核问题。

不容忽视的是，电视新闻报道过程常常是声画合一与声画对位的结合使用，有时是声画合一，有时是声画对位。

[视频]

河南新华书店服务“最后一公里”（4月24日）

央视网消息（新闻联播）：河南省新华书店坚持改革创新，服务全民阅读“最后一公里”，将书店开到城市社区、学校和乡村，让更多人感受书香魅力，实现社会效益和经济效益双丰收。

每到周末，郑州这个社区书店就成了孩子们的乐园，正在进行的讲故事活动吸引了很多小朋友。

这个300平方米大的社区书店有3万多册图书，从早十点到晚十点，人们可以在这里看书、买书，还有机会参加阅读沙龙、讲座、读者见面会等活动。

书店进社区，是河南省新华书店改革创新的一个缩影。从过去的等客上门，到现在的送书上门，近年来，河南省新华书店整合全省文化图书资源，先后建设了400多家社区书店、校园书店以及1000多个乡村书店，通过线下、线上相结合，将方便快捷的文化服务送到城乡读者身边。

河南省新华书店还延伸功能，从单一卖书，向提供多种文化服务转变。这几年，全省新华书店图书销量以年均30%的速度增长，去年实现销售收入达到82亿元，在全国同行中名列前茅。

第三节　电视消息的写作

电视消息是电视新闻中应用较广的体裁。每天中央电视台的新闻联播和地方台的新闻节目基本都是电视消息报道。

电视消息的结构与报纸的消息的基本相同，包含标题、导语、主体和结尾，在表现形式上大同小异。电视消息标题只有正题，而报纸消息的标题是多层次的。电视消息的内容必须与画面相对应，不能脱离画面的内容。

一、电视消息导语的写作

导语是电视消息最前面的一句话或一段话，简明扼要地概括消息的内容，以引起读者的注意，继续观看下面的内容。

导语的写作要求：

（一）紧密结合画面的内容

电视新闻图文并茂，声画结合。写作导语时，必须根据拍摄下来的画面内容进行写作，再现画面，将画面的思想内容准确地概括出来。如，中国教育电视台 2016 年 3 月 1 日中国教育报道《国科大本科首次扩招　面试今起报名》的导语：

中国科学院大学昨天公布了 2016 年的本科生的招生计划。这次招生规模将增加至 394 名，比 2015 年增加了 60 名，增幅约为 18%。这是国科大 2014 年首次招收本科生以来首次扩大招生规模。

随着电视摄像镜头展现了中国科学院大学花团紧簇的校门，播音员播报以上文字稿，播音随着画面流动，与画面内容紧密结合。来自现场的画面与文字相互印证、补充，新闻的真实性得到充分体现，观众的感官被充分调动起来。

（二）语言生动简洁明了

导语是对整个电视新闻的高度概括，语言表达要求简明扼要，生动活泼，让人一目了然，能吸引住观众的注意力。请看中央电视台 2016 年 5 月 4 日新闻《瞰春：伊犁河谷百花香》导语：

新疆伊犁河谷被誉为西域“绿色走廊”，这里有着十几万亩的野生果林，今天的《瞰春》，我们将带您到那里俯瞰、品味别样的西域春色。

播音员柔和、悦耳的音调把观众领入远疆绿意融融、一望无际的果林，身临其境体验边疆的无限风光。寥寥数语，点明了《瞰春》栏目的主旨和报道内容。

二、消息主体的写作

消息主体承接导语，是对导语内容的补充和完善，消息的主要内容基本集中在主体之中。如果说导语好比一个人头上戴着一顶漂亮的帽子，那么消息的主体就是一个人的强健的身躯。写好电视消息的主体，好比亲手塑造的一个身材魁梧的雕塑栩栩如生地立在人们的面前。

写作消息的主体要求如下：

（一）紧接导语展开

导语先声夺人，给消息后续写作定了调子和方向。主体的写作要围绕导语进行补充、完善。如，中国教育电视台2016年4月1日消息《教育部：要做好重点高校招收农村和贫困学生工作》的导语："今日，教育部下发了《关于做好2016年重点高校招收农村和贫困地区学生工作的通知》，对有关工作进行全面部署。"

主体则较为具体地报道了教育部通知的内容：通知明确：国家专项计划定向招收贫困地区学生，2016年安排招生规模为60000人，较2015年增加10000人。地方专项计划安排招生计划原则上不少于各地省属重点高校一批规模的3%。高校专项计划主要招收偏远、贫困、民族等地区县以下农村学生，由教育部直属高校和其他自主招生试点高校承担，安排招生计划不少于有关高校年度本科招生计划的2%。

该消息导语回答了"五个W"中的"When、What、Who"，而主体阐明了"Why、Where"对导语的内容进行深化、补充和完善，主体使导语更加丰满。

（二）画面与文字紧密结合

电视向观众展示了生动的现场画面，记者在现场采访报道。文字稿的写作应紧密与画面内容相结合。消息主体的写作不能随心所欲，要根据所摄的画面内容而展开，与画面内容相互补充、印证，突出现场感，发挥电视的优势。如画面中能较好表达的内容，能够体现的新闻要素，则在文字稿中可以省略，如果通过字幕能说明的内容，也不要在文稿中重复。这样既能较好地表达消息的内容，又能使文字简洁，避免在播音时重复啰嗦。

中国教育电视台2016年4月1日中国教育报道《乌鲁木齐小学的"楼道图书馆"》主体部分随着记者采访画面而展开，剥笋去皮，逐层深入。

《乌鲁木齐小学的"楼道图书馆"》（分镜头稿）

画面内容	文字稿内容
乌鲁木齐第121小学楼道（全景）	在新疆乌鲁木齐第121小学楼道内，记者看到1至4层楼道两侧墙壁内制作了32个图书借阅栏，里面摆放着学校图书馆的全部书籍。这样的图书馆借阅栏内被学生们称为"楼道图书室"。
记者采访小学学生（近景）	[同期声] 赵静欧（乌鲁木齐第121小学学生）：非常喜欢我们学校管理图书的方式，因为这种方式使我们知识大大提高了，而且还不用那么麻烦地跑去所有的书店买书。所有同学都可以在书架上找到自己喜欢看的书。
楼道图书室（近景）	记者注意到，楼道图书室的书架旁设立有借书登记卡盒，盒子里用卡片记录着书名、借阅人姓名、借还时间。每层楼书架都由相应的班级管理。目前，学校借阅栏共有图书近万册，后续还将配备种类图书，预计图书数量将达到18000册。

续表

画面内容	文字稿内容
记者采访小学党支部书记（近景）	［同期声］于海彤（乌鲁木齐第121小学党支部书记）：他们自行登记之后，书籍就可以带回家去，看完之后再来还书。我们学校同时加强了诚信教育，通过以图书为媒介加强了诚信教育。
主持画面（全景） 主持人评述	男主持人：可以说这样楼道图书室真的非常有创意。 女主持人：而且很新鲜。 男主持人：不过书本知识需要我们去动手，去实践，才能记得更牢。

电视消息主体的五种结构形式（查阅有关参考书）：

1. “倒金字塔”式结构
2. “金字塔”式结构
3. 自由叙述式结构
4. 背景介绍式结构
5. 问答式结构

三、消息结尾的写作

文章好的结尾“余音绕梁”。结尾的形式多样，有自然作结式、有评论式结尾、有叙述总结式，也有发出希望与号召作结尾。写作电视的结尾也要与电视结尾的画面相映衬，不能游离于画面之外。如

（一）总结式结尾

中央电视台2016年4月1日新闻联播《天津：便民专线　简政为民》的结尾：专线服务平台自去年5月开通以来，每天约有2万多人打来电话咨询、求助等，办结率达到95%以上。

该结尾对天津开通天津“8890”便民专线运行情况进行总结，回答了导语和主体没有回答的问题。专线服务平台取得的成绩一目了然。

（二）评述式结尾

中央电视台2016年4月1日新闻联播《国内首条中低速磁浮快线投入试运营》的结尾：长沙磁浮快线是国内首条、世界第三条、同时也是运行里程最长的一条中低速磁浮线路。相比其他轨道交通，中低速磁浮线路具有噪声低、投资省、适应强、占地少等优势，为缓解日益严重的“大城市病”提供了更加绿色、环境友好的交通解决方案。

该条消息的结尾点明了长沙磁浮快线在国内外所处的地位和开通的意义，是对消息导语和主体的进一步评述。

第四节　电视新闻专题的写作

据《电视新闻学教程》介绍，电视新闻专题是运用电视新闻的表现手法和报道技巧

对某些变动的新闻事实所作的较完整、较系统、较深入的及时报道。电视新闻专题好像报刊、广播中的通讯体裁。电视新闻节目中往往是先有消息，而后有新闻专题对消息的内容进行全面深入地挖掘、展现、述评，把消息的内容从一点扩展到面，到三维立体空间。

电视新闻专题的“专”首先表现在对某一社会热点、难点或人们普遍关注的社会现象、新闻事件进行专门的报道；二是指从电视新闻专业的视角分析、解决社会问题。新闻专题不能局限于像消息那样纯客观的报道，而是要在忠于事实的基础上，进行深度发掘，还要对相关的要素进行分析、议论，帮助观众释疑解惑，给观众以思考。

电视新闻专题的写作：

一、多角度全方位地叙述

新闻专题要全面完整地反映新闻事实的发生、发展和结局，注重事件典型细节的描写和人物言行的再现，对新闻所具有的现实意义进行阐释。

中国教育电视台2016年3月2日中国新闻报道《学生社会实践何时不再“走过场”》寒假开学前两天，记者社区采访看到，十多个中学生要求社区在《社会实践联系表》上盖章，学生匆匆应付社会实践的情况。采访了社区居委会干部、家长、中学生以及社会人士，披露学生社会实践“走过场”现象。

记者采访点多面广，新闻专题的写作从多个角度、多个层面，深入全面地反映了中小学生实践难和“走过场”，邀请专家分析社会实践难落实的原因，继而积极地报道有关学校探索解决社会实践问题的途径。

二、文字与画面巧妙结合

新闻专题文字稿的写作要充分发挥听觉、视觉器官的双重感知的优势，既要有声画合一，让观众迅速感知理解事实内容。同时又要声画对位，给观众联想的空间，使播出的文字稿与画面朝着不同的方向发展，而又归结到同一目标，声音与画面既能独立地表达思想内容，又相互照应。第25届中国新闻奖二等奖新闻专题《解密“狱中八条”》追忆历史，现场拍摄的画面，播音还原历史真相，画面与播音稿不强求一致，但是表达的思想内容和目标又高度统一，让观众有所思、有所感。

而与之表达手段不同的第25届中国新闻奖三等奖新闻专题《忠诚无限：夫妻国旗班》，文字稿紧紧跟随画面，叙述海南省三沙市赵述岛吴忠灿、曹烈珠夫妻国旗班的故事。

三、叙述故事化

讲故事是新闻叙事追求的一大目标。在写作新闻专题时，要用讲故事的方法，原汁原味地再现新闻事件的场景。

第二十五届中国新闻奖一等奖电视新闻专题《食品工厂的“黑洞”》，记者深入上海福喜公司进行秘密采访，忠实摄录该公司使用变质的食品作原料生产食品的过程。新闻稿采用讲故事的手法，通过层层推进的情节，多角度、多机位的镜头呈现，充分发挥了电视新闻的特长，画面生动，细节抓人。新闻稿的写作紧扣画面，逻辑推理严谨，叙述新闻事件的发生、发展等过程。观众过看边听，故事就仿佛在眼前发生。

四、语言朴实生动，富有情感

电视新闻专题的写作要紧扣画面要反映的思想内容，语言要朴实，通俗易懂，富有感染力。这是电视新闻独有的魅力。第二十届中国新闻奖二等奖作品《代号221——原子城纪事》开头采用比兴手法，“在那遥远的地方，有位好姑娘……”“西部歌王”用苍老的声音演绎对金银滩的向往与爱恋。整篇文章语言朴实、自然，叙事紧贴画面，有条不紊。采访完当年工程建设者，同期声结束，笔峰一转“此刻距基地二千里外的北京一股力量也在悄然汇聚着。比起火热建设中的基地，这里显得波澜不惊。而事实上这股力量汇聚着平稳而强劲，而且其发端远早于1958年……”把观众的思绪领进新的天地，洗尽执浪，冷静观察，俯瞰世界变局。文字充满爱国情怀和对峥嵘岁月的追忆。

学生社会实践何时不再“走过场”

（中国教育电视台中国教育报道2016年3月2日）

主持人（男）：可以说，全面发展离不开社会实践。那么假期社会实践是中小学生锻炼能力、提升素质的重要手段。然而在实际生活当中，一些学生社会实际沦为“鸡肋”。

主持人（女）：就在刚刚过去的这个寒假里，很多学校安排了很多实践方面的作业作为寒假作业，可是孩子们的执行情况究竟怎么样呢？

［同期声］湖南省长沙市雨花区砂子塘社区工作人员（男）：来了以后打扫卫生，马上过来……

这是在开学前两天，记者在长沙市雨花区砂子塘社区看到的一幕。十多个中学生很着急地来到社区要求工作人员在学校《社会实践联系表》上盖章，但是他们在寒假里没有参加过任何社会实践活动，无奈之下工作人员只好安排他们临时打扫卫生。

［同期声］中学生：社区活动无非就是来这里随便扫一下地，一般社区活动都是做这样的事情。

在清扫现场，有同学专门负责拍照以备老师查阅。十几分钟后，这些同学就迫不及待地要求盖公章。

［同期声］湖南省长沙市雨花区砂子塘社区工作人员（女）：有很多同学做都没有做，就是家长来盖章，学生自己都不出来。

（男）：我们盖也不好，不盖也不好，不盖吧都是熟人。我盖了吧就是对他不负责。

［同期声］中学生：寒假本来应有那么多作业，还得要上培训班，我觉得也是形式主义，而且我觉得也没有什么特别大的必要性。

湖南省教院发展和评估研究所所长黄龙威坦言：长期以来由于在社会实践对学生升学并无实质性的影响。因此出现教育行政部门和学校一厢情愿，而部分家长和学生不买账的尴尬局面。

［同期声］湖南省教院发展和评估研究所所长黄龙威：我们把这个社会实践这个项目的概念异化也好，变味也好，就是变了，不是那个概念。

此外，社会实践岗位的缺乏也让一些真心参加社会实践的学生无用武之地。今年寒假，长沙市教育局联合省会文博单位推出“小小管理员”岗位体验活动，可是对于城区十几万中学生来说，仅千个岗位根本满足不了体验需求。开学前一天，长沙雅礼实验中学学生王艺融好不容易争取到图书馆管理员的实践岗位。

[同期声] 王艺融：之前的几个实践活动的地点，打电话过去的进修报名人数都已经全部满了。家长比较辛苦，为了给我们找这个地方跑这跑那，这个实践活动真的机会很难得。

[同期声] 学生家长：社会力量和政府这一块的话提供更多的机会，资源相对比较少，要整合资源。

怎样才能避免社会实践活动流于形式呢？各学校也进行了大胆尝试。长沙市开福区三角塘小学今年寒假主打各种社会实践活动，如，编祝福短信、做一日三餐、旅游、读书等。在开学第一天，孩子们用视频、图片、笔记等形式争相展示自己的实践成果。

[同期声] 小学生：书面作业觉得很枯燥，但这样的作业能够更有趣点。

[同期声] 张羽飞（湖南省长沙市开福区三角塘小学校长）：更重要的是培养他们的创新意识，快乐意识增强了。

在长沙麓山国际学校，同学们寒假开展了包饺子，深入山区参加公益活动，以及体验多姿多彩的职业等活动，将社会实践活动变得多姿多彩。

[同期声] 余理（湖南长沙麓山国际学校）：所有活动在前期有策划，活动过程有跟踪，活动后期有评价、有反馈，同时我们把所有的活动都量化到积分系统之中，做到了常态化、深度化、广度化。

令人欣喜的是，不仅学校在行动，实践承担单位也在改革。针对往年学生参加走过场，进馆盖章就走的现象，长沙博物馆准备了6万份针对中小学社会实践的试卷，针对展览精心设计了十几道题目，只有学生全部答对了，才能顺利盖章。

[同期声] 刘茜（湖南长沙博物馆教育专员）：每次都要严格检查他们有没有完成这个作业，虽然解释工作会比较多，但是也是为了他们能真正从博物馆学到知识。

社会实践不走过场是一个系统工程，除了要真正纳入评价体系，还要社会共同努力，特别是学校根据不同年龄的学生制订具体的社会实践目标。这些目标宜小不宜大，宜实不宜杂。这样学生在假期中的社会实践活动中才能有所作为。

此外，家长也应扩大社会实践概念，可以让孩子有更多选择空间，可以做更多自己喜欢的事情。

[同期声] 黄龙威（湖南省教科院发展和评估研究所所长）：与教育相关部门在每年的工作计划里、工作安排里，都应该有这个项目给小孩子提供学习锻炼的环境。学生社会实践不仅是家长的事，不仅是学校的事，全社会都应该给孩子的成长提供一个环境和条件。

第十三章　新闻摄影基础

随着科学技术的飞速发展，摄影技术不断更新和普及，我们进入了新闻读图时代。报纸、网络等传媒大量刊登新闻图片，图片新闻成为媒体报道的重要一页。“图文并重”改变了报纸文字独唱主角戏的局面，“幅大量多”成为媒体刊用新闻图片的重要原则。

大量图片的运用改变了报纸生硬的面孔，让报纸版面生动活泼起来，重新吸引读者的注意，在激烈的传媒竞争中夺回了自己的阵地。

校园新闻报道活动要求大学生记者成为一个多面手，熟练掌握摄影技术是不可或缺的方面。

第一节　摄影基本原理

一、针孔成像原理

摄影技术来源于针孔成像技术。当来自景物的光线通过一个暗箱小孔时，光线落在小孔后侧的箱壁上会出现这个景物的倒影。如果在这位置放上一个毛玻璃板，这个图像就显得十分清晰。这个图像是由于光的直线传播把景物的上、下、左、右的光点分别传递到小孔后壁对应的下、上、右和左方之上，形成一个与实际景物相反的倒影，如下图。这就是我们的祖先战国时期的科学家、哲学家墨子早已发现的针孔成像技术原理，并记载在著作《墨经》里。针孔成像原理的发现为后来的摄影摄像技术奠定了基础。科学家根据这一原理发明了照相机。

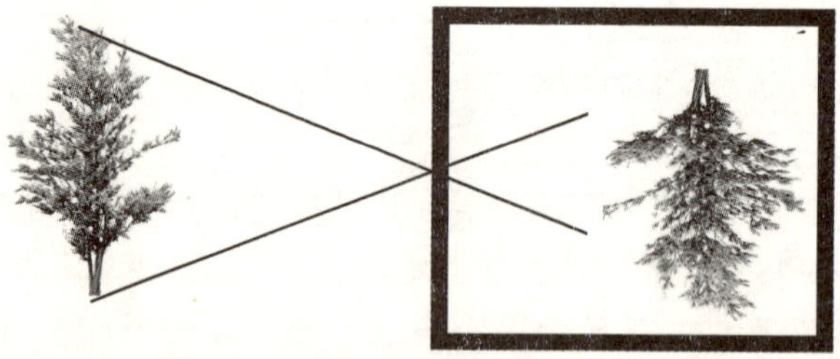

针孔成像原理

照相机特制的镜头汇聚景物的光源，投影到相机内的感光片上，便产生了预想的图像。

照相机的成像原理则是光线透过高质量的镜头。镜头由多组凸透镜和凹透镜组合而成。而成像平面则放置感光胶片，对于数码相机来说则是电子芯片。

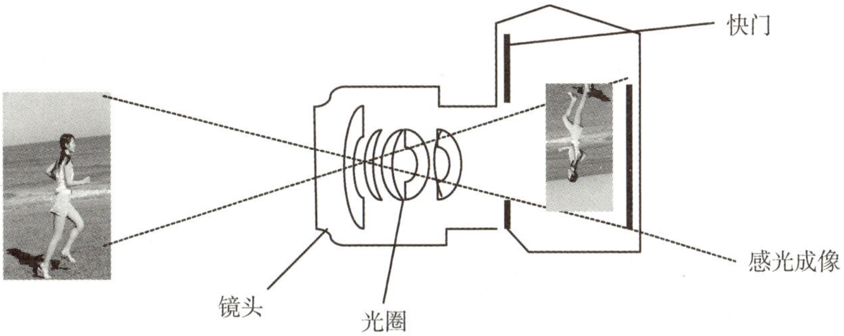

照相机成像原理

数码照相机是通过控制光圈的大小及快门的开启和关闭，镜头把被摄景物投影到感光元件电荷耦合器（CCD 芯片）或电存储器（CMOS 芯片）里。这些芯片把所形成影像分解成数以万计的像素，随之转换成电信号。这些电信号通过模拟转换器，将之转变成二进制的影像数据，存储在数码相机的存储器中。至此，完成了一次照片的拍摄过程。

二、数码照相机介绍

数码相机以其操作简便、拍摄成本较低而广受欢迎，日益普及。照相机由镜头、快门、取景器、测距系统、暗箱和机身等组成。

（一）镜头

镜头位于相机的最前端，和暗箱相连。镜头有固定的、不可拆卸的，也有可拆卸替换的。

镜头由多组凸透镜和凹透镜组合而成，是一种复合式透镜，材质有磨光玻璃和透明塑料两种。其中透镜主要用于校正成像时所存在的像差及其他缺陷，而由凸透镜和凹透镜组成的整个镜头则是一个凸透镜，把光线聚合在焦点平面上。镜头是照相机成像的关键部件。

焦距是指光线通过镜头透镜时，会聚到一点之上，这个点就叫做焦点。从焦点到透镜中心的距离，称为焦距。焦距固定的镜头，称作定焦镜头，焦距可以进行调整改变的镜头，就是变焦镜头。焦距反映着镜头视角的大小。在相同的拍摄距离上，焦距越大，成像越小；焦距越小，成像越大。

1. 镜头种类与用途

（1）标准镜头。

镜头焦距和传统相机感光片对角线长度相等的镜头，其视角为 50 度，焦距为 50 毫米，观察和拍摄效果与人眼最为接近，我们称之为标准镜头。

（2）广角镜头、超广角镜头、鱼眼镜头。

镜头焦距短于所用感光片对角线长度的镜头，视角可达 70~90 度，焦距有 20 毫米、

24毫米、28毫米、35毫米，我们称之为广角镜头。广角镜头焦距短，视角大，能在较近的距离内拍摄到较大范围的景物，可以获得较大的景深，使被摄物每一部分都很清晰，适合拍摄景物前后者比较清晰的照片。

超广角镜头指视角超过100度的镜头，焦距有14毫米、17毫米等。用它拍摄景物，景物会有所变形，近大远小比较明显。

鱼眼镜头的焦距为7.5毫米，视角大约在180度左右。用它拍摄物体畸形十分严重。

（3）长焦镜头。

长焦镜头视角在40度以下，根据焦距的长短又可分为中焦镜头、长焦镜头和望远镜头。中焦镜头的焦距有75毫米、90毫米、100毫米、135毫米等规格；长焦镜头有200毫米、300毫米的镜头；望远镜头有500毫米、1000毫米的镜头。

长焦镜头的焦距，视角范围较小，拍摄的效果是景物的距离变近了，变大了，成了"特写"。当拍摄距离较远时，无法靠近时，可以选择长镜头进行较远的距离拍摄。

（4）变焦镜头。

我们还常用一种焦距可以变化的镜头，拍摄时可以旋转变焦环或推拉镜头焦距可在一定范围内变动，从而拍摄出不同景物范围的照片。变焦的范围有多种形式，有广角到中焦的变焦镜头（如，28毫米到80毫米的变焦，35毫米到70毫米的变焦、35毫米到105毫米的变焦等），有中焦变长焦的变焦镜头，还有长焦变望远的变焦镜头，等等不一而足。

从变焦镜头的质量来看，变焦的范围越大，镜头的生产难度越高，成像对拍摄者技术要求更高。

（二）快门

快门是调节、控制光线透过镜头到达感光面的时间长短。快门按钮就在照相机的右上端。快门的速度以秒计。照相机打开快门的速度时间范围常有2秒、1秒、1/2秒、1/4秒、1/8秒、1/16秒……1/1000秒，前一速度是后一速度曝光量的二倍。

在光线较弱时，要延长快门的关闭时间，放慢速度。在拍摄运动速度较快的物体时，则要缩短快门关闭的时间，即加快其速度。

（三）取景器

取景器是用来观察所拍摄的景物，确定拍摄取景范围的照相机部件。

（四）测距（对焦）系统

在拍摄时，景物有远有近。要让景物拍摄成清晰的图像，就要根据景物的远近来确定镜头与感光芯片的距离，这个过程就是测距，或称作对焦。

测距（对焦）系统有连续AF（自动对焦）和手动对焦。

（五）暗箱和机身

暗箱连接镜头和机身，本身是暗盒子，并不透光，却能将通过镜头的光线和其他外来干扰成像的光线隔开。

暗箱之后是照相机的机身。机身是整个照相机的支撑平台，承担着对照相机快门的操作成像和储存等基本功能。

三、照相机的常用功能

（一）白平衡调节功能

要掌握白平衡调节功能必须先了解色温这一概念。色温不是颜色的温度，而是表示光源颜色的一种标志。色温用来测量光线中包含的颜色的成分。

我们事先以一个黑色的物体（简称黑体）为参照物。黑体在辐射作用下既不反射，也不透光，而吸收照射在它上面的全部光源。但当对它加热，温度不断升高时，所发出的光的颜色在不断地变化。黑体对光线的反应犹如铁块，当铁块加热到红彤彤的颜色时，它的温度不是最高的；当继续加热到湛蓝色时，它的温度则达到最高。由此我们知道，色温较低时，光源中的红色成分就较多，这就是我们所说的“暖光”；反之，光源中的蓝色成分就较多，也就是我们所称的“冷光”。进一步得知，黑体不断受热所发出的光的颜色变化的顺序是红—黄—白—蓝。

由此，我们得出色温的定义，色温是指黑体在光辐射下颜色相同时具有的某一温度。色温以开尔文（“K”）为单位。1983 年，世界印刷业组织公认标准日光的色温是 5000K，5500K 为感光材料专业标准色温，并以此为标准观察产品的色彩。其中 5000K 是以太阳光在无云大气中，水平线上方 40°照射时取得的。可用之测量照相机镜头的颜色再现性。

常见光源色温表

光源	色温（K）
全阴天室外光	6500
白天直射日光	5550
45°斜射日光	4000
荧光灯	6500
高色温碳弧灯	5500
摄影卤素灯	3000—4000
新闻碘钨灯	3200

白平衡的功能就是控制色温，简单地说就是照相机无论环境光线的色温如何变化，总是把“白色”当作“白色”，同时保持其他颜色在有色光线下的色调。如此照相机拍摄的照片能与人眼看到的景色一致。有些数码照相机有多种白平衡模式可供选择。

（二）图像防抖功能

数码照相机防抖是克服图片模糊的重要手法。除了设置安全快门、使用快门线防止相机抖动外，还有光学防抖、感光度防抖、CCD 防抖等功能。

光学防抖也称机身防抖，照相机配备有防抖功能的镜头和机身，通过调节镜头内镜片或感光元件的位置，平衡或减弱拍摄者的手抖动对画面的不良影响。此类防抖功能质量较高。

感光度防抖，常称作数字防抖。数码照相机感光度越高，同样的光线，曝光光圈量越小，快门速度越快。当光线较弱时，则要用较大的光圈量，同时放慢快门速度。这就是感光度防抖，但其成像质量较低。

CCD 防抖也称作电子防抖。其原理是将相机感光元件（CCD 芯片）固定在一个可以通过电磁效应平行滑动的平台上，拍摄抖动时平台会利用电磁的迟滞性造成 CCD 短时间内固定不动，起到某种程度的防抖作用。

（三）准确对焦

在摄影时，我们时常没超出景深范围而导致图像模糊。为保持图像明晰，我们必须不时调整镜头焦点的位置，使图像保持清晰。调整照相机镜头位置的过程，称为对焦。

1. 对焦锁定

数码照相机对焦有自动对焦和手动对焦。若选择自动对焦，将对焦模式选择器旋转至 AF，如下图所示。

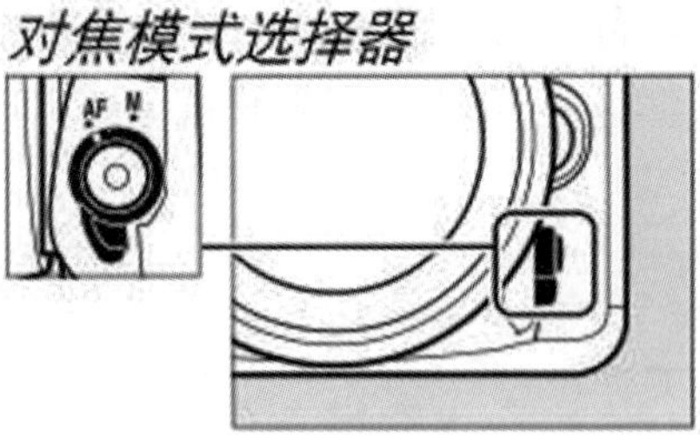

2. 对焦模式

包括尼康 SM7000 在内的数码照相机有多种对焦模式供用户灵活使用，如下表所示。

对焦模式	说　明
自动选择对焦（Auto AF，缩写 A-AF）	当拍摄静止的物体时，数码相机会自动选择单次自动对焦模式；拍摄运动的物体时，相机将自动选择连续自动对焦。如果相机没有完成正确的对焦则无法按下快门按钮。
单次自动对焦（Single-Shot AF，缩写 S-AF）	半按快门时，相机将单次对焦并锁定对焦，适合拍摄静止的物体，如风景人物、花卉等。在该模式下，如果相机没有完成正确的对焦则无法按下快门按钮。
连续自动对焦（Continuous AF，缩写 C-AF）	通常适用于运动摄影。当相机设定连续自动对焦后，半按快门，也会自动对焦，不会因物体运动而失去抓拍的机会。
手动对焦模式（Manual Focuse，缩写 MF）	先将对焦模式切换到手动对焦，以手动的方式转动镜头上的对焦环来完成对焦。该模式适用于微距、昏暗场所，以及任何自动对焦难以对焦的场所。

3. 选择适宜的自动对焦区域模式

数码照相机设置有三种自动对焦区域模式，各有自身的特点与适用范围，如下表所示：

单点对焦区域模式	照相机仅以拍摄者所选择的对焦区域进行对焦。用于静态的拍摄对象。
动态对焦区域模式	启动该模式，若拍摄对象暂时偏离所选对焦点，照相机将根据来自周围对焦点的信息进行对焦。
自动对焦区域	照相机能自动选择最近拍摄对象的对焦区域。自动拍摄、人像模式、夜景模式都默认自动对焦区域。
3D 跟踪区域模式	尼康 S7200 数码照相机具有这种模式，能跟踪偏离所选对焦点的拍摄对象并根据需要选择新对焦点。用于对不规则快速运动的拍摄对象进行迅速照片构图。

四、照相机的摄影附件

（一）三脚架

三脚架是用来放置照相机，保持稳定的工具。在进行慢速拍摄或长时间曝光，以及进行自拍时使用三脚架，能保证照相机拍摄的效果。三脚架由三条腿和云台组成；三条腿可以伸缩，叉开立地；云台上放置照相机，其上有颗螺丝钉可以锁定照相机底部的螺孔，使照相机稳定。

照相机机身

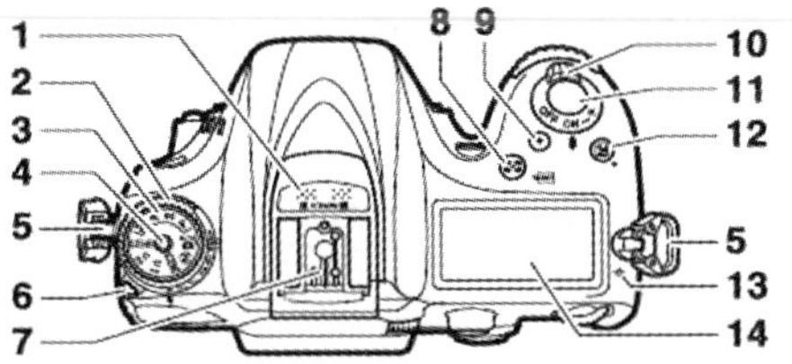

1 立体声麦克风 ....168、198、278
2 释放模式拨盘......8、67
3 模式拨盘..........................6
4 模式拨盘锁定解除.......6
5 照相机背带孔.............21
6 释放模式拨盘锁定解除 ....8、67
7 配件热靴（用于另购的闪光灯组件）........................317、328
8 按钮...107、294
9 动画录制按钮...........168
10 电源开关..............5、24
11 快门释放按钮...34、35
12 按钮...........110、200
13 焦平面标记（⊖）....99
14 控制面板.........................9

（2）遮光罩

遮光罩是安装在照相机镜头前方，用来遮挡各种散乱的杂光进入镜头的罩子。在照相时，如有杂光进入镜头，对正常拍摄产生破坏作用，照片上形成光斑，产生灰雾。在雨雪天气，雨雪进入镜头损坏照相机元器件。遮光罩则可阻挡杂光、雨滴和雪花的侵入，起到正常拍摄和保护照相机的作用。

遮光罩的材质有金属的、塑料的或橡胶的，形状有园形、方形、花瓣形。

（3）快门线

快门线是一个比较实用的照相器件，有电子快门线和机械快门线两种。其一端可与照相机快门上螺孔相连，另一端是按钮。拍摄夜景时，即使使用三角架，轻轻按动快门也难免照相机震动。这时快门线派上了用场，装上快门线，轻按快门线照相机仍旧稳定，能拍摄到预想的景致。

本章以数码单反数码相机 Nikon7200 为例进行讲解，见下图。

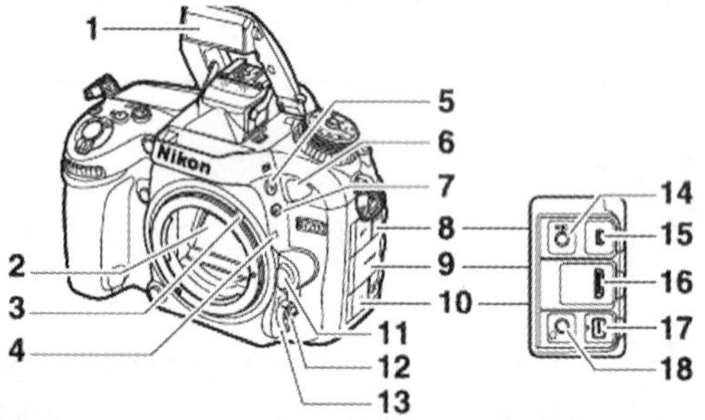

1 内置闪光灯.....36、147
2 反光板 ....72、334
3 测光耦合杆................366
4 镜头安装标记..............23
5 ϟ/▣ 按钮 ....147、149、156
6 红外线接收器（前）....................................162
7 BKT 按钮 ....204、209、213
8 USB 及外置麦克风接口盖 ....199、328
9 HDMI 接口盖 328
10 配件端子及耳机接口盖 ....165、199
11 镜头释放按钮..............29
12 AF 模式按钮......85、91
13 对焦模式选择器 ....84、98
14 外置麦克风接口 ....199、328
15 USB 接口
16 HDMI 接口..................328
17 配件端子 165
18 耳机接口 199

五、景深

人的眼睛观察某物体时，不仅看到物体的本身，而且物体前后一定范围内的东西都能看清楚。

照相机拍摄景物的原理与人眼相似。在拍摄时，我们用相机的镜头对准景物进行调焦。在调焦照相机镜头成像的过程中，我们会发现，并不是对焦的景物点在焦平面上形成清晰的影像，而是某物距前后相当长一段距离内的景物都能够在焦平面上形成清晰的影像。

景深是指被摄景物中能产生较为清晰图像的最近点至最远点的距离，当镜头聚焦于被

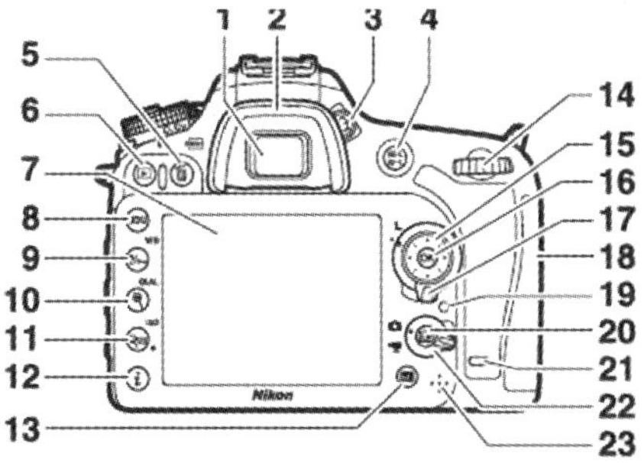

1	取景器接目镜....10、25	12	*i* 按钮 ....195、237
2	橡胶接目镜罩..............71	13	info（信息）按钮 ....14、191
3	屈光度调节控制器 25	14	主指令拨盘.................290
4	AE-L/AF-L 按钮..........95、108、290、293	15	多重选择器........16、18
5	删除/格式化 按钮 ...40、249、294	16	OK（确定）按钮 ....16、18、289
6	▶ 按钮 ....39、233	17	对焦选择器锁定开关 90
7	显示屏 ....31、39、166、191、233	18	存储卡插槽盖...22、28
8	MENU 按钮..........17、271	19	存储卡存取指示灯 ....35、226
9	?/保护/WB 按钮 .... 18、113、116、120、122、248	20	Lv 按钮...13、31、166
10	放大/QUAL 按钮 .... 38、79、82、246	21	红外线接收器（后） 162
11	缩小/ISO 按钮...........101、105、200、235、236	22	即时取景选择器 ....13、31、166
		23	扬声器 ....5、184

摄景物的某一点时，这一点在相机里能清晰地成像。如图所示，猫与羊之间的距离，我们称之为景深。如下图所示，人物、山羊、小猫分别在不同位置。当以人物为调焦目标聚焦时，人物在感光片形成人像。而在人物前侧和后侧的山羊和小猫，则在人像的前、后侧结成山羊像和小猫像。我们想拍的是人像是非常清晰的，而山羊和小猫不在焦点上，虽然不如人像清晰，但是我们也能分辨清楚。这样，我们认为影像的清晰范围是山羊至小猫位置所有的景物。于是，我们把小猫到山羊之间的距离称为“景深”，把小猫像到山羊像之间的距离称为“焦深”。

在拍摄时，位于焦点上的景物会形成清晰的图像，而焦点之外的景物的图像是由分散圈（也称为模糊圈）组成。当分散圈在一定的限度内，人们仍能分辨清图像。当分散圈超过所限定的数值时，就只能拍到模糊的图像了。按照人眼睛通常看照片的视线距离，距离物体 25 至 30 厘米，眼睛分辨效果最佳。由此，我们得知，在 25 厘米上下的距离上察看图片，当分散圈直径不大于 0. 1 毫米时，图像仍是比较清晰的。这个数值范围是制定景深的标准，也是允许的分散圈。

（一）影响景深的主要因素

1. 镜头焦距对景深的影响

镜头焦距与景深的关系是：镜头焦距越长，景深越小；反之，镜头焦距越短，景深

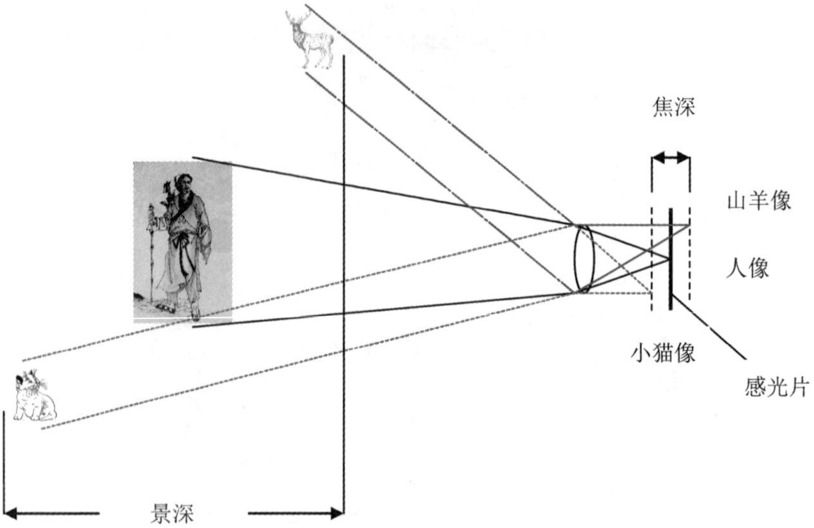

越大。

2. 光圈口径对景深的影响

用同一定焦镜头，调节不同的光圈进行拍摄，可得到不同的画面显示。光圈越大，景深范围越短；光圈越小，景深范围越长。

3. 拍摄物体距离对景深的影响

在镜头焦距和光圈不变的情况下，拍摄距离越远，景深越大；拍摄距离越近，景深越小。

（二）景深的应用

景深在摄影中的应用主要体现在以下两个方面：

1. 获得最大景深的方法

大景深是拍摄过程中能体现拍摄现场细节和清晰度较大范围的景深。获得最大景深的方法在于擅于调节光圈、镜头的焦距和拍摄距离。拍摄时尽量靠近景物，这样能在最近的距离内调至短焦距的镜头，拍摄出最大的景深；否则，在远距离只能用长焦距镜头拍摄，这样只能得到小景深。

在调节拍摄距离和焦距时，还应考虑使用最小光圈来获得最大的景深。值得注意的是，在用了最小光圈后，导致曝光时间加长，如果手持照相机难以保持相机的稳定以致照片不清晰。

2. 获得最小景深的方法

获得最小景深的方法是拍摄时选择合适的拍摄距离，在不影响主体景物的前提下，尽量靠近被摄景物，宜采用近景或特写，可适当采用长焦距镜头，达到最大主体景物的景深范围。与此同时，将光圈调到最大，以达到获得最小景深的目的。

值得注意的一点是，光圈开到最大，相应调节快门速度，以保证正确曝光。如果快门速度调到相机的最高值，仍曝光过度，这时就只能在镜头前加灰色滤光镜进行滤光处理，以获得正常曝光。

第二节　曝　　光

一、正确测光

要进行正确地曝光，首先得准确地测光。数码照相机都配备有测光系统。准确地运用测光方式，可以拍摄出理想的图片效果。

测光方式主要有矩阵测光、中央重点测光和点测光。

矩阵测光是测光系统把取景器中的画面分成若干个区域，分别测得各区域的光线，对之光比、反差情况进行分析、综合，然后选择适当的曝光值。

中央重点测光是照相机对整个画面进行测光，但以中央部分的亮度为主。适合拍摄主体突出的场面。

点测光是照相机以当前对焦为中心的一个圈进行测光。拍摄时取景器该转圈的直径 3.5 毫米，约占画面的 2.5%。即使拍摄对象与背景间的亮度差异非常大时，相机也能对拍摄对象进行正确曝光。

尼康 D7200 照相机测光仅限于 P、S、A 和 M 模式，在其他模式下则自动选择测光方式。若要选择一个测光选项，请按下（FORMAT）按钮，并同时按下旋转主指令拨盘，直到出现所需的设定。

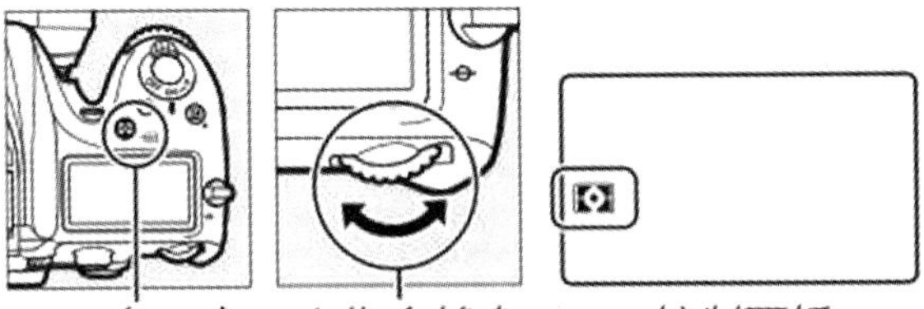

（FORMAT）按钮　主指令拨盘　控制面板

二、曝光及其基本模式

来自被摄景物的光线，通过镜头镜片，在照相机感光元件上会聚成影像，这个过程就是曝光。曝光是摄影一项最基本的技术。要拍摄出高质量的图片，就必须进行正确地曝光。

模式拨盘是数码相机进行曝光选择的控制器，基本的曝光模式都可以在其中选择。可以在其中进行自动化曝光和人工控制曝光。只要把模式拨盘旋向相应的位置即可。

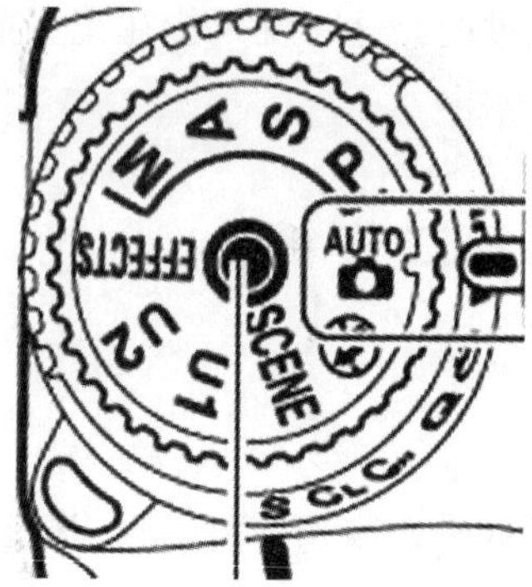

（一）全自动曝光模式（拨盘标志为“AUTO”）

这是初学者入门常用的模式。拍摄者只要把模式拨盘全自动模式对上机身上核点，照相机就会自动执行全自动曝光模式，自动设置快门速度、光圈大小和感光度，自动完成对焦，不需要拍摄者另行设置。

（二）程序自动曝光模式（拨盘标志为“P”）

这种模式由拍摄者通过功能菜单设置感光度和色平衡数值，相机自动系统确定光圈和快门的组合，实现正确地曝光。

（三）快门优先曝光模式（拨盘标志为“S”）

这种半自动曝光模式，手动选定快门速度值，然后由照相机自动系统确定光圈的大小，取景按动快门就能获得正确感光。这种模式适合拍摄快速运动的物体和夜幕拍摄。

（四）光圈优先曝光模式（拨盘标志为“A”）

这种半自动曝光模式，要求拍摄者手动选定拍摄所需要的光圈值，然后由照相机自动系统确定快门速度，使景物获得正确感光。光圈优先模式可以保证拍摄者获得较大景深的景物。

（五）手动曝光模式（拨盘标志为“M”）

这种手动曝光模式，光圈和快门速度完成由拍摄者自行设定。

当在快门优先模式下，选择一个快门速度后，照相机自动系统会确定一个相应的光圈值；如果在光圈优先模式下，选择一个光圈值，照相机自动系统会确定一个相应的快门速度值。

三、场景曝光模式

数码相机的全自动模式可以让无经验的拍摄者能较快地投入拍摄活动。但是，一些特殊的拍摄场景使用全自动曝光模式，不一定能保证相片的质量。为此，数码照相机又特地为初学者设置了多个场景模式，供用户方便自如地选择拍出满意的相片。

数码单反数码相机 Nikon7200 场景曝光模式见下表。

将模式拨盘转到“SCENE”或者打开“MENU”菜单，然后选择场景模式按动快门

场景

选项	说明
人像	适用于拍摄出肤色柔和自然的人像。当拍摄对象距离背景较远或使用了远摄镜头时，背景细节将被柔化以使构图具有层次感。
风景	适用于白天鲜艳的风景拍摄。
儿童照	适用于儿童快照。服饰和背景细节表现鲜明，而肤色保持柔和自然。
运动	高速快门可锁定动作以拍摄动态的运动照片，并在其中突出主要拍摄对象。
微距	适用于花卉、昆虫和其他小物体的微距拍摄（微距镜头可用来在极其近的距离内对焦）。
夜间人像	适用于在光线不足的条件下拍摄人像，使主要拍摄对象与背景之间达到自然平衡。
夜景	在拍摄包含路灯和霓虹灯的夜景时减少噪点和不自然的色彩。
宴会/室内	适用于捕捉室内背景光线的效果。用于宴会和其他室内场景。
海滩/雪景	适用于捕捉阳光下水面、雪地或沙滩的亮度。

拍摄。进行场景模式拍摄时，不需要再调节快门和光圈值。

四、其他曝光模式

（一）连拍曝光模式

连拍是几乎所有的数码照相机都具有的功能。使用连拍曝光模式是只按一下快门就可以拍摄多张动态影像，并分别保存，供拍摄者挑选使用。

具体操作是，第一步，将电源开关置于拍摄状态；第二步，按住连拍按钮□不放；第三步，使用选择按钮选择连拍模式，释放连拍按钮确认所作的选择；第四步，放开快门，连拍终止。

（二）全景曝光模式

同学们在拍摄毕业照时，就身临其境体会了合影曝光模式。同一学院的同学站在拍摄台形成几十米长的队伍。照相师傅操作照相机不可能一下子把这么长的队伍照下来，只见他一声吩咐：“同学们，保持姿态！”把支在三角架的照相机从左至右轻轻地移动镜头，于是一张溜长的全景毕业合影照就产生了。Nikon7200 照相机没有这种功能。为了以后工作能顺利开展，有必要作介绍。

全景曝光模式是针对拍摄较大的场景而专门设计的的特殊功能。拍摄者以同水平或垂直方式分段拍摄景物，既可利用相机的全景曝光功能将分段照片一一张贴起来成为一张长形全图。

具有此模式照相机都随机附赠影像合成软体，如 Casio 随机附赠的 Panorama Editor。使用该软件能使分段拍摄的重叠部分做到完整的连接。

（三）包围曝光模式

包围曝光模式，也称作梯级曝光法，即在拍摄同一景物时在第一次曝光量的基础上分别采用加、减曝光量进行拍摄。在难以测光，不能判断亮度的情况下拍摄，采用阶梯式曝光，从而在拍摄的 3 张照片中选择更加合适的照片。

通过菜单或按钮对照相机设置包围曝光模式，按下快门，即可得到 3 张曝光不同的照片，其中前后两张分别是加、减曝光量获得的照片。

（四）U1 和 U2 模式

拍摄者还可以旋动模式拨盘，进行 U1 和 U2 自定义模式设置。U1、U2 自定义模式，就是将自己常用的拍摄模式定义为 U1 和 U2，使用时直接调用就可，无需重复设置拍摄的各项参数。

U1、U2 自定义功能原是配备在尼康高端机上的，而在 Nikon7200 机上，则直接通过模式拨盘就可实现，不用通过菜单设置。U1 和 U2 自定义模式为拍摄者提供了许多便利，见下图。

用户设定：**U1** 和 **U2** 模式

您可将常用设定指定给模式拨盘上的**U1**和**U2**位置。

保存用户设定

1 选择一种模式。
将模式拨盘旋转至所需模式。

模式拨盘

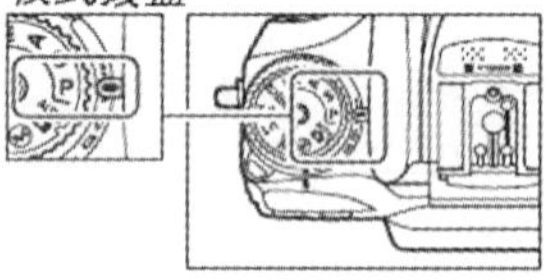

2 调整设定。
为以下项目作出所需调整：柔性程序（模式 **P**）、快门速度（模式 **S** 和 **M**）、光圈（模式 **A** 和 **M**）、曝光和闪光补偿、闪光模式、对焦点、测光、自动对焦和 AF 区域模式、包围以及拍摄和自定义设定菜单中的设定。

用户设定

以下设定无法保存至 **U1** 或 **U2** 中。

照片拍摄菜单：
- 重设照片拍摄菜单
- 存储文件夹
- 影像区域
- 管理优化校准
- 遥控模式（ML-L3）
- 多重曝光
- 间隔拍摄

动画拍摄菜单：
- 重设动画拍摄菜单
- 影像区域
- 管理优化校准
- 定时拍摄

启用用户设定

仅需将模式拨盘旋转至**U1**或**U2**，即可启用指定给保存到**U1**或保存到**U2**的设定。

模式拨盘

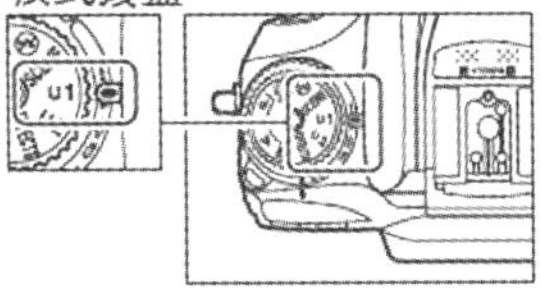

重设用户设定

将**U1**或**U2**的设定重设为默认值的步骤如下：

1 选择重设用户设定。

按下**MENU**按钮显示菜单。加亮显示设定菜单中的重设用户设定并按下Ⓟ。

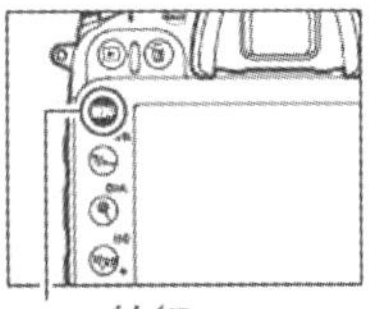

MENU *按钮*

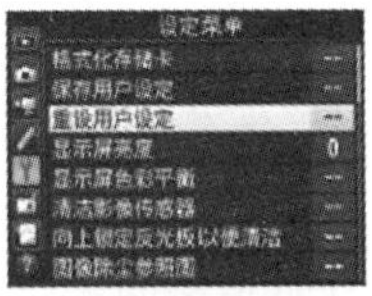

2 选择重设**U1**或重设**U2**。

加亮显示重设**U1**或重设**U2**并按下Ⓟ。

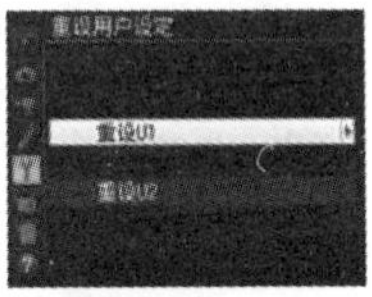

3 重设用户设定。

加亮显示重设并按下㊉。

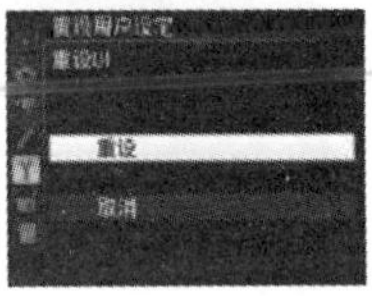

特殊效果

拍摄照片或动画时可以使用特殊效果。

将模式拨盘旋转至**EFFECTS**并按下**info**按钮可查看当前所选的效果。旋转主指令拨盘则可选择其他效果。

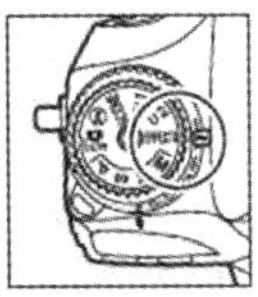

模式拨盘 *主指令拨盘* *显示屏*

请注意，当即时取景选择器处于 位置时，在即时取景期间无法更改所选效果。

■特殊效果

选项	说明
夜视	适用于在黑暗环境下以高 ISO 感光度记录单色图像（若照相机无法对焦，则可使用手动对焦）。
彩色素描	照相机通过提取轮廓并为其着色以获得彩色素描效果。您可在即时取景中调整效果（47）。请注意，该模式下录制的动画在播放时如同由一系列静止照片组成的幻灯片。

将模式拨盘旋转至SCENE并按下 info 按钮可查看当前所选的场景。旋转主指令拨盘则可选择其他场景。

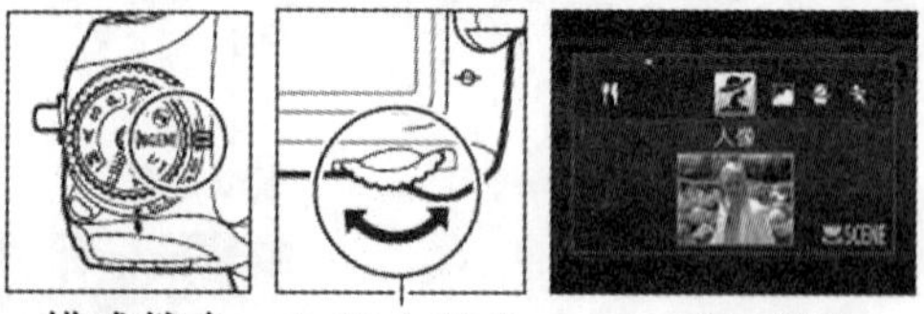

模式拨盘　主指令拨盘　显示屏

请注意，当即时取景选择器处于 位置时，在即时取景期间无法更改所选场景。

第三节　不同光线条件下的摄影

摄影是用光作画。没有光源，“巧妇难为无米之炊”。光源有自然光和人造光两种。

自然光是来自太阳、月亮等星球发出的光线，是自然界自然生成的光源，如太阳光、星光、火山爆发之光等。

人造光是人类活动产生的光线，如灯光、火光等。

上述光源是我们开展摄影活动的首要条件。

一、不同天气条件下的摄影

不同的气象条件，阳光的强弱、色彩等大不相同，景物的照射也大不一样，直接影响拍摄和表现景物的效果。

（一）晴天的光线特点和拍摄方法

随着太阳从东往西移动，所拍摄的景物受光面也会变化。根据景物受光面的变化，可分为顺光、侧光、前侧光、侧逆光、逆光和顶光等几种情况。不同受光面拍摄应有不同的特点。

1. 顺光

与拍摄同向的光线，称之为顺光。顺光景物受光面较大，光线均匀，阴影面积很小。采用顺光拍照，被拍景物主体较明朗，阴影面不大，但是缺乏立体感，缺乏表现力。

顺光对于初学者而言，曝光比较容易掌握。

2. 侧光

侧光是指从被拍景物正左或正右方向投射过来的光线。侧光使景物左右处于阴阳对比之中。拍摄的景物影调没有顺光那样明快，但具有强烈的立体感。拍摄人物时，如果阳光太强，阴面与阳面严重失调，就应在阴面用反光板或闪光灯补光。

3. 前侧光

前侧光是从被拍景物前方左侧或右侧投射过来的光线。此时，被拍景物受光面积大于阴影部位的面积。拍摄既能较全面表现被拍的真实面貌，又能呈现立体形态。前侧光是摄影最常用的光线。

4. 侧逆光

侧逆光是被摄景物后方左侧或右侧投射过来的光线。此时，被摄景物大部分处在阴影之中，摄下的图片轮廓分明，影调较深重。

5. 逆光

逆光是被摄景物正后方投射过来的光线。此时，被摄景物前方大部分处于阴影状态，能勾勒出景物的轮廓。如果拍摄透明或半透明的物体，受光面与阴影面的亮度反差并不大，拍摄出来玻璃器皿、花卉等晶莹剔透，立体感较强，具有特殊的表现力。

6. 顶光

顶光是来自被摄景物正上方的光线。如，日中太阳光的光线从天空正中照向大地的光芒。顶光从上至下照射，景物顶下部分容易生成阴影，明暗反差很大，是较难拍摄的光线。

拍摄人物时，人物的面部会出现较重的阴影。在顶光的条件下拍摄时，常用补光来削除阴影，或者改变人物的姿势，来获取更多的光照。

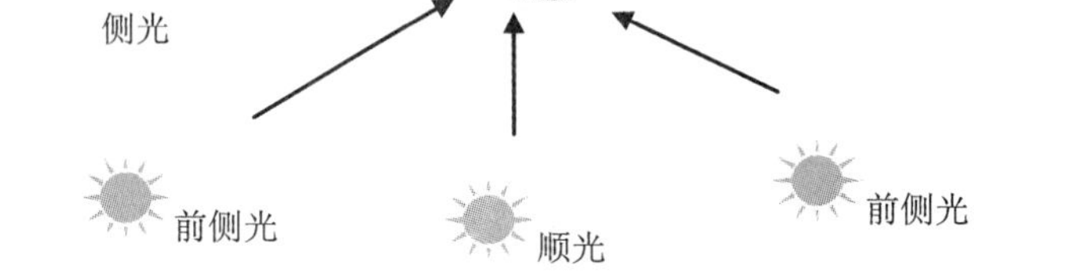

光源示意图

（二）阴天的拍摄方法

阴天是太阳钻进厚重的云层，光线比较暗淡的天气。被摄物受光暗淡，但较均匀，无明暗之分，无层次感。拍摄时曝光不易把握，重要的一点是做好充分曝光。拍摄自然风光，要选好前景、中景和背景等不同的画面，形成景深。

拍摄人物由于光线不足，曝光不够，缺少明亮、生动活泼的形象。

(三) 雨天的拍摄方法

雨天透明的雨丝横穿天空，造成反光，光线较乱。远处的景物虽清晰而影像较朦胧，景色变幻多端。拍摄景物富有情趣。

拍摄雨天的景色，不宜以天空为背景，宜选用深色背景和远、中、近对比的景物表现景深。雨丝下落速度较快，不宜用较快的快门，常用快门优先模式，选用 1/30 秒以下的快门速度，拍下表现晶莹剔透的雨丝下落的过程。如快门速度过缓，雨水被拉成长条，成为雨线。

拍摄时宜用遮光罩，以防雨水淋湿镜头，造成不必要的损失。

(四) 雪景的拍摄方法

大雪降临，银装素裹，万物藏娇，当是拍摄取景的好机会。

雪景的拍摄要根据下雪和雪后初晴两种情况不同的光线特点分别进行选景曝光。

在下雪的时候，雪片的反光作用使天空和地面景物的亮度比阴雨天强。光线散乱而柔和，能见度较差，而且白雪四处反光，有雪的地方与无雪的地方反差很大。要获得雪花飞舞的图片，宜选择较深的背景作映衬。快门速度保持在 1/30～1/15 秒，把飞舞的雪花的千姿百态完美地保留在图片上。

雪后天晴，阳光明媚，冰销雪融，也是选景拍摄的好时机。地面的积雪反射阳光，拍摄时光线极亮。如拍摄有雪和无雪的地方，明暗差别较大，可采用闪光灯或反光板等补光的措施，加强暗部的亮度，获得最佳的影调对比效果。拍摄人物时，应以面部受光为曝光的依据，最好为面部加辅助光，镜头加遮光罩。

(五) 雾景的拍摄方法

雾天光线较暗，景物常在雾中若隐若现，前景、中景与背景在雾气中遥遥相对，具有丰富的层次感，能突出主体。一般而言，拍摄薄雾最富表现力，有许多题材可拍。薄雾中的丛林、山峰、人物，都可从丝丝薄雾中透出道道光束，使丛林充满朝气，使山峰若隐若现，使人物如痴如醉。

浓雾能见度太低，不宜拍摄远景，只能拍摄近景或特写。雾变淡时，可择机拍摄中景。

照相机等电子产品最怕雨水和潮湿，雾天拍摄同样要保护好照相机，给照相机装上遮光罩防止雨水侵蚀。

不同的气象条件下的拍摄方法只起着抛砖引玉的作用，拍摄者不能照本宣科，要经过长期的实地锻炼和琢磨，熟能生巧，拍摄出满意的图片。

第四节　取景构图

摄影也是取景构图的艺术。拿着照相机，透过镜头看世界，从取景器中选取有特色的景物在照相机成像保存下来。取景构图的技巧决定着摄影的图片的艺术水平和今后的利用价值。

一、拍摄角度的确定

(一) 拍摄点的选择

拍摄点是拍摄者进行拍摄的立足点，严格地讲就是照相机所在的位置（即机位）。我们所处的位置不同，看到的景物也会不同，拍摄成像图片的景致也不一样。苏东坡云："横看成岭侧成峰，远近高低各不同。"形象地告诉我们拍摄点对取景构图的作用。拍摄点选择得当，可以拍摄出反映景物特点的相片。

拍摄距离的远近差异会形成不同的画面。距离越远，拍摄范围越大，景物越远、越小，进入镜头的陪衬越多；距离越近，拍摄范围越小，景物越近、越大，进入镜头的陪衬越少。拍摄距离的远近改变，能形成各种不同的景别。业界常将景别分为远景、全景、中景、近景和特写等五种。

1. 远景

远景是机位与拍摄对象距离较远，镜头取景的范围很大。常以大自然的景色或场面较大的阵势为表现对象。拍摄取景的特点是视野广阔，场面浩大。在影视作品中，远景常用作所处的环境。拍摄自然风光要注意景物线条的作用，山川的起伏，河流的波动，云雾的飘忽，等等，抓住各种流动的因素拍出景物的动态变化之美。

拍摄较大的场面，要注意整体的气势，以势取胜。

2. 全景

全景相对远景而言，取景范围较小，离景物的距离较近，着重表现景物的全貌，让人产生一种全面的对景物的印象，被拍摄的景物充满画面。

全景的画面要处理好主体景物与环境的关系，注意好主体景物轮廓线条与环境的呼应关系，使画面内容丰富、协调、完整统一。

在拍摄人物时，全景拍摄的是人物的全身照，能形成人物的一个整体印象。

3. 中景

中景的拍摄需挪近机位，着重表现景物富有情节性、表现力的局部。拍摄人物时，中景只要求拍摄人物的半身照；拍摄风景时，注重拍摄风景中具有特色的画面，不求面面俱到。

中景既能表现主体景物的风貌，又能拍出周围环境的变化，说明主体景物与环境的关系。中景比远景和全景在实际中运用较多。

4. 近景

近景只表现主体景物的本身。在近景拍摄中，不考虑与景物主体相关的其他因素，往往舍弃主体的陪衬，也没有前景和背景。

拍摄人物常只拍摄人物的神态或者物体细腻的质感。拍摄风景只求拍摄景物的本身。因此，拍摄时要运用好光线，突出事物的纹理、质地等特征。

5. 特写

特写是只截取被摄景物的某一个片面，进行深入细腻的拍摄描绘，从细微处描写景物的特征。特写的机位最靠近所拍摄的景物。大学生记者运用好特写的镜头，所报道的图片作品能帮助读者深入了解新闻事实和典型意义。

二、拍摄角度与方位的确定

我们观察事物使用平视较多，这样最自然，还根据需要抬头仰视高处的东西，或低头俯视下面的东西。拍摄时，我们是拍摄正面，还是拍摄侧面或背面，都是我们在拍摄过程中应该考虑的问题。

（一）角度拍摄

我们照相取景时如同眼睛观察一样，要根据景物的高低位置变化上下拍摄的角度，于是形成了平摄角度、仰摄角度和俯摄角度。

1. 平摄角度

平摄是常用的拍摄方法。被拍摄对象与相机处于同一水平线上，以平视的角度进行拍摄，我们称之为平摄角度。

平摄角度拍摄的照片符合人们观察事物的习惯，能如实地反映景物的原状，自然真切，拍摄快捷方便。不足之处是把同一水平线上的前后景物压缩在一起，造成视角误差，缺少层次感。

2. 仰摄角度

当拍摄物体高于拍摄者或机位时，就只能采取仰视的角度拍摄。这种仰视拍摄的角度称之为仰摄角度。

有时为了回避较低位置的杂乱无章背景，故意抬高镜头采用仰摄视角，达到预想的效果。在重大活动中，为了突出主人公的人物，常采用仰拍角度，让人看到人物高大、奋发向上的形象。仰摄建筑物，让人感觉到建筑耸立云霄的效果。

采用仰摄角度的不足之处是被摄景物有被夸大形象、近大远小、倾斜变形的倾向。在拍摄过程中，根据被摄物体的远近，恰当选择仰角的大小，避免拍摄时景物变形或倾倒。

3. 俯摄角度

当被摄景物低于拍摄者或机位时，只能以俯视的角度拍摄景物，这种拍摄角度称为俯摄角度。俯摄角度能获得较大的取景范围，将地平线置于被摄对象之中，成为画面的一部分。可以用来拍摄较大的场面，有“一览众山小”的感觉。

其不足之处是，图片上的景物看起来被压缩成矮小状，景物也会发生变形。

在摄影实际运用中，俯摄角度常用来描绘、刻画反面人物的渺小、卑鄙，由此一种厌恶、鄙视之感在读者心中油然而生。

（二）方位拍摄

拍摄角度的另一个问题是从正面、背面、还是侧面拍摄，方位不一样，图片反映的思想内涵不一样，对读者的影响力自然也不一样。有时候拍摄方位的选择决定画面的成败。我们进一步谈谈方位拍摄的选择。

1. 正面拍摄

正面拍摄是使用得最多的角度。将照相机的镜头对准景物的正面进行拍摄，就是正面拍摄。正面拍摄能比较全面反映景物的形象特征，景物处于画面的中心位置。正面场景能突出表现，但画面比较平淡，人物图片线条轮廓扁平化，缺乏立体感。

2. 侧面拍摄

侧面拍摄是正对着景物左侧或右侧进行取景拍摄，进入镜头成像的是侧面形象特征。

适合于表现景物的侧面轮廓效果。拍摄人物可以表现人物侧面的特征，可适当掩饰一下面部的缺陷。

不足之处是，侧面毕竟不是正面，不能代表景物的主要特征，主体透视感在减弱，构图容易流于随意涣散，画面主题不集中。

3. 斜侧面拍摄

有时候，我们正面或侧面拍摄景物，镜头广角端不够，不能把景物尽收画面。如果我们换个方位，从景物正面向侧面移动，在其间选择机位进行拍摄，不仅可以把景物完整收进画面，而且能突出景物的立体感。

从被摄对象的正面与侧面之间的角度进行拍摄，产生斜侧面的构图效果，我们称之为斜侧面拍摄。斜侧面拍摄兼有正面和侧面拍摄的优点，既能表现景物正面的主要特征，又能展示侧面的面貌，还能将被摄对象的主体与陪衬、前景与背景恰当地选择进画面，增加景物的层次感，使构图形式富有立体感，增添了情趣。

4. 后侧面拍摄

照相机移至被摄对象的侧面至背面某处（后侧方）进行拍摄，产生后侧面的构图效果。我们称之为后侧面拍摄。

后侧面拍摄能将被摄对象的后背与侧面的一些特征拍摄进画面，立体感较强。

这种构图方式常用于刻画人物的心理，注重从人体的动作来表现人物的心理活动。

5. 背面拍摄

照相机的机位处于被摄对象的正后方拍摄被摄对象的后背，以背部为前景，表现环境氛围和背景特征，产生背部的构图效果。在人物摄影中，背部拍摄可以表现人物含蓄的心理活动。

第五节　手机摄影的技巧与方法

手机是现代生活必不可少的工具。据工业和信息化部统计，我国截至 2017 年第二季度末，全国移动电话用户 13. 65 亿户，4G 用户总数达到 8. 88 亿户，占比达 65. 1%。智能手机除了通话外，还可进行摄影摄像、上网、支付等。智能手机搭乘网络快车，使我们身处天涯海角宛如一个地球村，每个人成为地球村的村民，用手机轻松拍张照片传往千里之外，足不出户了解外面的世界，分享生活的点滴乐趣。

智能手机技术突飞猛进，双摄像头手机应用而生。2017 年，一款四颗前后摄像头手机无疑成为最大亮点。后置双摄为 1600 万像素+800 万像素，前置双摄为 2000 万像素+800 万像素。这也是全球首款四摄拍照手机。该款手机拥有 5. 5 英寸全高清屏幕、2GHz 主频八核 CPU、6GB RAM+64GB ROM，最高可拓展至 128GB 的存储空间，并且加入了大光圈、大像素等技术。手机摄影技术更新换代，为手机摄影开拓了广阔的天地。

手机摄影使我们一步跨入了摄影技术大众化时代，2017 年全世界社交媒体上每天有 40 亿张图片为公众所享用。

手机摄影使我们大学生方便、快捷地学习摄影技术，也给新闻摄影带来了新生命。手机摄影暂时免除了大学生记者购买昂贵的摄影设备的烦恼。

大学生是时代的宠儿，是手机的主要用户群体之一，人人一部智能手机，随时随地可以拍下自己喜爱的照片，随时上网发布，把五彩斑斓的大学生活推向广阔的世界。

在此，有必要对手机摄影作进一步介绍。本文以三星 SM-A7000 手机为例，对手机摄影基本要领进行讲解。

一、保持稳定的持机手势

手机防抖性能比不上照相机。手机摄像不时出现图像模糊的现象，除了与光线有关外，还与没有正确的持机手势有关。拍摄时掌握正确的拍摄持机手势和拍摄步骤至关重要。

（一）正确地握持手机

采用横幅拍照时，可双手握持手机，左右两手拇指和食指分别夹住手机两端。采取竖幅构图时，手机摄像头朝上竖放，可以单手握持手机，手掌握住手机的后背，手机屏正对自己。值得注意的是，握持手机时不要遮住手机的摄像头。

（二）双手持机要稳定

拿手机的手在拍摄的片刻间不得抖动，手一动以致手机镜头摇晃，拍出照片肯定模糊不清。另外，按下拍摄键后要等几秒钟再移动手机，手机没有专业相机反应快；否则，照片同样不清晰。

“稳拿”和“轻按”是正确握持手机，获得清晰照片的要点。必要时可以借助三角架保持手机的稳定。

使用手机三角架。要保持手机稳定，除了拍摄时依靠旁边的物体外，最佳的办法是利用手机三角架。三角架装有 360° 全景云台，也可进行前后翻转，高度可以灵活调节。手机三角架是多功能的，既可用于单反相机，又可在云台上装上手机夹子，就可以进行手机摄影摄像了。

有一种新开发的八爪鱼三角架，可以变形折弯，可以像挂钩一样挂在高处，夹持手机拍摄，能适应于较复杂的拍摄环境。

二、手机的基本设置

（一）掌握正确的对焦方法

正确地对焦是用手机拍出照片的重要前提。用手机对焦动作很简单，只要用手指在拍照的时候触碰一下屏幕，屏幕上会出现一个小方框。这个小方框就是对被框住的景物进行自动对焦和自动测光。小方框内的景物是最清晰的，其前后、周围的景物则较模糊。

（二）曝光值的设定

手机曝光补偿是照相机功能移植到手机上的一项常用功能。手机拍摄时，如果被拍摄对象的画面过暗或者亮度过高，拍摄者可以使用曝光补偿功能增加画面亮度，或者减少画面亮度。当然，提升或降低曝光补偿要无损画面的细节，突出表现画面主题。

手机增加和减少曝光补偿的一般操作方法：当对好焦后，手机屏幕上会出现一个小圆球，可以点住这个小圆球，拖住上下移动，就可以增加或者减少曝光补偿量。此值确定相机传感器接收的光线量。对于弱光环境，可使用较高的曝光。

（三）开启闪光灯进行补光

拍摄时光线较暗或逆光拍摄需补光时，可以开启手机的闪光灯进行补光。

如果手机没有闪光灯，这时可以借助同伴手机的手电筒的灯光，照亮被摄景物，进行补光。

（四）巧用取景框线

使用手机拍照，时常难以保持地平线和景物的端正。手机的取景框线就派上了用场，开启手机的取景框线，显示屏沿水平方向和垂直方向分为 9 个小方框。使用该框，让取景小方框对准拍摄景物，同时让其中的水平线与地平线重合。这样就能保证拍摄的景物不倾斜。

（五）获得滤镜效果

滤镜是摄影用来过滤自然光的镜头。智能手机摄像头具有一定的滤镜效果。如果由于天气或光线的原因，拍摄的照片颜色效果不理想时，可以使用手机滤镜功能来增强对比度，拍摄风景时降低风景的亮度，拍摄人物可柔化肤色，从而营造画面的色彩氛围。

手机滤镜大多是彩色的，也有些手机可以根据情景模式来表现画面效果来设置相应的滤镜。

（六）变焦选择画面

智能手机摄影也具有一定的变焦功能。拍摄距离不变，拍摄者只要通过变焦就可以选择不同视野的画面。(此点有争议，见陈远明的观点，以及手机摄影)

（七）调整手机白平衡

调整白平衡就是平衡手机默认“白色”之外的其他颜色在有色光线下的色调，使其达到拍摄标准。

点击手机桌面功能按钮，打开功能对话框后，再次点击“AWB 白平衡”，出现白平衡对话框，其中有“自动、白天、阴天、白炽光、荧光”五种模式，其后有“○”可供点击，选择适当的白平衡，以使图像具有逼真的颜色范围。此设置专为特定的光照条件设计。这些设置类似于专业相机中对应于白平衡曝光的热量范围。

（八）进行手机测光

为了获得准确的曝光量，智能手机也设置了对被摄景物进行测光的功能。点击手机“测光模式”按钮，手机展示功能对话框，点击其中“测光模式”按钮，屏幕显示“中心重点测光、矩阵、点”三种模式，其后有可供点击选择测光方法。

这些选项用于确定如何计算光线值。中心重点测光测量场景中央的背景光线。点测量指定位置的光线值。矩阵取整个场景的平均值。

三、手机的拍摄模式

启动手机相机呈现在眼前的是手机拍摄模式：自动、自拍、全景拍摄、连拍、HDR（丰富多彩）、拍摄及更多、夜间拍摄、动画 GIF、防雾、管理模式十种功能模式。

（一）自动

点击该模式，自动调节曝光以优化照片的颜色和亮度，可以进行单拍或连拍。

（二）自拍

点击该模式按钮进入前置摄像头自拍，手机屏幕将出现一个长方框，前置摄像头将自动检测并将长方框对焦拍摄者的脸部。自拍更好的办法是使用手机自拍杆夹住手机，拉长摄影距离，对着自己拍摄，效果会更好。

（三）全景拍摄

此模式与照相机全景拍摄模式相似。点击相机按钮“全景拍摄”，屏幕出现全景模式，点击拍摄按钮，然后点击向左或向右箭头，手持手机按照箭头所指方向水平移动镜头，拍摄照片创建全景照片，再按拍摄按钮结束。

（四）连拍

选择连拍模式，保持相机稳定，伸出另一只手手指长按摄影按钮，手机“咔嚓”不停地拍摄，直至拍满 30 张相片上限。连拍功能使拍摄者对同一场景拍摄多张照片可供选择。

（五）HDR（丰富多彩）

HDR 是高动态范围的英文 High Dynamic Range 的缩写。这项功能的出现是因为在一些光线亮度反差很大的场景，或者是逆光的场景拍照时，被摄对象常受测光影响而曝光不足。运行 HDR 显示的智能手机采用了最新的柔性 OLED 显示屏，提高了高环境光下屏幕的可见度。手机 HDR 功能能适用在一些高反差或者逆光场景进行拍照，可以适当改善画面亮度范围，拍摄多种曝光度的照片并进行合成，以形成柔和丰富的色彩。

（六）拍摄及更多

浏览适用于连拍的各种效果。可在拍照后立即或稍后的工作中应用效果。以下效果适用于拍摄及更多：

最佳照片：从一系列照片中选择最佳照片。

面部优选：从一系列照片中选择每个人的最佳照片。

轨迹连拍：拍摄一系列移动对象的照片，然后进行合并。

橡皮：从照片中擦除不必要的移动对象。

平移拍摄：在拍摄移动对象的照片时捕捉动感。

（七）夜间拍摄

该模式适用于在没有闪光灯时在低光线下拍摄更亮、更清晰的照片。

（八）动画 GIF

GIF（Graphics Interchange Format）的原义是“图像互换格式”，能将多幅图像保存为一个图像文件，然后串联形成一帧帧动画。其操作方法是：点击“动画 GIF”按钮，长按拍摄按钮，最多可拍下 20 张照片，再按屏幕上端编辑按钮，能将系统图片串联成一帧帧动画。

（九）防雾

手机设置有滤镜效果，能自动修正雾境拍摄时照片的雾化现象，为画面增添梦幻般的色彩感，营造出不一样氛围。手机防雾模式拍出的照片，使人看上去不感到太压抑。

(十) 管理模式

管理模式中的美肤模式用于拍摄人物。点击该模式，立即进入人物拍摄状态，拍摄者还可根据需要点击屏幕右上端图标按钮，进一步设置“修饰面部、瘦脸、放大眼睛”三种模式，供拍摄者取舍，通过对人脸采样分析并进行技术处理，达到人脸皮肤美化的效果。

美肤功能在距离较近时效果较好。如果距离超过 5 米，可能影响该功能的效果。

此外，拍摄者还可通过管理模式对相机拍摄模式进行增删，下载运动模式和有声拍摄等相机拍摄模式。

在选择手机拍摄模式过程中，拍摄者还可根据需要同时选择闪光灯、曝光补偿、白平衡、测光等进行设置，拍摄出质量更高的照片。

四、手机镜头的选择与应用

手机配置的镜头固定在机身上，是定焦镜头，不可拆卸。这样使拍摄者不能进行多模式的选择和手动操作，难以达到预想的拍摄效果。于是，一种可装备在手机机身上的外置手机镜头应运而生。手机镜头可安装在手机镜头上，常用的有广角镜头、鱼眼镜头、微距镜头和长焦镜头。在淘宝网上可以买到这些镜头，成像效果较好。

安装手机外置镜头时，先将一个 U 形夹夹在手机镜头上，然后将外置镜头拧在 U 形夹的手机镜头位置处，使外置镜头与机身镜头连接在一起，如下图所示。

安装手机外置镜头应注意要点：一是安装 U 形夹子，夹子应与机身直线平行，与机身紧贴。二是外置镜头须对准手机镜头中心，拧紧镜头时不得偏斜，否则成像模糊。三是双摄像头手机，外置镜头须安装在主摄像头上，如果把外置镜头安装在副摄像头上，屏幕会黑屏或不清晰。四是安装不同功能的镜头，手机摄像只能进行该功能的拍摄。

五、手机摄影的局限性

手机摄影技术的发展使摄影步入了大众化的进程，人人争当摄影爱好者，描绘生活，享受生活，成为生活的宠儿。

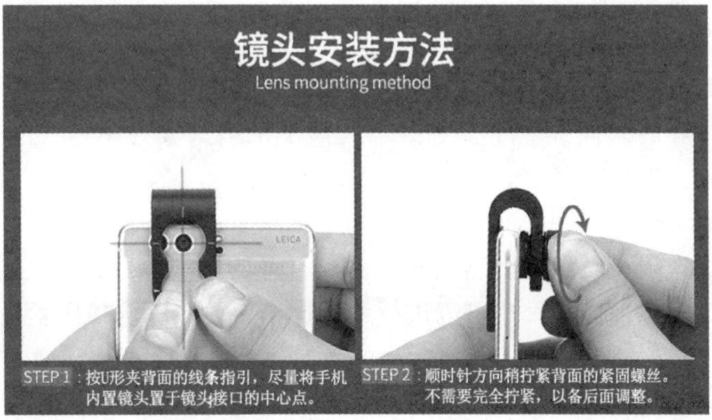

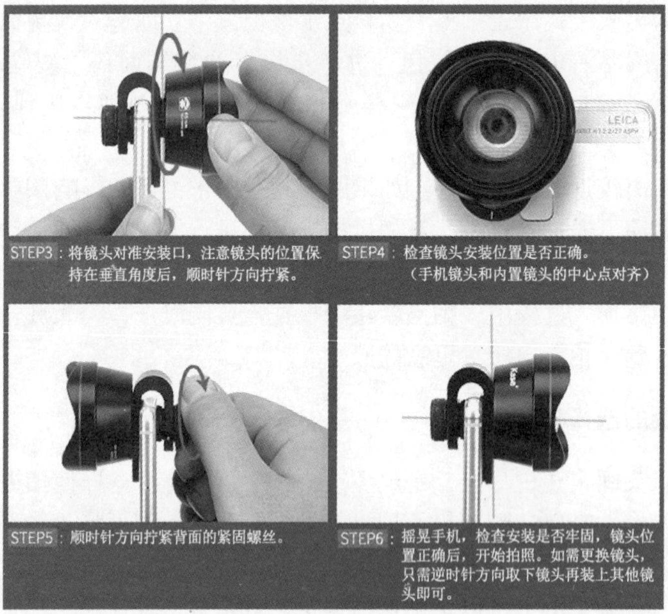

手机可以拍摄出精美的图片，手机摄影适应了青年学生活泼向上、求知欲强、爱好广泛、自由随意的性格特征，为大学生开展新闻摄影报道提供了便捷工具。

值得注意的是，手机毕竟不能代替照相机。用照相机拍照仍是专业摄影的首选技艺，手机不过是业余爱好者的随身工具。照相机以其专业性能优越、配备器材齐全、摄影功能强大等代表专业摄影最佳选择。

相比之下，手机只是业余爱好者步入摄影之门的阶梯。手机摄影的劣势，应值得大学生记者注意。

（一）宜近不宜远

手机摄影只能拍摄近景，由于没有专业的长焦镜头，无法拍清远景。照相机优越的专业性能和完备的镜头能拍摄到几百米之外的鸟类活动或人物的面部，微距镜头能拍摄到细小的昆虫。如此手机望尘莫及。

（二）精密器材配备不全

照相机配备有各种规格的镜头，从定焦镜头、变焦镜头、望远镜头、广角镜头，到鱼眼镜头，为拍下精彩的画面提供了多种武器。而手机镜头较为单一，即使购买外置的镜头，其功能也有限，性能不稳定。

（三）拍摄模式有限

手机拍摄模式有限，对曝光、测光多由手机自身的微电脑控制。相比照相机有自动、程序、光圈、快门等多种模式，还可以进行手动操作，为熟练的拍摄者提供了无穷的创作空间。

手机摄影为大学生记者提供了展示艺术特长的空间，同时要求大学生记者以此为平台努力学习摄影技术，循序渐进，为专业新闻摄影打下基础，从而掌握过硬的本领。

第六节　新闻摄影理论

一、新闻摄影的含义

自从照相机诞生后，摄影就渐渐步入新闻家园。从最初的零星见诸报端，到与文字新闻并驾齐驱，新闻图片在报纸、网络新闻传播中担当着越来越重要的角色。

在大学校园新闻传播活动中，新闻图片成为校报、网络、宣传册和宣传栏必不可少的宣传材料。图文并茂的新闻摄影成为大学生们争相选择的报道手段。图片新闻成为教职工和学生喜爱阅读的新闻题材。

新闻摄影不同于一般的照相，它着眼于传播新闻事实，平时照相以记录自己的私生活为目的，相片或用于私存，或用于工作登记，而不用于对外传播。新闻摄影则是以传播新闻事实为己任，以新闻价值为取舍标准，拍摄者需深入新闻事件现场采访拍摄。

在大学新闻传播活动中，新闻摄影以其写真性、趣味性，越来越受到大学生新闻爱好者的青睐。

（一）新闻摄影的定义

新闻摄影是通过拍摄新闻现场的情景，使用图片传播新闻事实的新闻报道手段。新闻摄影成为现代传播事业的重要内容和不可或缺的重要手段。

新闻摄影的特点：

1. 现场性

新闻摄影要求拍摄者亲临现场，发现有新闻价值的现场情景，迅速抓拍。拍摄者不深入新闻现场是拍摄不到新闻图片的。

2. 形象性

来自现场的新闻图片，通过图像化的语言直观地反映了新闻事实，再现此情此景，使读者如临其景。

3. 真实性

来自新闻现场拍摄的图片是真凭实据，能紧密地配合文字说明，补充其不足，使读者能全面地掌握新闻事实，理解新闻具有的意义。

（二）大学校园新闻摄影的地位与作用

20 世纪 80 年代以来，新闻图片大量运用到报刊上，图片专版应运而生，图大量多，走上视角中心，使报刊的面貌焕然一新，读者在消费新闻的同时，享受新闻图片美丽的一页。如今报纸呈现颓势，新闻图片成为报刊与其他媒体竞争的重要手段。

当今，大学校园媒体呈融合发展之势。新闻图片在校媒体有广泛的用途。

新闻图片除在校报、校网站上应用外，还广泛用在宣传栏、宣传册，以及校微信平台、微博、QQ 群等新兴自媒体。大学生记者和通讯员拍摄新闻图片是一项重要工作任务。

1. 校园媒体革新传播方式需要大量的图片

视觉新闻成为当代新闻传播的重要手段。图片新闻以其来自现场，真实、客观、形象化的视觉语言，受到广大读者的青睐。

在高校媒体中，包括校报、校网、宣传栏、招生宣传册，等等，顺应了新闻传播的历史潮流，以及广大受众的爱好和要求，大量采用新闻图片。新闻图片成为与文字同等重要的宣传材料。

2. 摄影技术的进步和普及，使大学生参与新闻摄影有了便捷的途径

数码照相机以其低廉的价格进入了寻常百姓家，青年学生使用照相机拍摄，也是展示才艺特长的机会。尤其是摄影手机的推广，青年学生人手一台，使青年学生免除了重复投资购置照相机的烦恼；细小灵巧的手机随身携带，能随时随地现场拍摄，应对突发事件，不会错过精彩的一瞬间。尽管手机拍摄与专业相机相比摄影质量仍有差距，但是对于能熟练拍摄的学生来说，其成像质量能保证校媒体采用的要求。手机也成为大学生拍摄校园新闻的重要工具之一。大学生和教职工参与新闻摄影有了广阔的舞台。

3. 图文结合是最佳的新闻传播方式

在信息爆炸的时代，人们对信息应接不暇。新闻摄影以其视觉直观性、现场可证性受到人们的重视和欢迎。特别是社会发展的节奏越来越快，“快阅读”“浅阅读”成为流行之势，人们希望在较短的时间内获得事实真相。图文结合的报道方式恰恰能满足人们的趣味和要求。图文结合显著之处在于：

一是美化了版面或网页。因为大量新闻图片的采用，报纸改变了文字密密麻麻挤着一团呆板难看、视觉生厌的形象，呈现出赏心悦目的阅读快感。新闻图片被大量采用。互联网出现后吸取传统媒体的经验，图片使用成倍增长，贯及新闻全程，使网页画面更加诱人、耐看。

二是降低了阅读的难度。文字新闻有了图片相配，或者以图片为主的新闻报道，新闻发生的细枝末节都历历在目，报道更加直观，有助于文化水平较低的受众群体阅读，帮助读者深刻理解新闻内容。

三是节省了阅读的时间。图文结合的报道方式降低了阅读的难度，同时使受众减少了阅读时间，能在较短的时间内完成阅读。

四是增强了传播的效果。新闻图片的直观形象性和文字的严谨细致，使人类的左右两个半脑得到充分利用，增强记忆力与理解力，使新闻传播效果达到最大化。

二、新闻摄影的主要技法

现场抓拍是新闻摄影的主要技法。新闻摄影不是艺术作品，内容必须客观真实，要求新闻摄影人员必须亲临现场采访拍照。这是新闻自身规律的要求。

高校新闻宣传中新闻摄影技法存在一些不良现象，直接影响新闻拍摄的效果。

（1）不能深入现场跟踪采访。一些新闻工作者和大学生记者在新闻采访中走马观花，随意拍几张图片交差了事。对新闻发生和发展的过程预计不足，缺乏耐心，致使许多有意义的镜头被丢失。

（2）摆拍现象比较突出。一些高校新闻宣传中，大学生记者习惯于摆拍，把拍下的图片作为新闻发布。不管是会议，还是集体活动，通过组织、协调，把人员聚拢，按照设想的目标，进行拍摄。这种摆拍直接破坏了新闻的真实性。

这种新闻拍摄的误区是长期以来对新闻拍摄的错误作法对学校新闻摄影的误导，误导了大学生记者。

自从20世纪80年代以来，在新闻摄影界发生了一场关于新闻摄影技法的争论。摄影界一致认为抓拍是新闻摄影真实性的基本要求，由此摆脱了“摆拍”的束缚。

抓拍要求拍摄者深入新闻现场，紧跟新闻事实发生发展的过程，抢住时机拍摄具有典型性的镜头，有助于新闻工作者增强工作责任心。

由于抓拍对新闻事实没有干扰，拍的情景自然、真切、客观，蕴含的信息量大，使人信服。与之相反，摆拍由于人为“导演”，照片上留下了许多人为的痕迹，破坏了新闻的真实性和客观性，已被新闻界抛弃。

现场抓拍是新闻摄影的主要技法。在新闻摄影过程中，其具体操作方法是：

（1）抓拍要深入新闻现场。事先对将要发生的事实作初步预判，熟悉新闻现场，选好拍摄站位，调好照相机，作好拍摄准备。

（2）耐心等待，不失时机。在拍摄新闻时，讲求“挑、等、抢”。拍摄前要认真地“挑”报道对象，对对象进行事先了解，为拍摄作准备；“等”则要求拍摄者要静下心来等待新闻高潮或者典型场面的出现；“抢”要求拍摄者临机而动，抓住新闻事实的典型瞬间，迅速拍摄下珍贵的画面。

三、大学校园新闻摄影的体裁

高校校园媒体大量采用新闻图片，极大地丰富了报纸的版面或页面。校园媒体新闻摄影报道的体裁主要有四种：图片新闻、特定性新闻摄影报道、专题性新闻摄影报道和插图照片等。

（一）图片新闻

图片新闻对新闻事实的发生、发展过程具有高度的浓缩性，以一幅画面（配以文字说明）就能让读者比较准确地理解新闻事实的内容。

图片新闻拍摄的要求如下：

（1）符合拍摄技术规范，保持图片新闻清晰。拍摄图片是一项技术活，要符合摄影的技术要求：拍摄的画面整洁、直观、突出。图片新闻时效性很强，要求迅速拍摄到精彩的一瞬，但是迅速的背后要保证画面的质量。

（2）善于选择典型性的细节。图片新闻往往是一张画面“代表”整个新闻事件的经过。因此在拍摄时要抓住新闻事件发展过程中具有典型性的细节。典型性的细节是新闻故事最精彩、最有活力的一幕，能够吸引读者的注意力，也能够在较短的时间内告诉读者新闻的思想内容和现实意义。拍摄典型性的细节要求拍摄者精力集中，判断准确，技术熟练。

（3）画面主题明确。在选择镜头画面的过程中，要做到画面的思想内容能准确地表现新闻事实，反映新闻蕴含的主题思想。于是，拍摄者要勇于舍弃无关紧要的画面，选择紧扣主题的画面。

（二）特写性新闻摄影报道

特写性新闻摄影报道是选择重大的新闻事件中的局部典型性细节，拍摄“特写性镜头"，从而揭示新闻思想内容的新闻摄影报道方式。

该类摄影报道相当于文字新闻中的"新闻特写"。特写性新闻报道可以是单幅的，也可以是二幅，或者多幅的。用典型的细节来表现新闻发生和发展的过程，能给人强烈的视觉冲击，对新闻画面留下深刻的印象。特写性新闻摄影报道的时效性比图片新闻较弱，但较之更加深刻和典型。

在实际工作中，常有人误将特写性新闻摄影简单地当作用长镜头或近距离拍摄的"特写镜头"。其实，特写性新闻摄影报道只是一种新闻报道体裁，而不是照片的景别，而是指其揭示性和典型性。那些能够引起人们深入思考的新闻图片，哪怕不是特写景别，但具有特殊角度和特殊认识，揭示一种新的理念，反映一种新风尚，我们仍然认为它们是特写性的新闻摄影报道。

1. 特写性新闻摄影报道的特点

（1）特写性。特写性新闻摄影只选取新闻事件中有代表性的局部进行拍摄，通过新闻事实的片段来反映整个新闻事件的前后经过。

（2）深刻性。特写性新闻摄影通过特写性的镜头，包含宏大的主题，表现深刻的思想内容，引人深入思考。

（3）揭示性。特写性新闻摄影通过典型性的画面揭示一种新的思想理念，反映一种新的社会潮流。

2. 特写性新闻摄影的拍摄要求

（1）善抓典型性细节。特写性新闻摄影报道是以局部事物来反映整体形象，因此在拍摄过程中要抓住富有个性特征的典型性的细节，或选择富有个性的独特角度来拍摄，以反映重大、鲜明的主题。

（2）拍摄效果更加完美。特写性新闻摄影报道时效性较弱，不求快捷，充裕的时间准备使拍摄者有较多的思考和选择的时间，在拍摄的技法上更加成熟，图片拍摄的质量更加细致、完美，使其表现方法更具有启发性。

（三）专题新闻摄影报道

专题新闻摄影报道是指围绕一个主题拍摄多幅图片，配以相应的文字说明，全面深入地介绍新闻事实的一种新闻摄影体裁。专题新闻摄影报道往往占用报刊较大的版面空间。

专题新闻摄影报道图片较多，篇幅较长，反映的新闻主题较为深刻，因此要重视文字的作用，让文字解释图片的内容，深化图片的主题思想。

1. 专题新闻摄影报道的特点

（1）围绕一个主题展开。拍摄的所有图片都围绕一个主题进行，图片之间具有时间前后或因果联系，选择，编排。

（2）图片和文字完美结合。专题新闻摄影报道图片较多，如果单纯地发表图片，读者难以把握其思想内容。文字则能较好地起到阐释、说明的作用，深化主题。因此，专题新闻摄影报道要写好说明性的文字，使之紧密地配合图片，使读者一目了然。

（3）内容富有故事情节性。专题新闻摄影报道每一张图片都是一个故事的情节片段。它们有机地组成一个完整的故事，以满足读者的阅读兴趣。

2. 专题新闻摄影报道的拍摄要求

(1) 围绕一个主题进行拍摄。专题新闻摄影报道一系列图片的拍摄不是随心所欲的，而是在报道主题思想的支配下，选取镜头画面，深入进行拍摄。

(2) 采用多角度、全方位的拍摄方式。拍摄过程中，要对新闻事实发生、发展的过程选取不同的角度进行全景式地拍摄。

(3) 图片之间联系紧密，故事性强。专题新闻摄影报道只有一个主题，如此所拍摄的图片都要围绕一个中心内容，互相印证、补充，图片组成一个完整的故事。

(四) 插图照片

插图图片是指在媒体整体新闻报道中配合文字报道，对文字进行补充、说明、印证，处于辅助地位的新闻图片。

插图图片不同于图片新闻。插图只是对文字新闻报道的补充，而图片新闻就是新闻本身；文字则处于辅助地位。二者在新闻报道中的地位与作用是大不同的。

当前，报刊普遍流行用图片作为新闻报道的插图。插图照片大大美化了报纸的版面，促进了文字新闻的形象化，增强了报刊版面的艺术性和新闻的可信性。

《拾起日被疏远的针线传统，大学男生刺绣赠女友》(附图，发表2010年12月19日《长江日报》武汉新闻版) 是笔者采写的一则附有插图照片的新闻报道，获得2010年度长江日报通讯员“好新闻二等奖”。

本报讯（通讯员张志成）17日，4名男生绣十字绣的场景，在武汉科技大学中南分校引来不少师生的围观和议论。

胡帅、黄琪佳、熊辉、樊冲是该校制药工程专业2010级的同班室友。今秋开学后，胡帅在军训间隙爱上十字绣，绣了一幅《执子之手，与子偕老》的十字绣，送给了女朋友。

胡帅的爱好激起了其他3名室友的兴趣。在胡帅的帮助下，其他3人也都开始学练十字绣。

共同的兴趣使他们课余回到寝室就一起练习十字绣。男生练习十字绣曾引来一些不理解，但是他们自得其乐。胡帅说，他们现在正在绣的是一幅《红梅报春图》，“再过一个星期应该就可完工”。

该校素质导师张海涛认为，针线活不是女人的专利，男生练习可以增强动手能力。

这是一张插图照片的新闻报道。文字新闻在新闻插图的佐证下，新闻场景历历在目，使人如临其境。

四、新闻摄影文字说明的写作

文字是新闻摄影的点睛之笔。没有文字说明，同一张图片可能出现多种解读，其时真所谓“仁者见仁，智者见智”了。再好的新闻摄影没有文字说明的话，犹如无源之水，无本之木。

新闻摄影文字说明对图片有定性作用、补充作用、升华作用。定性作用是文字在新闻摄影中能起到说明新闻的性质、来源、思想内容；文字还具有补充作用，是文字说明对新闻图片的新闻要素、背景逐一交代清楚，而这些仅靠图片是无法做到的；升华作用是指新闻图片在文字说明之下，能帮助读者理解新闻事实，使读者对新闻所具有的现实意义有更深刻的认识。

写好新闻摄影报道的文字说明是大学生记者必备的一项基本功。

（一）新闻摄影报道的文字说明的写作要点

新闻摄影报道的文字说明由标题和解释性文字共同组成。

1. 标题的写作

标题是新闻图片的“眼睛”。标题写作要能高度概括新闻的思想内容，做到言简意赅，直接了当。如，《春水润田园》（《人民日报》2018 年 4 月 28 日 05 版）记者拍摄人勤春早、山清水秀的画面，标题起到画龙点睛、提纲挈领的作用。

4 月 19 日清晨，重庆梁平区蟠龙镇扈槽村，群山环抱下的稻田春水满溢，与远山近树构成一幅美图。

扈槽村地处海拔 1000 米的高山上，该区新建的“二环路”将它与城区相连。曾经的荒山上修建了观景台，到村里来露营、摄影的人络绎不绝。村民闲置的土墙房还可以对外出租办农家乐。当地干部说，要建好护好传统村落民居，结合农耕文化体验特色，将夯土民居打造发展成为民宿旅游体验区。

（蒋云龙、高小华摄影报道）

2. 解释性文字说明的写作

解释性文字要求紧紧围绕图片所蕴含的新闻事实展开，不得偏离图片事实，否则就不是解释性文字了。

解释性文字具体地对新闻图片发生的时间、地点、人物、经过、原因、结局等新闻要素作进一步阐释，对新闻的背景进行交代，丰富了图片的思想内容。

《春水润田园》的解释性文字说明，紧密配合图片娓娓道来，点明主题，叙事具体、生动，构建了新农村的美好生活图景。

（二）不同体裁图片新闻的文字写作

1. 图片新闻文字说明的写作

图片新闻文字说明的写作要紧密配合图片，先写好标题，标题能高度概括新闻内容。文字说明交代图片所表明的事实应具有解释性说明文字所具有的要素，“五个 W”要齐全，简明扼要、直接具体。图文相配，使读者对新闻事实一目了然。如，《环湖接力庆“三八”》（《北京大学报》2018 年 3 月 9 日 2 版）。

3 月 8 日，“迎校庆、庆三八”女教职工环湖接力跑于未名湖畔举行，来自全校 61 个单位的 1320 名女教职工参加活动，人数再创历史新高。（文/图 校工会、体教）

标题概括了图片内容，文字说明交代了时间、地点等新闻要素，文字简洁，紧扣图片。看了图片，然后细读文字，使人一目了然。

2. 特写性新闻文字说明的写作

特写性新闻的文字说明要突出图片内容的个性特征，提示思想内容的深刻性和呈现的典型意义。如，《美丽春天画中来》（《中国教育报》2018 年 4 月 18 日 1 版）。

近日，江苏省镇江市金山水城幼儿园小朋友在春光明媚的室外作画。当地和平路街道金泉社区联合金山水城幼儿园，开展“美丽春天画中来”活动。志愿者带领小朋友来到金山湖景区写生，描绘家乡美丽景色。(石玉成 摄)

图片抓住小女孩全神贯注写生的典型性细节，文字说明对新闻的要素进行补充说明，揭示了报道主题，使思想内容得到升华。

3. 专题新闻摄影文字说明的写作

专题新闻摄影的文字说明要围绕专题图片展开，既要有概括整个图片报道内容的概述性文字，又要有针对单张图片的文字说明，他们互相印证、补充。文字说明的写作犹如通讯，表述手法多样，可夹叙夹议，可说明，可抒情，使专题新闻摄影报道全方位地报道新闻事实。

《河西走廊上寄宿园的“铃声”——甘肃金塔鼎新镇寄宿制幼儿园掠影》(《中国教育报》2018 年 4 月 9 日 4 版)

可爱的小不点想妈妈了，甘肃省金塔县鼎新镇幼儿园保教主任王玲娜像妈妈一样把她抱起来，逗她开心

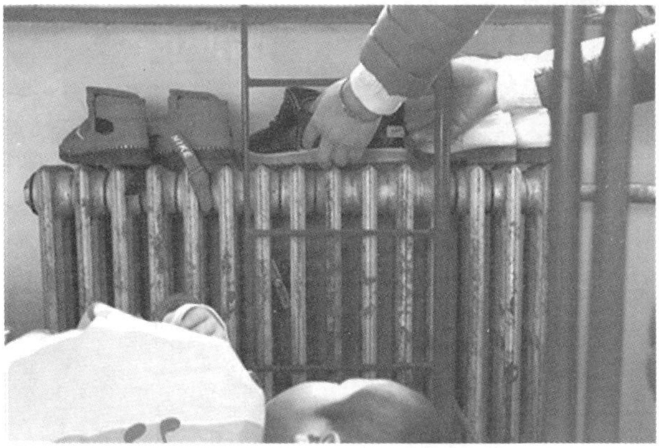

孩子们休息了，老师把弄湿的鞋子放到暖气片上“烤”

由于天气干燥，一名孩子流鼻血了，老师发现后马上处置

老人高兴地说：“现在幼儿园可好了，孙子比跟我们老两口生活好多了。”

每天三次检查并认真记录，确保孩子们平安健康

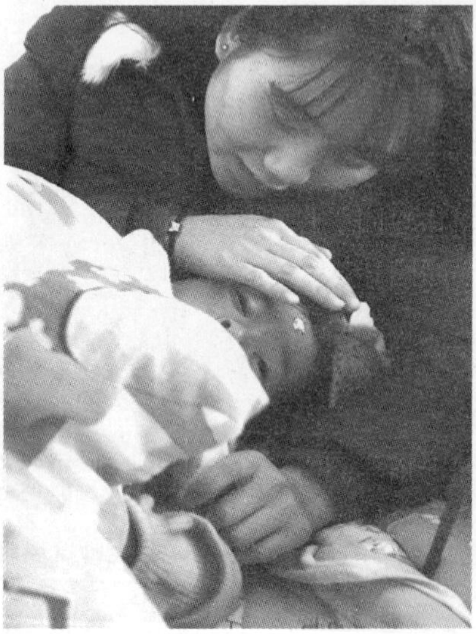

午休时，一名孩子情绪烦躁，王琛玲老师俯下身查看他是否感冒了

休息前，老师手把手地教孩子们把衣服叠齐、放好

孩子们吃饭时，老师拿出手机拍摄一段小视频，向远方的家长们报平安

“你做得真棒!”权紫雯老师点评孩子的手工作品

“宝宝们，我爱你们!”这是每天早上甘肃省金塔县鼎新镇幼儿园保教主任王玲娜醒来后的第一句话，也是孩子们的“起床铃声”。今年年初的一个大清早，伴随着《幸福拍手歌》欢快的音乐，孩子们自己起床，互相配合穿衣服、叠被子，排队洗漱。

“我们是农村寄宿制幼儿园，孩子周一至周五都和老师在一起。幼儿的年龄特点决定着他们体验爱的独特方式，我们要让孩子感受到幼儿园也像家一样温暖。”鼎新镇幼儿园园长闫珍介绍说，目前幼儿园有在园幼儿 78 名、教师 7 名。幼儿园要求教师，一方面，根据孩子不同的需求，用适宜的方式去对待每一名幼儿；另一方面，在抓住每一个教育契机的同时，更加关注幼儿的心理健康。

孩子们来自不同的家庭，感受和体验爱的方式有着“听得见，摸得着”的相同，又有着“以自我为中心”的不同。为此，在鼎新镇幼儿园，教师充当起“妈妈”的角色。比如，进餐时，对于吃饭慢的幼儿，教师会蹲下身来鼓励、帮助他；午睡前，教师会给幼儿讲故事，亲亲、抱抱、摸摸他们，等等。

在课程设置上，鼎新镇幼儿园把养成教育内化在日常教学之中，采取一个月培养一个好习惯的系列化教育，通过讲解要求、示范演练、效仿学习、监督检查、评比评价等形式，将幼儿好的行为习惯固化下来，促进幼儿的知行转化。

走进鼎新镇幼儿园，“绿色风”扑面而来，除了园内的多种花卉植物，每个班级外的走廊上都有各自的“绿色园地”，这是幼儿园开发的园本种植课程。王玲娜介绍说，幼儿园充分挖掘农村本土教育资源，创设了丰富多彩的园本课程，促进了保教质量的提升，也使幼儿园课程贴近社会现实、贴近生活、贴近大自然。

鼎新镇幼儿园十分注重家长工作，各班都建立了班级QQ群、微信群，便于老师和家长交流，形成了幼儿园、村组、家庭三位一体的教育网络。“孩子的父母在外地打工，我们两个老人也顾不上。孩子在幼儿园吃得好、住得放心，比家里好多了，老师比我们还操心呢!”今年70岁的老人吴金城开心地说。

金塔县位于甘肃省河西走廊中段北部边缘，受历史、自然条件制约，农村学校布局分散、规模小、条件差、资源配置不均等问题突出。2007年以来，金塔县着眼于推进城乡教育均衡发展，启动实施了学校布局结构调整工程，城乡教育资源实现了优化配置。截至目前，金塔县共有幼儿园24所，其中寄宿制幼儿园10所，学前一年入园率达到了100%，学前三年毛入园率达到98.40%。(本报记者 张学军 摄 本报记者 尹晓军 通讯员 王冬梅 文)

该段说明文字有总括性说明，并在每张图片下标注文字说明。总括性说明交代了新闻要素和背景材料，比较全面地介绍该园的工作经验；单张图片说明则对图片进行解释。

4. 插图图片文字说明的写作

插图图片是文字新闻的附属，即文字新闻写好后配上相关的图片。如果图片与文字相匹配，则不用再独立写文字说明。如果图片与文字有不相吻合之处，则要另行写上简明扼要的文字说明。如上述《拾起日被疏远的针线传统，大学男生刺绣赠女友》插图下加了简短的文字说明，并标明图片拍摄者。

五、大学校园新闻摄影应遵循的基本原则

大学校园新闻摄影是新闻事业的一部分，具有新闻摄影的一般规律，必须真实、客观，遵循党的宣传政策，符合法律法规和道德规范。同时，大学校园新闻摄影有自身的特点与规律。在长期的工作实践中形成了基本原则。笔者认为大学校园新闻摄影应遵循的基本原则是：

(一) 以正面宣传为主

坚持团结稳定鼓劲、正面宣传为主，是宣传思想工作必须遵循的重要方针，也是反映社会主流和光明进步的社会本质要求，是马克思主义新闻观的具体体现。当然，在高校工作中难免有瑕疵，但是高校承担着培育社会主义建设者和接班人的重任，广大青年学生和教师是“两个文明”建设的生力军，大学在全面建设小康社会中发挥了重要作用，瑕不掩瑜。因此，在高校新闻摄影报道中应以正面宣传为主，弘扬主旋律，宣传高校贯彻、落实党的教育方针和教育教学改革取得的重要成果。

（二）服务教学教研

高校新闻宣传要紧紧围绕学校的中心工作而展开。新闻摄影报道要积极抓住学校教学教研这一主题而展开，面向学校工作一线，服务基层，报道学校工作重大成果，凝心聚力，团结广大师生共同担负起教书育人和服务社会的重任。

（三）弘扬校园新风

校园文明新风是高校精神文明建设的重要体现，是师生员工精神风貌的反映。校园新风的新闻报道贴近生活、贴近群众、贴近实际，通俗易懂，为广大读者所喜闻乐见，大学生记者和摄影老师要深入到教职工和学生之中，精选题材，拍摄报道，推陈出新。

（四）发动群众参与

校媒体是广大教职工、学生参与宣传工作，提升自身素质的重要阵地。新闻摄影也是培养大学生记者和教工记者的课堂。新闻摄影具有广泛的群众基础。抓好大学新闻摄影工作必须坚持群众性的原则，吸纳广大教职工、学生参与到新闻摄影报道工作中来。事实表明，广大教职工和学生的参与为高校新闻摄影提供了强大的精神动力，拍摄了大量来自一线的图片，丰富了媒体报道内容，增强了媒体的竞争力。

第十四章　报刊投稿艺术

我们学习采访学，学习写作的理论、技巧与方法，但这些不是我们写作的最终目标。写作是为了交流思想。我们写来写去，最终是想把稿子投往有关报刊发表，表达我们的思想观点，达到传播效果。

可以说，能不能公开发表文章是一个人学识水平和业务能力的重要表现。在校大学生能公开发表文章，表明他比较熟练地掌握了写作基础知识、专业理论知识和采访知识与技巧，并能灵活地运用，为走上工作岗位打好基础；在单位从事宣传工作，单位有对外发表宣传本单位稿子的数量和质量要求；从事记者或其他专业性工作，除了完成相关写作任务外，还有对相关专业学术期刊发表理论文章的要求；这也是专业技术职务晋升的重要条件，是成就事业的基石。

“不积畦步，无以致千里。”从笔者的经历来看，写作水平的提高也是从写稿、投稿中渐渐有所长进。稿子写好后与有关报刊的稿子反复“较量”，发表后又把见报的稿子与原稿仔细对照，找出自己写作的差距和不足，思考自己下一步写作计划，纠正自己的坏毛病。随着见报上刊的次数和层次的上升，写作水平稳步提高。可以说，向有关报刊投稿是提高写作水平的重要手段，甚至是必经途径。

“好酒也怕巷子深”，稿子写好了，投稿不当，稿子也难发表。学习投稿知识，可以少走歪路，不走错路，起到事半功倍的作用。如果不知晓投稿知识，对于学习写作而言，如同“摸石头过河”，稿子束之高阁，事倍功半。

在此，笔者把向报刊投稿的方法和技巧向同学们作了介绍。

一、投稿的准备

“冰冻三尺非一日之寒”。写稿、投稿是个长期知识积累的过程，要做长期的准备。

（一）多读书，勤看报

要写作、要投稿，首要条件是要养成良好的学习习惯。阅读相关报纸、杂志等刊物，了解报刊的定位，报刊特色，熟悉所设的栏目，对号入座，使自己的文章与之相适应。常读相关的报纸、刊物是正确投稿、保证少走弯路的前提。

通过读书、看报，对有关报刊耳熟能详。如，从中央到各省（市）自治区、地（市、州）党委都有自己的机关报；《农民日报》是农业部机关报；城市晚报、都市报是市民生活类报纸；《中国青年》是共青团中央主办的半月刊，其目标读者定位为中国青年精英；《人民文学》杂志是中国作家协会主办的文学期刊；所有这些都是平时积累得来的有关报刊知识，是写作投稿必不可少的知识积累。

（二）常准备，打基础

常读书看报，对自己需要投稿的报刊要记录下它的通讯方式、主要栏目和投稿电子邮箱以及投稿要求。如，笔者就对自己所需要投稿的报刊杂志的版面、栏目进行汇集，编写了《中国教育报主要版面及栏目》《中国报业主要栏目》《常用刊物联系方式》等，每个栏目还列出范文标题，标明版面或栏目的电子邮箱和电话，等等。久之，笔者在电脑里建立了“投稿指南”文件夹，收纳《中文核心期刊要目总览》《参考文献著录规则》等，还把自己平时收集的报纸和期刊分别建立两个文件夹，期刊子文件夹分别有新闻传播、教育管理、企业管理等若干子文件夹，把要收版面费的刊物一一注明，做到收费刊物谨慎“碰”之。同时，在自己的电子邮箱里也相应建立了若干投稿文件夹，刊物的名称和电子邮箱一应俱全。这样做会慢慢尝到“磨刀不误砍柴功”的甜头。

投稿时先查阅一番投稿指南，把所写的稿子与投稿刊物的栏目相对照。确定投稿时打开电子邮箱，轻松地添加刊物邮箱和稿子。这样既能保证投稿准确无误，又节省了不少时间。

有关报刊常组织通联活动，作为写作的爱好者要积极参加这些通联活动，与报刊社工作人员面对面，虚心地向编辑记者讨教，与他们保持密切的联系。了解刊物的办刊方针、读者对象、稿件要求，加强与报刊编辑的联系。这些都是平常应做的工作，可以起到意想不到的效果。

（三）熟悉报刊，适销对路

不同的稿件必须投至相应的报刊，甚至相应的版面。如果把新闻稿投往理论刊物或版面，或把文艺稿投往新闻版，肯定不能发表，反而贻误了发稿时机。采写的教育类稿件宜投往教育报相应版面、地方党报或晚报教科版；农业类稿子宜投往农村报、农业报、党报的农村农业版。突发事件、市民生活诉求，可投往当地晚报，这样能及时发表。

采写的言论稿件应投往有关报刊的言论栏目。如，笔者采写的《群众呼唤诚信招生》《高校能否改按学期收费》等言论稿子。笔者是《长江日报》（中共武汉市委机关报）的忠实读者，看到该报“教科新闻”版设有“一家之言”的言论栏目。于是，笔者先后把这两篇稿子通过电子邮件发往该版，不久后就发表了。

理论稿件投往相关的专业期刊或报纸理论版。如笔者撰写的《报刊下乡提高有效发行的对策思路》是关于报业经营管理方面的内容，适合在新闻传播的理论刊物上刊登。笔者在中国期刊网上看到《中国报业》（中国报业协会主办）设有“发行经营”栏目，遂把这篇稿子投往了《中国报业》，2010年第1期发表。后来，笔者又撰写了一篇《高校自考班的困惑与出路》的理论文章，投往某高教刊物没能发表。笔者再次在图书馆查阅有关刊物，看见《××继续教育研究》设有“自学考试”栏目，查到了该刊的编辑部电子邮箱，便把这篇稿子投往该刊。一个月后，笔者正式接到该刊论文采用通知，要求笔者交纳800元版面费。笔者十分气愤，拒绝了该刊的要求。笔者从《湖北大学成人教育学院学报》看到设有“自学考试研究”栏目，遂把此稿转投往该学报。不久，此稿在该学报2010年第3期发表。

（四）善用学科交叉，妙手回春

学科交叉是指两个或两个以上不同的学科相融合、相重叠的知识领域。投稿时，具有学科交叉的理论稿子同时适合投到所涉及的学科刊物。笔者以自身经历说明这一投稿技巧。

笔者对我国报业自办发行创新发展进行调研，2017 年先后写成《报业自办发行向现代物流业转型之路》《报业自办发行与供给侧结构性改革》。前一篇被《中国记者》刷下来了，笔者再次将此稿投到一家新闻核心期刊，再次落选。情急之中，笔者再把第二篇投到《中国记者》，编辑将稿子修改后，以《报业自办发行供给侧结构性改革的特点与举措》为题顺利发表。

前一篇稿子花费了不少心血，笔者自认为比第二篇写得有力度、更有价值，反而成了废品，心有不甘。笔者静下心来分析这篇稿子，报业自办发行属于媒介经营管理，投至新闻传播类刊物没有错，不能发表是由于写作欠缺或者期刊不需要这方面的稿子。但是这篇稿子内容是报业自办发行向现代物流业转型，涉及物流管理和媒介经营两个不同的专业，属于两个学科交叉方面的内容，如果投到物流方面的期刊也许有望。于是，笔者把此稿投到某物流期刊。该刊是中文核心期刊，很快回复，发表此文要交 2500 余元的版面费。辛辛苦苦耕耘，到头来颗粒无收。笔者“不服”，不能当“杨白劳”，这篇稿子既然有刊物收费刊登，说明还是有可圈可点之处。笔者毫不气馁，决定再投一次，很快找到《北京财贸职业学院学报》。笔者在网上看到该刊电子版，有物流管理的栏目，还有电子邮箱。按图索骥，再次将此稿投到该刊。一天后，该刊回复：该文通过专家评审，拟在第 6 期刊出。并发来该刊文章格式，要求按照格式修改。笔者不敢怠慢，立即对照格式进行修改。就这样，一篇被编辑部“枪毙”的稿子，由于笔者想到学科交叉的道理，使之起死回生。虽然没有在核心期刊发表，但是笔者的学术成果又悄然长了一毫。

倘若不看书看报，不留心所读刊物的办刊定位和设置的栏目，平时不作认真的准备，盲目投稿，哪怕稿子写得很有见地，难免会碰壁，白白地耗费了时间和精力，说不定还要搭上一笔版面费，更别奢望稿费了。值得注意的是，投稿也要遵守学术规范，不得一稿多投。

二、正确地鉴别报刊

根据中国新闻出版广电网发布的《2017 年全国新闻出版业基本情况》，2017 年全国共出版报纸 1884 种，共出版期刊 10130 种。出版的报刊让人眼花缭乱。于是，一些非法报刊乘虚而入，利用一些人发稿心切的心理，骗人钱财。鉴别报刊是撰稿人写稿投稿不可缺少的环节，这里有必要对鉴别报刊作一些介绍。

正式报刊的特点：

每一种正规刊物都有国家新闻出版部署配发的中国标准刊号（CSSN），中国标准刊号由国际标准刊号（以“ISSN”为标识）和国内统一刊号（以中国国别代码“CN”为标识）两部分组成。ISSN（国际标准连续出版物编号，International Standard Serial Number）是根据国际标准 ISO3297 制定的连续出版物国际标准编码，其目的是使世界上每一种不同题名、不同版本的连续出版物都有一个国际性的唯一代码标识。其格式分别如下：ISSN ××××-××××　CN ××-××××/YY，例如 ISSN 1000-0097　CN 11-1304/G2。只有 ISSN 国际刊号而无国内统一刊号的期刊在国内被视为非法出版物。

非法刊物的特点：

（1）盗用刊号。非法刊物都没有国家新闻出版部门配发的中国标准刊号，常盗用其他正式刊物的刊号，异地出版。如，湖北某文化公司印刷了《我的大学》，2008 年盗用云南人民出版社的书号“ISBN 978-7-222-05305-2”（国际标准书号，即 International Standard Book Number，简称 ISBN），2009 年又打着西藏自治区西藏艺术研究所的旗号，使用《西藏艺术研究》的刊号“ISSN 1004-6860　CN 54-1017/J”在武汉印刷，并派出“记者”到各所高校活动，要求建立记者站，向各所高校在校生兜售刊物，收取订阅和办理记者证费用。该刊派人四处招摇撞骗，引诱青年学生，具有很大的欺骗性。

（2）无邮发代号。邮发报刊代号是邮局发行报纸和杂志的专用号码。非正规出版物不能由邮政部门发行，不可能取得邮发代号。非法刊物只能自己发行。

（3）以捞钱为目的。非法刊物开办者其目的是为了捞取钱财，发稿要收取让人咋舌的版面费。如，《中外教育研究》谎称是《青年与社会》（共青团云南省委主管）的下半月刊，使用它的刊号在北京办刊，每篇稿子收取 700 元以上的版面费，并发给“优秀论文”证书。非法刊物抓住一些人急于要发表文章的心理骗人钱财，让人防不胜防。

（4）办刊质量低劣。非法刊物办刊质量低下，内容庞杂、错乱，不是抄袭他人文章，就是生编硬造，文章难见独创性。

还有一些别有用心的人使用内部资料冒充正式报刊，误导投稿人。内部资料是一些单位主办的内部刊物，只是在省级新闻出版部门办理了内部资料准印证，不得公开发行。在其中发表文章，不能作为学术成果的凭证，不得作为考研的成果，不得以此申报职称。

作为青年学生投稿要选择国家新闻出版部门授予刊号的正规刊物，远离非法刊物。除了讲述正式刊物与非法刊物的特征外，还介绍鉴别报刊的另一重要手段，就是网上查寻。打开新闻出版总署门户网站中国记者网 http://press.gapp.gov.cn，左侧设置有新闻记者证查询和媒体查询专栏，如下图所示：

在“媒体查询”栏输入媒体名称，然后在“所属类别”栏中下拉框中选择“网站”“报纸”“广电”“期刊”“其他”等一项，然后单击“确定”按钮，如果是新闻出版总署

批准的正式刊物，将显示该刊物的“中国标准刊号”“主管单位”“主办单位”；如果不是新闻出版总署批准的正式刊物，则会显示“没有找到您想要查询的内容，建议您尝试更换关键字再次查询！”

从中国记者网上查询是鉴别刊物的最简便的方法。同学们在投稿时对自己不熟悉的刊物应当上网查询。

三、新闻报刊投稿技巧

新闻稿子投稿要提高上稿率，关键要对有关报刊有所了解，熟悉报刊的定位和思想风格。报纸和广播一般要求“短、平、快”，传播新闻以简明、趣味、快捷见长；杂志则以慎思、深度、严谨取胜。同样的新闻事实报纸连篇累牍报道以后，一般而言杂志会敬而远之，或谨慎选择角度进行切入。这是激烈的新闻竞争使然。

（一）投稿媒体选择的原则

新闻稿子在选择报纸（包括广播）和杂志时应有讲究。这里有以下原则：

群众迫切需要了解的重大事件，宜尽快见报，满足受众的知情权。这样采写者要尽快采写投往有关报纸或广播，他们要求文章篇幅较短。如果有必要往杂志投稿，尽可能避免与报纸报道重复的内容，宜选取新的角度，作比较全面深入的报道。

根据报刊的特点选择不同报道方式。有的新闻报道时效性不强，宜作深入、细致的报道与解读，可写成篇幅较长的报道投往相关的新闻类杂志。如果在报纸大量报道后，又写较长的文章投往杂志，恐怕难以发表。这是由于报纸与杂志之间存在激烈的竞争。这就要求作者在写稿时对报纸、广播和杂志的办刊风格有所了解，不要随便下笔。

根据报刊的不同定位和风格，确定投稿。党报、晚报和都市报具有不同办报定位，报道的方向不一样，刊登的内容千差万别，语言风格迥然不同。作者投稿时要根据稿子的思想内容，选择相应的报刊，根据报刊的定位和语言特色进行写作，然后投稿。

选择是向报纸、广播，还是向杂志投稿？在写作时应根据报纸或杂志对稿子的要求进行写作。这应是投稿要掌握的一点技巧，不容忽视。

（二）我国报纸的分类

2017 年全国报纸 1884 种，平均期印数 18669. 49 万份，每种平均期印数 9. 91 万份，总印数 362. 50 亿份，总印张 1076. 24 亿印张。如此多的报纸，并不是有闻必录，对来稿要进行严格地筛选，因此向报纸投稿也有不少决窍。这里对向报纸投稿作重点分析、介绍，下面对报纸分类作进一步阐述。

1. 按报纸与党组织的关系，可分为党委机关报和非党报

如，《人民日报》由中共中央主办，是党的喉舌；《家长报》由长江日报主办，是开展家庭教育的专业报纸，是非党报。党委机关报是各级党委的喉舌，以宣传党的路线、方针、政策为已任，对新闻稿的要求是严肃的、深刻的话题，反映社情民意，歌颂新成就、新风貌，专业味、娱乐性则较淡。非党报则以各自的职责定位办报。如，市民生活类报纸——晚报、都市报都以反映市民生活，提供生活资讯，为市民排忧解难为职责，娱乐性、休闲性是其重要特征。对稿子的要求简洁、明快、有趣。农业报以服务“三农”为已任，指导农业生产，反映农民生活，引导新农村建设。

2. 按报纸的内容分为综合性报纸和专业性报纸

(1) 综合性报纸：报纸内容涉及政治、经济、文化、社会生活等各个方面，以刊登整个社会各方面有价值的新闻报道为主，同时开设文艺、理论、国际事务等版面，报道内容十分广泛，能满足各方面受众的要求。它以广大读者为办报方向，发行面向整个社会。如各级党委机关报、《楚天都市报》等都是综合性报纸。

(2) 专业性报纸：以报道某个系统、某个行业或某个阶层的新闻为主，是该行业、系统、阶层信息汇聚的高地，以相应范围的读者为发行对象。如，《中国有色金属报》以宣传有色金属行业的业绩为己任，面向有色行业广大干部职工；《中国花卉报》是中国花卉协会主办的以报道花木产业、园林绿化为主要内容的专业报纸，为园林绿化工作者、花木生产经营者、科研工作者及广大花卉爱好者服务；《中国少年报》由中国少年先锋队主办，是面向广大少年学生的报纸。

3. 按发行范围来分，有全国性报纸和地方性报纸

(1) 全国性报纸是以全国性的新闻为报道范围，面向全国发行的报纸。如，《经济日报》是国务院主办的报道全国经济工作的报纸，《中国特产报》是中国特色产业经济的综合性报纸。

(2) 地方性报纸则是以某一地区新闻报道为主，并主要向该地区发行。各省（直辖市、自治区）的党委机关报，以及地、市、县党委机关报和他们主办的晚报、都市报等。

全国性的报纸对新闻稿子的要求是在全国有影响力、有典型意义的新闻事实。地方性的报纸主要反映当地社会生活、风物变化等新闻事实。有些事实在当地是新闻，倘若放到全国性的报纸去，倒成了鸡毛蒜皮的事情。作者在写作投稿时要将有关报纸进行反复比较，然后投递出去才能保证上稿率。

4. 按报纸的出版时间可分为日报、周报、月报等类别

(1) 日报是每日都要出刊、发行到户的报纸，绝大多数全国性报纸是日报，常以“日报”贯名，如，《光明日报》《新华日报》等。

(2) 周报是指每周出版、发行一次的报纸，如，《南方周末》由南方日报报业集团主办的大型综合性周报，《中国少年报》是面向广大少年学生的全国性周报。

(3) 月报是指每月才出版、发行一期的报纸，如，许多企事业单位主办的报纸每月才出版一期，《湖北开放学院报》就是一家月报。

熟悉报纸的出版周期，了解对稿子采写的要求，方便我们对新闻稿子的选题、采写作出合理的时间安排，有针对性地写稿、投稿，可提高上稿率，对于我们投稿也是有益的。

5. 按报纸所使用语言文字来分，有汉语报纸、外文报纸、少数民族语言文字报纸等。如，《中国日报》是英文报纸，《西藏日报》是藏语报纸。

报纸的分类这里不再赘述，对报纸多作了解，可以在投稿时有的放矢，不走歪路。

(三) 熟悉报纸的版面和栏目

我们学习新闻写作，向报纸投稿有必要熟悉报纸的版面和栏目。熟悉报纸的版面和栏目就为投稿找到了方便之门。

每一张报纸都有不同的印刷面，其中的每一面纸自然形成了一个版面。然而报纸的版面不是简单的序数排列，它是编辑部按照一定的办报思想、内容分工进行的同一性质稿件

的集合。如，《人民日报》分为要闻版、经济版、社会版、文化版等 24 个版面，其中要闻版占 4 个印刷版面，社会版含有《民生一线》、《见解》等栏目。如，《长江日报教科新闻》版由长江日报教科文部主办，是集纳教育、科技、卫生等行业新闻组成的一个版面，每周三至周四出刊，每期占用一个自然版面。该版还设有《一家之言》栏目，刊登教育、科技、卫生方面的言论。

栏目是编辑部根据需要在某一版面设置的刊登某一方面内容的最小报道单位。如，《人民日报》头版就设有《今日谈》栏目，专门刊登小言论，刊期不定。《湖北日报监督》专刊设有《读者评说》栏目，刊登读者针砭时弊、发表见解的言论稿件；还刊登有读者来信、记者调查等，反映社会各方面的不良倾向，通过监督力促问题的解决。作为投稿人必须了解有关报纸的特色。因此，经常阅读报纸，熟悉报纸的版面和栏目可以帮助我们写稿、投稿，避免少走歪路。

笔者在高校工作时经常向《中国教育报》、地方党报投稿，对这些报纸的版面和栏目十分熟悉。同学们在写稿、投稿前应常读报纸，对自己专业领域内或工作需要投稿的报纸版面、栏目及投稿方式进行汇总。这里把笔者所作的中国教育报主要版面、栏目及联系方式汇总表刊出，以供大家参考。

中国教育报主要版面栏目及联系方式（节选）

主要版面	栏目及范文
第一版 本版编辑：蔡继乐　易鑫　杨彬 E-mail：zhangcm@ edumail. com. cn	新闻聚焦 E-mail：zhenggao@ edumail. com. cn 《赣湘爱心接力，抢救英雄翁婿》 《南平校门口发生特大凶杀事件》 《重庆大学生就业缘何看好农村》
	长短录　栏目主持：易鑫　余闯 电话：010-62257722-283 E-mail：yixin@ edumail. com. cn　yuc@ edumail. com. cn
第二版　要闻 新闻线索 xinwen@ edu. mail. com. cn 主编：王亮　刘宁 编辑：李凌　余闯 李凌邮箱：lil@ edumail. com. cn	热点透视 《校园安全要靠全社会齐抓共管》 《维护大学生权益，学校该做些什么》 （浙江万里学院成立学生权益保障委员会） 关注大学生就业 《导师领着企业行　深度合作好就业 ——浙理工大巧借师资为学生找工作》 每日传真 《新疆今年限定 27 项学生竞赛活动》 《上海启动未来科学家夏令营》

续表

<table>
<tr><th colspan="2">主要版面</th><th>栏目及范文</th></tr>
<tr><td colspan="2" rowspan="3">第二版 要闻
新闻线索 xinwen@ edu. mail. com. cn
主编：王亮 刘宁
编辑：李凌 余闯
李凌邮箱：lil@ edu. mail. com. cn</td><td>教育论坛
栏目主持人：李凌
E-mail：lil@ edumail. com. cn
《在大学营造学科学爱科学的氛围》
《产业升级呼唤新型技能人才培养》</td></tr>
<tr><td>校园视线 人物在线
E-mail：yb0321170@ yahoo. com. cn
主持人：杨彬</td></tr>
<tr><td>教育时评
《遏制学术不端离不开大学自省》
《青少年人格健康需全社会重视》
栏目主持人：王亮
E-mail：wangl@ edumail. com. cn</td></tr>
<tr><td>高等教育周刊</td><td>主办：高等教育新闻中心
主编：储召生 本版编辑：毛帽
电话：010-82296657
E-mail：gaojiao901@ yahoo. com. cn
周刊博客：
http：//gaojiao. taoli. jyb. cn</td><td>高端视点
《如何改变高校行政化管理倾向》
《现代大学制度如何凸显中国特色》
学者专栏
《要那么多人才培养概念吗》《大学分类的背后》
研究者说
《突破体制瓶项推进省部共建》
《就业因素中的社会关系》
《改革高校招生中的名额配给制》
高教时评
《诺奖灵感利益于上课》
读者来论
《制度与现实还有多远》
（回应：《何为现代大学制度》）</td></tr>
</table>

续表

主要版面		栏目及范文
高等教育周刊	探索版 主办：高等教育新闻中心 主编：储召生　编辑：赵秀红 电话：010-82296659 邮箱：gaojiao6@ yahoo. cn QQ 群：52640876	科技处长沙龙 《科技成果如何不再“养在深闺”》 改革探索 《南京大学推动优势理科向新型工科延伸》 《看南京大学如何联手民企砂里淘金》 治校之道 《拳头学科就是学校的核心竞争力》 《地方高校也能走国际化的发展道路》 学术在线 《免费师范生责任感从哪里来》 高校短新闻 《浙大与中控研究院研发机器人服务世博》 《中国海洋大学两学科跻身国际前沿》
	校园版 主编：储召生　编辑：黄文 电话：010-82296652 邮箱：gaojiao7@ yahoo. cn QQ 群：52640876	魅力人物 《史济怀：学生眼里最纯粹的老师》 校园博客 《大学生的“人”“大”“天”》 《教室该不该对笔记本电脑说不》 名家讲座 《成功的定义不能过于功利化》 （主讲人：李开复，地点：清华） 校史钩沉 《重庆大学为全川教育发展而生》 动态校园 《林业高校师生为玉树地震灾民祈福》 《湖北民院采取多项措施培养学生健康心理》 校园观察 《世博会的教育期待》

续表

<table>
<tr><th colspan="2">主要版面</th><th>栏目及范文</th></tr>
<tr><td rowspan="4">文化版</td><td>主办：文化新闻中心
主编：杨桂青
笔记（人文天下）——记录时代教育心灵和生活
编辑：张杰
E-mail：biji902@ sina. com
010-82296618
博客：http：//blog. sina. com. cn/yzrwtx</td><td>人文随笔
《两个迥异的文学大师》《制度与存在》
园丁手记
《每棵草都有一颗开花的心》
岁月回首
《麦田里的母亲》《人文与精神的师恩》
精神地理
《汉字闪耀的古镇》
美丽心情　《牵一朵云回家》</td></tr>
<tr><td>博艺（人文天下）——培育教育知美爱美文化情怀
主编：杨桂青　编辑：张树伟
E-mail：boyi902@ 126. com
010-82296619
博客：http：//whboyi. blog. sohu. com</td><td>特别关注
《走向美术史的背影》
艺教杂谈
《毛笔写高考作文实行加分是一厢情愿》
审美课堂
《朱德群　为中国精神寻求现代表达方式》
《金碧辉映　堂皇典雅——李思训〈江帆楼阁图〉赏析》
新锐新作
《渐修与顿悟》（朱天曙谈书法创作）</td></tr>
<tr><td>焦点（人文天下）——折射教育改革的文化氛围
主编：杨桂青　编辑：纪秀君
E-mail：jiaodian902@ sina. com
010-82296617
博客：http：//blog. sina. com. cn/yzrwtx</td><td>特别关注
《叶嘉莹：培育古诗词生命长流之继起者》
《赵家珍，古琴蕴蓄着一种持久的精神》
文化消息
《〈本草纲目〉〈黄帝内经〉“申忆”成功》
《开封清明文化节月底》
文艺评论　《新版三国狼藉一片》
文化速写　《对外经贸大学首届国际文化节启动》（图片）</td></tr>
<tr><td>主编：杨桂青　编辑：纪秀君
文史（人文天下）——为教育提供人文常识
E-mail：wenshi902@ sina. com
010-82296615
博客：http：//blog. sina. com. cn/yzrwtx</td><td>大讲堂
《观众滋养出了怎样的孔子》
文史时评
《别用作品谋财害命》
文学论坛
《文学批评是一种公共信任》</td></tr>
</table>

续表

<table>
<tr><th colspan="2">主要版面</th><th>栏目及范文</th></tr>
<tr><td rowspan="3">招生就业考试周刊</td><td>主办：高教新闻中心
周刊主编：汪瑞林
第五版本版编辑：于建坤
电话：010-82296640
E-mail：yujk@ edumail. com. cn
wangrl@ edumail. com. cn
本版编辑：李薇薇
liww@ edumail. com. cn
博客：
http：//blog. sina. com. cn/
zhaokaojiuye910</td><td>特别关注
《大学生与民工就业遭遇冰火两重天》
规划指导
《不轻言放弃，幸福就会来敲门》
特别观察
《如何破解务工人员子女高考难题》
专家观点
《能否在当地高考事关教育公平》
读者来信
《这种规定苦了外地借读娃》
高招资讯
《河南省招办赴三城市推荐考生》
漫谈
《把学习当成自己的工作》</td></tr>
<tr><td>留学
编辑：万玉凤
E-mail：wanyufeng@ edumail. com. cn
电话：010-82296639</td><td>热点聚焦
《2010 去哪儿留学，你选好了吗》
域外看点
《美国雇主最看重毕业生什么》
留学资讯
《学雷锋日，我们在英国学雷锋》
《澳洲会计师公会推实习计划助留学生就业》</td></tr>
<tr><td>高考招生
编辑：汪瑞林　于建坤
电话：010-62257722-441
E-mail：wangrl@ edumail. com. cn
yujk@ edumail. com. cn</td><td>招生资讯
《全国首个“光源与照明”本科专业在天津工大设立》
《北京 12 所高职院校自主招生 2659 人》
热点聚焦·招生
《在短小的篇幅内见真功》（10 年自主高招作文点评）
编读往来
《关于进城务工人员子女高考问题的讨论：
教育公平公正的重要实践》
信息快递　《全国考生社会助学会召开》</td></tr>
</table>

续表

主要版面		栏目及范文
招生就业考试周刊	就业·创业 编辑：万玉凤 电话：010-82296639 E-mail：wanyufeng@ edumail. com. cn 编辑：汪瑞林 电话：010-62257722-441 E-mail：wangrl@ edumail. com. cn	热点聚焦·创业 《男女大学生创业有何不同》 《如何让创业毕业生真正得到实惠》 就业观察 《北上广深的吸引力何在》 《毕业生平均求职三次达成意向》 创业故事 《俞灿良：教大家玩也可以创业》 院校视线 《哈工大计算机学院名企俱乐部为学生就业搭平台》
	生涯规划 编辑：李薇薇 电话：010-82296642 E-mail：liww@ edumail. com. cn	规划指导 《生涯规划该怎样授人以渔——一个职业生涯规划辅导员的手记》
职成教育版	主编：时晓玲 策划主编：李挥 李挥　电话：010-82296601 E-mail：lihui@ edumail. com. cn 主编：钟伟 E-mail：zhongwei@ edumail. com. cn	职教时评 《莫对中职另眼相看》 建言献策 《特色就在整体水平提升基础上建树》 《画里话外》（图片） 《小超市练就真本领》 职业风采 《拳石频移磊泰山》（木业公司总监自述） 《勤奋和努力成就了人生新辉煌》 《艰苦创业莫畏难》 一线观察 《萍乡组建职教集团服务地方产业发展》 《车间建在学校　课堂建在车间》 点到为止 《提高质量不只是提高学生技能水平》 《职业教育应走社会化办学之路》 职业培训 《创新模式　实现又赢——校企合作不再“一头热”》 德育探索 《学生导师责任制把德育落到实处》

续表

主要版面		栏目及范文
职成教育版	理论版 主办：理论与教育科学部 主编：刘好光　编辑：刘好光 双华斌 电话：010-82296647 E-mail：lhgedu@163.com shuanghuabin@163.com	时政观察 《网络问责：民主政治的推进器》 学人观点 《高校知识产权事关国家创新》 《金砖四国的赶超之路》 理论特稿 《幸福：来自精神世界的充实感》 学者博客 《幸福指数取代 GDP，我们能否更幸福》
	e 教育资讯 主编：夏越　　编辑：王晓飞 电话：010-62230416 E-mail：e_jyb@sina.com	特别关注 《教育信息化征程中企业的社会责任》 高端访谈 《走立足教育，着眼民族的自主创新之路》 经典案例 《Wiki：为农村学生点亮知识的星光》 行业动态 《信息化是教育现代化的战略引擎》 信息快递 《英特尔发布智能计算引擎》 《同方教育行业频频中标》
	读者版 主办：专题新闻中心 主编：翟帆 编辑：武文君 电话：010-82296637 E-mail：duzhe@jyb.cn QQ：622007750	关注·教师流动 《公办学校教师如何实现良性流动》 一线观察 《农村教师低职称低待遇能否成为历史》 基层声音 《师范生的实习怎能放任自流》 读者来信 《农村教师住房该给个说法》 一家之言 《保证书难保校园平安》

（四）写稿投稿适销对路

了解报纸的分类，熟悉报纸的版面和栏目，是投稿者在写稿投稿前就要掌握的。这样能帮助我们正确地选题、采写、投稿。

1. 写作前正确地选题

同一性质的报纸版面的设置不同，甚至相同性质的报纸、版面，开设的栏目也是不同的，因为不同报社编辑部的办报思想、版面定位是不同的。经常看报，熟悉报纸的版面和栏目，可以帮助我们体会到编辑部的办报思想，适时、恰当地选题，采写时不放“空炮”。有关版面和栏目经常开展征文活动，也为写稿投稿提供了绝佳机会。如，笔者参加所在学校招生期间，发现了高校招生存在许多不诚信行为，严重影响了诚信社会建设。笔者阅读《长江日报教科文版》看见设有《一家之言》的言论栏目，遂将发现的招生不良倾向写成《群众呼唤诚信招生》一文，投往该栏目，很快见报。

2. 写作时体现报纸版面和栏目的风格

认真思考报纸的版面和栏目的特点，掌握了编辑的办报风格，我们写作时自觉地遵循其要求，掌握写作要领，合乎其口味，努力使稿子得到编辑青睐。

3. 投稿时针对性强，方便快捷

有的同学稿子写好后不知道往什么地方投稿，更不知道往报纸哪一个版面投。如果我们熟悉报纸的版面和栏目，写好的稿子就能适销对路。如，笔者采写的《铁脚板踏出人生路——湖北开放职业学院学生“跑腿”服务纪实》直接投往《中国教育报职成教育版》。编辑看到后马上在邮箱上回复：“稿子看过，内容不错，争取近期采用……”又如，笔者采写某家有色金属矿山先进经验的稿子可投往《中国有色金属报》。这样根据稿子的内容选择相应的报刊，上稿率肯定很高。倘若把上述稿子投往《中国花卉报》其他专业报纸，不仅稿子发表不了，倒留下了笑话。

投稿时尽量使用电子邮件，把稿子直接投给报纸相应的版面和栏目，稿件安全、及时到达编辑的手中，比起把稿子装进信封邮递到编辑部，省去了报社再进行分稿的烦恼。

四、理论刊物投稿技巧

大学生在校学习就有了自己的专业方向，进行理论研究，写作理论稿自在情理之中。理论稿要发表除了研究方成果显著，练就写作本领外，投稿也有一些决窍。

向理论刊物投稿是一项长期的工作，不要搞短期行为。笔者认为要做好以下基础工作：

（一）熟悉刊物的特点和定位，了解有关栏目

投稿前，作者要仔细阅读有关刊物，找到刊物的理论研究方向、读者范围，查看一下有关栏目，这些栏目发表了哪些稿件，这些稿子有什么特点，都要弄清楚。如，我们新闻传播理论刊物众多，但是他们的定位是不同，有不同的职责分工。《中国报业》由中国报业协会主办，是中国首家传媒经济导刊，是全国新闻传播类核心期刊，着眼于报业经营管理和制度创新，为报业发展鼓与呼；《中国记者》同是新闻传播类核心期刊，由新华社主办，但是它致力于新闻实务的探讨，夯实党的新闻舆论阵地，扩大党的新闻话语权。《新闻与写作》是北京日报报业集团主办的理论刊物，主要研究新闻写作的方法和技巧，对

新闻写作进行前瞻性地探索。由此可见，不同的新闻理论刊物其分工是不一样的。如此众多的新闻理论刊物，要求我们根据自己的研究方向或业务岗位进行细致阅读，确定写作投稿的方向。

笔者阅读《中国报业》杂志，对该杂志的栏目、例文进行归纳整理成表，该刊的办刊定位、栏目的思想内容让人一目了然，投稿就方便多了。

中 国 报 业

<table>
<tr><td>主管</td><td>中国报业协会</td><td>主办</td><td>中国报业协会</td></tr>
<tr><td colspan="4">国际标准刊号：ISSN 1671-0029　国内统一刊号：CN 11-4629/G2　邮发代号：82-300</td></tr>
<tr><td colspan="2">E-mail：zhongguobaoye@ sina. com</td><td colspan="2">编辑部电话：010-65363855　65363856</td></tr>
<tr><td colspan="4">地址：北京市金台西路 2 号人民日报社院内（中国报协办公室）　邮编：100733</td></tr>
<tr><td colspan="4">栏目设置</td></tr>
<tr><td>栏目名称</td><td colspan="2">范　文</td><td>编　辑</td></tr>
<tr><td>改革前沿</td><td colspan="2">《大道苍茫　惟变则通——无锡日报报业集团的改革实践与探索》《改革是推动发展最低的成本——对无锡日报报业集团党委书记、总裁施展的专访》</td><td>夏阳</td></tr>
<tr><td>报海观潮</td><td colspan="2">《2010：报业经营怎么办?》《新报业时代：场景变化与运行特征》</td><td>张晓燕　邓应华</td></tr>
<tr><td>报协亮点</td><td colspan="2">《总结交流经验 促进报业发展》《认清形势　加强交流　汇聚共识　科学发展——2009 年全国报业物资供应工作会议在成都召开》《全国报业印刷厂长会议在厦门召开》</td><td>邓应华</td></tr>
<tr><td>报业新论</td><td colspan="2">《报（刊）业农村市场经营困境及对策分析》《浅析未来传媒竞争的四维价值观》《浅谈网络时代个体阅读方式的改变》</td><td>张世海</td></tr>
<tr><td>广告经营</td><td colspan="2">《走出平面——地市报广告营收复合模型的构建》《以策划为核心的报业广告经营新模式》</td><td>夏阳</td></tr>
<tr><td>发行经营</td><td colspan="2">《报刊下乡提高有效发行的对策思路》《探析报刊发行整合之路——以广西日报社报刊发行中心为例》</td><td>夏阳</td></tr>
<tr><td>域外报业</td><td colspan="2">《2010 年报业的三大发展趋势——提交给美国贸易委员会的证词》《严格保护报纸的版权——德国报业的自救计划》《〈迈阿密先驱报〉号召网络版读者自愿捐款》</td><td>张世海</td></tr>
<tr><td>E 化报业</td><td colspan="2">《国际新闻公司采用曼罗兰 printnet 印刷系统实现联网》《北京日报报业集团引进高宝（KBA）Comet 报纸印刷机》《ERP 管理系统助推报社印厂新发展》</td><td></td></tr>
</table>

（二）了解刊物对稿子的要求

不同的刊物对来稿的格式要求就不一样，如有的刊物除了对文章“内容提要”“关键词”撰写有要求外，还要求写上“中图分类号”“文献标识码”和“作者简介”以及

Abstract（英语摘要）等。个别理论刊物还明确要求，只收纸质文字稿件，不收电子稿。投稿人应按照所投刊物的要求进行写作、投稿。

（三）与有关刊物保持密切的联系

各个刊物都建立了通联制度，定期举行通联会议，利于投稿人与之建立联系，了解刊物发展动态及办刊风格的变化，与编辑亲切交流，当面聆听编辑的指点。这是汲取营养，提高写作水平和上稿率的一条捷径。

由此可见，报刊投稿也是需要一定的技巧和方法的。技巧和方法对路，稿子迅速见报，省时省力效果好。如果平时不认真学习，不进行知识的积累，不讲究投稿的技巧和方法，误打误撞，稿子投出去如同泥牛入海，杳无音讯，耽误了工作。

以上是笔者多年向报刊投稿的经验，与大家共勉。也希望有兴趣的人士将自己的投稿方法告知笔者，使笔者不断学习提高。

参考文献

[1] 中华全国新闻工作者协会. 中国新闻界人物 [M]. 北京: 光明日报出版社, 2008.
[2] 张征. 新闻采访教程 [M]. 北京: 中国人民大学出版社, 2008.
[3] 赵秋丽, 刘文嘉. 当代好记者 [N]. 北京: 光明日报, 2008-8-24 (1).
[4] 范立荣, 耿风华. 速记速读速写 [M]. 北京: 高等教育出版社, 2003.
[5] 林凌, 濮端华, 张帆. 新闻学概论 [M]. 北京: 化学工业出版社, 2011.
[6] 欧阳霞. 新闻采访与写作 [M]. 北京: 清华大学出版社, 2009.
[7] 申凡. 当代新闻采访学 [M]. 武汉: 华中科技大学出版社, 1999.
[8] 孙发友. 新闻报道写作通论 [M]. 北京: 人民出版社, 2007.
[9] 王贤修. 作为内部传播的高校校园媒体的整合与架构 [D]. 济南: 山东大学, 2012-10-15.
[10] 宋德泳. 当前形势下高校校园媒体的建设与发展 [J]. 连云港师范高等专科学校学报, 2011 (4).
[11] 牛卫红. 试论高校校园媒体的融合发展之路 [J]. 新西部, 2012 (8).
[12] 王艳玲, 王磊. 当下高校校园媒体的资源融合途径探析 [J]. 新闻爱好者, 2014-10-29.
[13] 王成良. 高校校园媒体现状及发展研究 [D]. 成都: 西南财经大学, 2014-10-29.
[14] 韩振国. 高校电视台建设我见 [J]. 西南交通大学学报 (社会科学版), 2004 (5).
[15] 徐迎春, 刘慧. 高校电视台的定位及发展策略 [J]. 青年记者, 2008 (14).
[16] 方延明. 中国高校校报的名人情节与爱国传统 (上) [N]. 中国社会科学报, 2010-11-2 (17) .
[17] 方延明. 中国高校校报的名人情节与爱国传统 (下) [N]. 中国社会科学报, 2010-11-9 (17) .
[18] 刘若雯. 北京高校校报发展史探析 [J]. 才智, 2010 (1) .
[19] 倪桓. 从心理学视角看新闻敏感 [J]. 现代传播, 2001 (3): 36-37.
[20] 杨秀国. 新闻采访学通论 [M]. 北京: 人民出版社, 2007.
[21] 夏晓. 思维训练教程 [M]. 北京: 机械工业出版社, 2004.
[22] 张烨. 高校校园新闻的同质化现象解析 [J]. 新闻知识, 2012 (10).
[23] 江俊. 新媒体时代高校媒体现状及发展策略研究 [J]. 学理论, 2013 (28).
[24] 陈丽霞. 高校媒体"报网合一"的有益尝试 [J]. 学习月刊, 2013 (3).
[25] 谢宁生, 谢晓晖. 高校媒体育人功能探究 [J]. 徐州工程学院学报, 2006 (10).
[26] 闫峰, 李玉华. 高校媒体社会主义核心价值观教育创新研究 [J]. 思想教育研究,

2016（9）.
［27］刘丹，周铁菊，王琳琳，王云松. 全媒体时代下的高校媒体战略转型研究［J］. 开封教育学院学报，2016（10）.
［28］李文联，杨绍先. 摄影摄像基础［M］. 北京：高等教育出版社，2014.
［29］雷波. 手机摄影从入门到精通［M］. 北京：化学工业出版社，2017.
［30］陈远明. 对，都是手机拍的！［M］. 桂林：广西师范大学出版社，2017.